海外中国
研究丛书

刘 东 主编

［美］ 韩书瑞 罗友枝 著

陈仲丹 译

十八世纪中国社会

CHINESE SOCIETY IN THE EIGHTEENTH CENTURY

江苏人民出版社

图书在版编目(CIP)数据

十八世纪中国社会/[美]韩书瑞,罗友枝著;陈仲丹译.
—南京:江苏人民出版社,2009.9(2021.4重印)
(海外中国研究丛书/刘东主编)
ISBN 978-7-214-05708-2

Ⅰ.十… Ⅱ.①韩…②罗…③陈… Ⅲ.中国—古代史—
研究—18世纪 Ⅳ.K249.07

中国版本图书馆 CIP 数据核字(2009)第 048256 号

江苏省版权局著作权合同登记:图字 10 - 2008 - 241

书　　　名　十八世纪中国社会
著　　　者　[美]韩书瑞　罗友枝
译　　　者　陈仲丹
责 任 编 辑　王　田　戴宁宁　洪　扬
责 任 校 对　康海源
特 约 编 辑　孟　璐
装 帧 设 计　陈　婕
责 任 监 制　王　娟
出 版 发 行　江苏人民出版社
地　　　址　南京市湖南路 1 号 A 楼,邮编:210009
网　　　址　http://www.jspph.com
照　　　排　江苏凤凰制版有限公司
印　　　刷　江苏凤凰通达印刷有限公司
开　　　本　652 毫米×960 毫米　1/16
印　　　张　17　插页 4
字　　　数　218 千字
版　　　次　2009 年 5 月第 1 版
印　　　次　2021 年 4 月第 4 次印刷
标 准 书 号　ISBN 978-7-214-05708-2
定　　　价　56.00 元

(江苏人民出版社图书凡印装错误可向承印厂调换)

序"海外中国研究丛书"

中国曾经遗忘过世界，但世界却并未因此而遗忘中国。令人嗟讶的是，20世纪60年代以后，就在中国越来越闭锁的同时，世界各国的中国研究却得到了越来越富于成果的发展。而到了中国门户重开的今天，这种发展就把国内学界逼到了如此的窘境：我们不仅必须放眼海外去认识世界，还必须放眼海外来重新认识中国；不仅必须向国内读者迻译海外的西学，还必须向他们系统地介绍海外的中学。

这个系列不可避免地会加深我们150年以来一直怀有的危机感和失落感，因为单是它的学术水准也足以提醒我们，中国文明在现时代所面对的绝不再是某个粗蛮不文的、很快就将被自己同化的、马背上的战胜者，而是一个高度发展了的、必将对自己的根本价值取向大大触动的文明。可正因为这样，借别人的眼光去获得自知之明，又正是摆在我们面前的紧迫历史使命，因为只要不跳出自家的文化圈子去透过强烈的反差反观自身，中华文明就找不到进入其现代形态的入口。

　　当然,既是本着这样的目的,我们就不能只从各家学说中筛选那些我们可以或者乐于接受的东西,否则我们的"筛子"本身就可能使读者失去选择、挑剔和批判的广阔天地。我们的译介毕竟还只是初步的尝试,而我们所努力去做的,毕竟也只是和读者一起去反复思索这些奉献给大家的东西。

刘　东

目　录

译者的话

《十八世纪中国社会》是一部由两位美国女学者韩书瑞(Susan Naquin)和罗友枝(Evelyn Rawski)合写的著作。这本书最初是由她们为《剑桥中国史》合写的一章《十八世纪的中国社会》发展而来。据韩书瑞回忆,她与罗友枝的交往是由美国著名汉学家魏斐德(Fred Wakeman)介绍开始的。大约在1979年春,魏斐德来找韩书瑞,希望她与罗友枝合写点东西,因为他觉得她们两人的研究领域接近,双方合作会是件好事。恰巧那年6月美国学界组织了一个明清史学者代表团访问中国,他们三人都参加了。在一个月的相处中,韩书瑞觉得与罗友枝很谈得来,显然魏斐德的眼力很准,而写作这本书也是魏斐德最早提议的。按照韩书瑞的说法,"魏斐德让我选了一个很大的题目,最初我不太情愿,后来又觉得很不错,对我很有意义。我们看了许多资料,有英文的、中文的,也有一些日文资料,确确实实学了不少东西。按计划我们写100页就够了,结果却写了250多页。"就这样完成了读者现在看到的这本专题史著作。

本书的主要作者韩书瑞教授是位很有影响的海外汉学家,著述颇丰,但以前被译成中文的并不多,与她的导师史景迁(Jona-than Spence)每有大作即有中译本的情形迥然不同。照韩教授的解释,她的著作无人翻译的原因是其中涉及的内容"太复杂"。这一解释似乎也有些道理,比如她用力最多的对白莲教和北京寺庙的研究读起来专业性就比较强。译者因某种机缘,近年屡有翻译她著作的机会。前几年翻译了她的三篇论文,收入名为《中国大众宗教》的译文集。除本书外,译者还将翻译韩教授的代表作《千年末世之乱:1813年的八卦教起义》,希望能为中文学界了解她的学术成就做一点介绍工作。在对她的学术成果以及文字风格有所接触后,译者认为其著述在外象的"复杂"之外内里却充满了学术的张力和表述的机趣,内容让人觉得耐读、悦读。而本书则连外在的"复杂"都不存在,叙述平实贴切,文字生动准确,应该更易为读者接受。

韩书瑞女士早年立志学习中国历史是受美国女作家赛珍珠(Pearl S. Buck,曾获诺贝尔文学奖)的影响,赛珍珠因多年在中国生活,所写的小说多以中国社会为题材。韩女士毕业于耶鲁大学,获得博士学位。毕业后她在宾夕法尼亚大学任教近二十年,1993年去普林斯顿大学,现为该校东亚系主任和历史系教授。她的研究重点是中国明清时期的社会史,尤其对大众宗教和物质文化史兴趣更浓。其主要著作除前面已提到的外还有《山东叛乱:1774年王伦起义》、《北京:寺庙与城市生活1400—1900年》等。她研究工作的特点是努力发掘不被人注意的史料,如在研究八卦教时大量使用了台湾故宫博物院收藏的被清廷抓获教徒的口供材料,还在研究北京寺庙时利用了首都图书馆收藏的碑刻材料。

罗友枝女士是位美籍日裔学者,1968年获得哈佛大学博士学位,现为美国匹兹堡大学历史系教授。她的研究方向是近代东亚和中国近代史,著有《中国南方的农业变化与农业经济》、《清代中国的教育与大众文化》、《晚清帝国与大众文化》(合著)等。罗友枝重视对大众史、大众文化和社会礼俗史的研究,可见她的学术旨趣与韩书瑞较为接近。

而由她们合著的这本书其中心论题认为"18世纪在中国近代早期是最有活力的一个时期"。两位作者对众多学者不够重视中国18世纪而更为关注19世纪的历史颇不以为然,且对学者们贬低18世纪的地位,认为这是个腐败奢靡、文化停滞时期的观点有不同的看法。就具体内容而言,她们认为18世纪中国社会的活力体现在向边疆地区大量移民,对外贸易成为经济发展中的重要因素,"商品化、城市化以及社会和物质流动的加强有助于松动原有固定的社会地位,并使社会分层更加多元化"。此外,这一时期学术上的成就为中国近代的各门学术奠定了基础,商人们的往来活动以及他们扶植培育的城市文化也有助于清帝国的统一和整合。

本书作者承认,她们在研究方法上受到法国年鉴学派的影响,采用了年鉴学派学者布罗代尔"长时段"的概念,将对18世纪中国社会的研究扩展到1680—1820年之间,向前追溯至清朝的建立,向后涉及18世纪对后一世纪的影响,以见历史发展的渐进延续。而与年鉴学派有较大不同的是,她们并不忽视政治史,认为国家的政治制度和政策举措对社会各阶层的生活有明显的影响。书中还运用了施坚雅(G. W. Skinner)的"大区"研究范型,将中国分为若干大区分别探究,以避免将庞大的清帝国视为一个无差别的整体。这在书中第五章"地区社会"中已作了明确的区划。

原书本分为上下篇,上篇为"清代社会",下列前三章;下篇为"18世纪社会的变化与复杂性",下列后三章,以示18世纪社会由静态趋向动态的变化。现译稿为不显得枝蔓,仅列各章节篇目,不再保留篇题。本书是部富有新意的概览性学术著作,其读者不限于专攻清史的专家,对广大一般读者也很适宜。书中本有一些图片，因图版难以复制，译者根据原图配了内容相近的图片，并补配了一些图片，以期能收以图证史的效果。本书中文译稿曾请两位原作者审阅，并得到了她们的认可，在此特向她们致谢。不过译稿若仍有不妥之处，责任当应由译者负责，望读者在开卷阅读后不吝赐教。

插图说明

序　言

本书是由我们为《剑桥中国史》清初卷合写的一章《十八世纪的中国社会》发展而来的。起初我们担心，由于对这一世纪广泛的研究才刚刚开始，是否会有足够的二手材料来写这一章，但我们很快就意识到，我们已有了非常充分的材料来写一本书。

我们还意识到，以现在通行的学术观点研究这一时期的社会，对中等和较高程度的美国学生、研究其他学科和时段的中国学者以及欧洲、印度和日本的历史学者都可能有用。有关这一课题的相关文献一直没有被梳理过，因而也就不能被无法阅读中文和日文的人所用。此外，对中国近代历史的概述通常不会有很多篇幅涉及被确定为近代开端以前的时段，而这一开端一般是以1840年中国在鸦片战争中战败为起点的。专家们或许会发现本书的一些解释与定论不同，而本书的读者也不限于专攻清史的专家。

18世纪在中国近代早期是最有活力的一个时期，在这一时期新建立的清朝(1644—1911年)统治者试图控制经济发展和社会变化的势头，而这一势头曾因改朝换代被打断。满族军队巩固了对亚洲腹地边疆地区的控制，建立了中国有史以来最大的帝国。与征服扩张同步进行的是国内向边疆地区的移民,这造成了主要民族与少数民族间长久的冲突,并要求采取新的措施以实现统一。

当中国已成为新兴世界经济的组成部分时,对外贸易在经济发展的历程中成为一种新的因素。商业化、城市化以及社会和物质流动的加强有助于松动原有固定的社会地位,并使社会分层更加多元化,这是为了获得财富、功名和其他精英阶层标志而激烈竞争的结果。受过良好教育的文人官员吸收了明王朝(1368—1644 年)所创造的知识成就,他们为中国近代的各门学术奠定了基础。商人们则以地区间的商业网络以及他们自己的城市文化,把整个帝国连接在一起。

西方对中国 18 世纪的看法首先出现在一些欧洲人的报告中,这些欧洲人是住在北京宫廷中的传教士以及生活在帝国各地的商人。他们此时对已开始在英国出现的工业革命仍茫然无知,而对中国文化的精美和辉煌感到震惊。对这些外来者来说,18 世纪清代中叶是这一王朝,也可能是这一文明的鼎盛时期。

不过,若从 19 世纪的角度来看,18 世纪似乎并不值得夸耀。道光年间(1821—1850 年)因鸦片贸易造成了经济不景气,同时又因被欧洲列强打败而蒙受耻辱,这时的中国文人深受刺激,他们将前一世纪看作是一个腐败、奢靡、不负责任的时期。像梁启超(1873—1929 年)这样晚清的思想家则把 18 世纪当作是一个文化停滞的时期,这时的文人对明后期的激烈党争仍心有余悸,又畏惧官方的文字狱,因而就退而从事史学和哲学研究。

与欧洲和日本的情况不同,中国未能迅速实现现代化,今天中国的学者对此难以忘却。许多人用马克思主义的模式说明,清代之所以不能发展成熟到一个自发实现工业化的过程,不仅是因为国家和上层统治者的压制,还因为受到西方帝国主义的阻挠。因而,晚清的失败在 18 世纪90 年代就已有预兆,这时腐败成风、中央控制不力、人口激增以及鸦片贸易增长,已成为持续不断的严重问题。

正是由于不同意这些解释,且在前几年广泛从事基础研究的前提下,我们开始重新关注 18 世纪。我们要重新审视前 400 年发展的大势,并对 18 世纪与前后时期相互之间的联系重新做出解释。

就"18 世纪"而言,我们实际指的是清前期和中期。我们关注的重点是重大的社会变化,即费尔南·布罗代尔(Fernand Braudel)所称的"长时段",这一"长"世纪约在 1680—1820 年之间,这是用于分析的最为自然的分段。我们开始时将先谈 17 世纪清代的征服,到最后考虑 18 世纪发展对 19 世纪历史产生的重大影响时结束。我们会很谨慎地去逐步地分解以前史家对整个清代所做的结论。我们的目的不仅是要描述这一"长时段",而且还要将长期的渐进变化过程纳入中时段和短时段事件的复杂联系之中,而历史正是通过这些事件表现出来的。

为了避免通常将中国看作是无差别的一个整体的误解,我们要将这一庞大帝国分成若干大区(每个区的面积动辄就可与欧洲的一个国家相比),并说明帝国的政策和具体的当地条件是如何形成极不相同的社会模式的。我们也要从总体上关注这一社会的特征,尤其是将其联系在一起的机构和机制。

18 世纪不只是近代时期的一个虚绘背景。我们也不能将之当作传统中国社会的一幅静止画面,而是要说明在这一时期社会变革的方式。我们只有理解了已经在演进中的发展趋势,才能了解它们对后来事件的影响。但正因为清中叶的社会是一个统一体的组成部分,所以其具体的发展趋势也就不总是它特有的,所有重要的发展也不总是新出现的。虽然材料不足以让我们从事计量的比较,但我们仍要试图描绘出变化的方向,确定出有意义的内容,并能领悟有新意的东西。我们还要邀请研究前几个世纪的史家来帮助我们,比如帮助我们区别宋、明两代的城市化与清代的城市化有什么不同。

本书应该属于社会史的哪一种类型?在我们的各自研究中,我们都致力于"从下至上的历史",即研究普通中国民众的观念和生活经历。社会史中年鉴学派对我们的影响显而易见,但在本书中我们显然有意背离年鉴学派学者所确定的社会史。许多社会史学者忽视政治史,而我们则明确地论及清代的政治制度和政策(包括外交政策),因为我们认为国家的行动即使对普通民众的生活也有影响。我们研究了整个社会层面,从统治者和学者到少数民族和化外之民。因为经济发展给许多社会变化提供了基础的动力,所以我们也用一些篇幅谈清初的经济。不过,清代历史中这些其他的方面只有在它们对社会类型和进程有影响时才会涉及到。

虽然我们两人对中国 18 世纪史做过基础的研究,但本书也借鉴了其他人的研究成果。我们大量采用了有关这一时期的中文、日文和西方文字的相关文献,包括大量近来以 70 和 80 年代开放的台湾和中国大陆藏清代官方档案为基础的研究成果,不过经常会得出不同的结论。

我们还采用了人类学和现代欧洲史学所提供的一些用作尝试的方法和分析模式。有时我们的结论近乎于假设,在写作中扩展我们的范围,我们期待这些推论会受到挑战并被修正。同时我们坚信,中国历史需要在一个宽广的背景中来考量,研究清初历史要有活力就要求我们不时综合评价一下过去和现在的工作,回顾一下我们对 18 世纪的中国社会知道些什么,还想知道些什么。如果我们能在这些重要的论题上引发出讨论,促使进一步的成果问世,那么我们的努力就没有白费。

本书确实是合作的成果:全部稿件都经我们两人彻底改写过多遍。如果不采用计算机就难以进行这样联系紧密、相互满意的合作,我们感谢罗伯特·曼森(Rokert Manson)和托马斯·罗斯基(Thomas G. Rawski)在技术上提供的宝贵帮助。我们很幸运地在写作的各个阶段中都得到了众多同行提供的详细批评意见。我们要感谢向我们提出意见的李中清(James Lee)、马若孟(Ramon Myers)、罗威廉(William Rowe)、饶济凡(Gilbert Rozman)、施坚雅(G. W. Skinner)、史景迁(Jonathan Spence)、华琛(James Watson)、魏丕信(Pierre-Etienne Will)

和王国斌（R. Bin Wong）。杰斯·贝尔（Jess Bell）和奥托·博尔曼（Otto Bohlmann）为改进本书稿件提出了很有价值的建议。其他许多同行在伯克利、哥伦比亚、斯坦福和约克大学召开的学术会议上阅读了部分书稿或是提出了建议，我们对此也一并表示感谢。魏斐德（Fred Wakeman）设想了这一课题并介绍我们相互认识，对他我们尤其要致以谢意。

第一章 政府政策

中国的居民很少有人会意识不到他们生活在什么政治制度之下。就像天一样,皇帝也是遥不可及,但人们知道他在哪儿。他们也会知道当时是哪朝哪代,甚至还能说得清当朝年号是哪一年。一个农民不必非要去了解清朝的官僚结构,但他会知道在官僚体系中有官员,他们有权捕人、征税、统领军队。不过国家对民众的具体影响不容易准确评估,历史学家通常会认为这一影响要比实际更明显,更加一致。在 1683 年清朝的征服告一段落后,清统治者实施的政策相继影响了经济发展和社会变化,而具体的政治和军事活动以其决定性的方式构成了 18 世纪社会生活的背景。

就像满人将其革新举措融入传统体制以重新形成统治这个社会的机制一样,清王朝的一些决定是沿袭传统,而另一些决定则是采取新的做法以解决其熟悉和不熟悉的问题。因此,在 18 世纪除了仍旧维系早就有的一些长期发展趋势外,该时期的中国社会还带有 1644 年建立的这一新王朝的印记。

在本书前几章,我们先要概述国家巩固政权的背景,尤其是清初重构政治体制、管理社会和经济以及处理中国与邻邦关系的举措。在第二章中要论及 18 世纪特有的主要机制,第三章用来探讨这一时期的精英文化和大众文化。在本书后几章,我们则要较为详细地了解清代社会在18世纪的过程中是如何变化的。第四章论及经济和人口发展趋势、社会分层与社会流动。然后,在对清帝国做了整体考察之后,我们还要试图描述中国各大地区的特定社会状况。最后在第六章中,我们要探讨18世纪这一长时段与清王朝后来统治之间的联系。

政治结构

　　每个中国的史学家都熟知满族人发迹的故事。他们原是东北边疆地区一个带有游牧部落传统的民族,后来变得势力强大、组织严密,打败了曾一度辉煌的明王朝(1368—1644年),统治了全中国。满人是12世纪曾统治中国北方的金王朝通古斯部落民的后代,他们早就与明朝廷交往密切,像邻近部落一样,他们也要定期进贡。有个精力充沛的首领叫努尔哈赤(1559—1626年)和他的儿子皇太极(1591—1643年),巩固了他们在这些部落的权力,将生活在长城外辽东地区的部落称为满人,我们也就以此称这一地区为满洲。满人从像珍珠和毛皮这样的珍贵土产品交易中获取钱财,他们又通过武力和结盟将其控制范围扩展到内蒙和朝鲜。1644年,他们入侵并征服了中国内地。

　　在蒙古和汉人谋士的帮助下,努尔哈赤组建了一支称为八旗兵的庞大军队,这是一支兵民合一的常备军,以代替他在早期作战中所用的小规模的狩猎群体。每个旗都由更小的单位组成,约有7 500名武士及其家人(包括奴隶),其首领都是努尔哈赤的亲密支持者(通常是他的子侄)。每个旗有一面旗帜(红、黄、蓝、白)作标志,或镶边或不镶边。旗成了检录户籍、征召兵员、收税和动员的行政单位,不仅用于满人,也用于在1644年前与满人联合的其他民族。随着新的地区被征服,这种有效的军事力量也在发展,包括了满人、蒙古人和汉人,共有24个旗(每个民族八个旗)。到1648年,只有不到16%的旗民实际是满人,这一情况当时并不清楚。

随着满人的征服中国内地出现了一支多民族的军队,由满族贵族控制和统率,并得到叛离明王朝的汉人官兵协助。在清代社会有个明显的特点就是非常重视满汉之别,重视(满、蒙、汉)旗民和非旗民之间正式法律上的区别,特别关注族别。

在满洲军队不断扩张时,统治者立即就开始研究汉人的体制,在1625年建立的首都盛京仿效明中央集权政府设置机构。由于满语没有书写形式,他们就在蒙文的基础上设计了一种书写文字以保存记录。满族统治者承认其祖先是金人,从一开始就明确宣称他们的合法性以增强其庞大的军事力量。1635年,皇太极打败察哈尔蒙古人,得到了蒙古大汗的印玺。现在他能宣称自己是14世纪统治中国和大部分中亚地区元朝的开创者成吉思汗的继承人。在1644年一进入北京后,这些新的征服者就与那些就在此之前进京的农民起义军不同,他们以赞同中国的施政理想来争取汉人的效忠。这些统治者参加汉人上层精英珍视的祭孔仪式和其他礼仪活动,称他们的王朝为"清",意为清纯,不受尘染。他们还接受了皇帝是天子应作为道德典范的传统说法。中国北方的精英人物在导致明王朝崩溃的战事和混乱中饱受打击,他们很快就向进入皇廷的满人表示效忠,随之在政府中跻身高位。

有几个明朝将领还被允许在中国南方和西南某个地区独揽大权,以换取他们在几十年内出力协助平定那里忠于前朝的反叛者。在17世纪70年代,这些将领中有三个在满人要削减其权力时起兵反清。在随之而来的三藩之乱中,汉八旗都甘心为新的统治王朝捐躯杀敌,效忠清廷。清王朝最后还争取到了长江下游地区势力强大的精英阶层。这些南方文人比别的地区的文人获得了更多恩宠,皇帝赞助他们的学术研究计划并亲自访问这一地区。18世纪初,就像以前许多世纪一样,长江下游的精英分子又一次在帝国的政治和文化中占据了优势地位。

满人对中国现状的适应还反映在他们为教育王公、优异旗人而办的学校中。旗人中的上层人物被教授满文和汉文,以训练他们能参加得以获得政府官职的科举考试。到 18 世纪中期,当征服者和被征服者的关系更为融洽时,对朝廷来说就没有必要只依靠包衣(统治者的个人奴仆)和旗民(包括满人和汉人)。

在入关前满人崇尚的那种并行统治形式逐渐被明代更加专制的帝国统治方式所代替。努尔哈赤统治时八旗的组成方式表明,这位开创者坚持让他统领的各旗的子侄联合统治。在 17 世纪 20 到 60 年代,实际领导权经常是既在这些统帅也在名义上的统治者手中。虽然在随后的清洗中皇帝将三个旗直接置于自己管辖下,但在 1644 年后为小皇帝设的几个摄政仍要依靠集体领导,这又延续了满人的体制。少年天子康熙(1662—1722 年在位)在 1669 年又针对他的摄政重申皇帝的特权,但直到 18 世纪 30 年代才最终压抑了亲王势力加强了皇权,这时雍正帝(1723—1735 年在位)将剩下的几个旗置于官僚监督之下而摧毁了对立亲王的权力基础。

在清统治者通过中国传统机构控制有着潜在威胁的皇族亲王时,这些亲王也发挥了自己的才智。有几个亲王当了几十年官,他们不仅主管宗人府以监视皇族亲属,还作为特别设立的议政王大臣会议成员为皇帝出谋划策,在中央政府各部任职,处理外交事务,领兵外出打仗。虽然给予他们权势有助于加强皇亲对朝廷的忠诚,但皇族和旗人的官僚化遏制了世袭贵族有可能作为一支重要政治力量出现的趋势(这一趋势在中国远不如欧洲)。

即使满人能很快吸收并适应中国的官僚政府体制,他们在满洲生活的经历也会使之改变并完善帝国的政治结构。从内务府就能很清楚地看到满人的影响。这一新机构是在 1661 年正式成立的,显然是为了防止众所周知的宦官干政现象,宦官干政是明代及以前各朝的普遍现象。当然还用宦官来照顾皇家的女眷,但他们处在内务府官员的直接监督之下。这一机构的官员多为家奴包衣出任,包衣来自于 1644 年前满人在辽河流域俘获的汉人。看起来这些汉人包衣是扮演征服者和被征服者之间中间人的合适人选,他们既管理宫廷(在北京的所谓紫禁城)中的日常事务,也管理统治者家庭的私家收入和财产。在 17 世纪后期和 18 世纪,这一部门的规模逐步扩大,功能趋于完善。1796 年它已有官员约 1 600 人,可以用另一数字来与之相比,这时掌管帝国基层行政单位县一级的知县人数还不到 1 300 人。

除负责皇帝的饮食、穿着和起居外,内务府还管理远在紫禁城以外的各种事务。它的印书局出版善本学术著作,其代理机构管理在华北没收的大片田产,重新分配给旗人。其他机构则监管各种专控产业:买卖人参(人参是生长在满洲的一种名贵特效药);清初为铸钱与日本进行铜的交易;利润丰厚的盐业官卖;在华中的御用织造和瓷器生产;还有帝国各地的海关。内务府借大笔钱给受关照的商人,还与户部相互融通资金,所有这些活动都不受正规的官僚机构控制。在清初其重要性不仅反映了朝廷的巨大势力,也反映了有在官僚体系之外(之上)再造官僚体系的趋势。

不过在满人征服的同时国家的治理并没有发生大的变革。清代的常规官僚体制是以明代为模式、按照明王朝的行政法典翻版而形成的。在京城的政府事务由六部掌管,这六部与都察院一起组成中央政府的主要机构。六部的功能在其名称上就能体现出来:吏、户、礼、兵、刑、工。这些部在北京,雇有几千名吏员,处理与国家事务有关卷帙浩繁的政府公文。

清初的皇帝都按照明朝的样子与京城各部领班大臣和满人中的要员商议大事。在明代,有一小批中枢大臣帮助处理送到朝廷的政府公文(称为奏章)。1729 年以后,皇帝越来越多地依靠一个满人设立的称为"军机处"的新机构。这个机构里有八到十名高级官员,半是满人,半是汉人。他们每天与皇帝见面,就最重要的事提出建议,并为皇帝拟旨。

中国的百姓在清王朝初建时至少有一亿人,分布在十八个省中,比明代多三个省。在官僚体制中最低一层的行政单位是县和(在需要特别警戒的战略要地设立的)所。在乾隆年(1736—1795 年)末,中国的人口增加了两倍,这时有 1 281 个县、221 个所,掌管一县或一所的地方官管理的百姓约有二十万人。平均起来,由七八个县组成一个府,七到十三个府组成一个省。地方管理的方式反映了中国通过内在的制约均衡加以规范的传统,有着相互重叠的管辖、独立的监察体系以及有意模糊官僚体制相互界限的特点。大多数省由一个巡抚管理,他又受到一个通常管几个省的总督监督,这两者的官僚层面是在清代才新近出现的。有些数省只由一个巡抚管理,也有些只由一名总督管辖数省。在这一层面上不断进行调整予以适当程度的监督。在各省,(按道组织的)监察御史对另一几乎垂直的指挥系统负责。还新设了三个大的省一级官僚机构,以对管理复杂的省际漕运以及黄河和沟通长江的大运河水道负责。军队被重新集中管理,除驻扎在北京和帝国其他战略要地的八旗兵外,明代的绿营兵也被保留,用于维护治安。

中国的官员制度可能是当时世界官僚体制中最完备的。官职被分为十八级,主要由通过科举考试的文官出任。成千上万的男子(这些职位不对妇女开放)以任官为职,受到许多清规戒律限制,也有不少机会。清统治者修订了明代的人事考核制度,重新按照一个官员征收赋税和惩治犯罪的考绩来决定对其的奖惩。可以认定,正是人事制度方面的这些改善是清初得以提高政府效率的一个重要因素。当然,满族统治者也继续强化了这样的传统观念,即认为做官是文人最好的出路。

自明代以来科举制的基本框架没有什么改变:有一套完善的考试程序,最底层是府一级的生员,上面有省一级的举人以至国家一级的进士。在最高国家一级的获胜者还要参加在北京宫中举行的殿试,只有最优者才能得到殊荣,在官员中提升得最快。每一级及第者的人数是事先确定的,以名额来确保地区间的平衡(尽管采取了这些措施,来自长江下游地区的考生还是在进士中不成比例地占据优势,其原因我们在后面要提及）。旗人参加另外一种科举考试，以让他们更多享受照顾和特权。虽然通常认为要有上面两级的功名才能当官，但实际上都有旗人甚至是汉人未得功名而出任官职。还有一种考核其他技能的考试制度是为了选拔在汉人军队中任职的武官。

在明代科举考试制度就遭到非议，因为这一制度要求考生写一种完全僵化的文体，而有利于凡庸之辈，扼杀了才俊之士。虽然对这一问题还没有专门的学术著作，但通常大家认为清代的科举制度也是在墨守传统。然而，尽管满人在17世纪60年代废除八股的尝试因守旧汉人的抗议而停止，但在17世纪末科举考试的内容中还是增加了写作有关时事的文章（策论），为司法案例写判词，还有用12世纪的著名文人官员朱熹的注释来讨论儒家经典。由于现在还不太清楚的原因，1757年科举考试 *10* 已不再带有这样务实的倾向，而到1799年也不再重视朱熹的思想。

中国历史上长期以来国家加强中央集权的趋势仍在延续，并在清初统治者尤其是康熙和乾隆皇帝强有力的干预下还有所发展。在强花了明代的制度之后，他们重新组织并规范了邮传系统，把重要的政府决策权掌握在自己手中。他们还巧妙地安置自己的私人仆从，这些人不属于官员系统，个人对他们忠心耿耿，以此来制约地方官员，并以此补充从正规渠道得到的讯息。这时还出现了绕开军机大臣和军机处直送皇帝的密札制度。到乾隆初年，一种新的二元传递系统应运而生，有关通常事务的奏章交六部处理，而紧急奏折则交皇廷。

但文书不断涌入皇帝手中这种情况不应被看作是统治者已获得了对官僚机构的绝对控制权。官僚化的不断加深使潜在的专制者被堆山积海的伏案批牍和程序咨询工作所包围。而这些集权化的改革并不会使政府变得更有效率。清代的国家体制很快就显得庞大而复杂，以致难以在千里之外实施其决策。对此进行的细致研究表明，皇帝和朝廷大臣如果要使具体的政策得以顺利实施，就必须俯允那些有权势的督抚并与之协商。在有些事情诸如"文字狱"上的成功也要依靠那些精英分子的配合。清朝皇帝虽然经常能够对具体的官员颐指气使(这种滥用个人权力的情况在明代很盛行而在清代并不严重),但他们实际上不能排除对其个人权力的明显制约。

在每件事上清代的统治者都意识到他们的权力受到了制约。在康熙皇帝的包衣曹寅想要试图制止两淮盐务局官员的腐败时,康熙私下告诫他道:"生一事不如省一事,只管为目前之计,恐后尾大难收,遗累后人,亦非久远可行,再留心细议。"①康熙皇帝这段话的潜在含意是大家所熟悉的,意即整个官僚体制无论在抗拒朝廷的指令还是抗拒内政改革方面都是既有韧性又有力量。或许中国在官僚机构的复杂性以及在对其的限制上都是少见的。

另一种不可调和的紧张关系在于,国家要想将其力量扩展到官僚体系之外直接控制地方的愿望与得不到地方精英合作无法做到之间的矛盾。名义上在限制科举士子、官员及其亲属的权势方面清代比以前各代都更严厉。以前常由地方精英统辖的地方军队被取消,归入绿营兵中,官员们有责任要监督地方精英对地区事务的管理,这些事务诸如管理河渠、粮仓和社区福利。雍正皇帝曾对财政收支报表做了一些改革,试图重新控制税收的分配。但那些曾与国家一起反对地方异端势力并在调解纠纷中发挥非正式作用的地方精英们,却在积极地阻挠官方要想重新丈量土地以及重新分配税额所做的努力。

再者,随着时间的推移,清朝开始在处理与和平和繁荣随之而来的发展问题上遇到了麻烦。由于受现有交通技术条件的限制且由其自身压力有崩溃的危险,政府并不愿意自身扩展,并在抵制想要把地方精英更正式地在县乡各级纳入官僚体制的革命性变革。诚如我们所见,与之相反的是,政府的任务已经开始有些忽视官职的任免以及预算的拨付,

---

① 史景迁(Jonathan Spence):《曹寅与康熙皇帝,包衣与主子》(*Ts' ao Yin and the K' ang-hsi Emperor, Bondservant and Master*)(New Haven:耶鲁大学出版社,1966 年),第 189 页。

在官员们采用非正式的方式来获取资金时,地方精英们开始越来越多地行使政府的职能。

尽管在表面上新朝声称欢迎汉族文人入仕,但满人坚持在京城实行满汉二元任职制,并在各省的战略要地大量安置旗人,这些做法使有抱负的汉人在官僚体制中处于不利地位。二元任职原则使六部的堂官满汉各一人,在其他许多重要的官职上也是让他们互相制约以保持平衡。1667年,在起初是依靠(通常地位不高的)汉族旗人来出任省一级的高级官职之后,皇帝开始向这时已汉化的满人开放这些职位。职位越高就越有可能由满人来担任。在整个清王朝统治时期,有一半有权势的总督是满人,四分之一是汉族旗人,四分之一是汉人。主管亚洲腹地事务的理藩院全部由蒙古人和满人任职。当然,八旗兵总是由旗人来统领。

尽管满人从没有放弃他们对边疆政策的掌控,汉人在政府中任职的人数还是在逐渐增加,军机处的设立使得满汉两族在最高层的合作开始制度化,这种情况一直延续到20世纪。作为科举金榜题名者仕途显赫的起步,北京的翰林院又获得了其传统的重要地位:其成员为皇帝咨询,为皇子王公授业,参加官方的学术活动,主持省级和京城的科举考试。并彼此确定份额以保证汉族旗人、满人和蒙古人在翰林院中都有自己的代表。

在康熙和雍正年间又重新建立了科举制度,这一制度是为官僚机构输送人才并可确立得功名者在地方上的名声,在省一级还建立了由国家资助的书院。名额的分配使得那些较差的地区和弱势的群体能够竞争,由此促进了帝国内部在社会和政治上的整合。这一做法还有助于地区间获得科举功名者(也就是获得官职)的人数较为均衡,这是针对像长江下游这样的城市富庶地区,以有利于西部和西北的新开发地区。

总体的繁荣和人口的增长扩大了富裕和受教育阶层的规模,并对政府施加压力要求增加科举学额和官职数目。结果,在17世纪60年代曾急剧减少的科举所有三个等级的数额开始稳定地在增加(尽管增加幅度并不大)。①

两次特科考试在 1679 年和 1736 年举行以选拔著名学者当官,其他的科举和任职附加考试也不断在举行。18 世纪期间,在正常规定之外的竞争扩大了进士的数目足有三分之一。虽然这些科举考试总是对比较发达的地区有利,但它们还是增加了进士举人的数目,不过随着人口的增长这些人在总人口中所占的比例在缩减。随着科举考试逐渐完善,每一级的入闱考试竞争激烈,成败在此一举。在正规的官僚体制中各级官职的数目在前三个皇帝尤其是雍正朝时也在增加。在 18 世纪期间,县一级单位数目总体上增加了 13%,同时现有的官职正常增长,僚属吏员队伍也在扩展。②

13　　在以政绩考功的正规标准与像蛛网般通过科举和官僚制度织成的非正规联系之间总是存在着紧张关系。面对难得的考中的机会,雄心勃勃的科举考生发现他们还有众多有助于自己获胜的机遇。给出钱参加省级考试考生而设的监生资格一直在或多或少地出售。全国任何地区的监生都可以参加(北京)顺天府的举人科举考试,这成了省级名额分配制度中的一个大漏洞。在 18 世纪期间,这里中举的人数要超过岭南、西南或是西北地区七个省的数目。③ 对买卖低级官职和差事则限制很严,通常都是为了应付财政急需或是因发生重大骚乱而引起的地方不靖,比如"三藩之乱"(1673—1681 年)和白莲教叛乱(1796—1805 年)。

由于为获得功名和官职竞争激烈,所以对一个人的仕途来说若有人照拂以及彼此结党就显得特别重要。朝廷对此颇以为非,1729 年的敕令中写道:

> 科甲出身之人……相率而趋于植党营私之习。夤缘请托,朋比祖护……朕御极以来,多有人论科甲中人不可信……然使尔等积习

---

① 《钦定学政全书》,1812 年。
② 赵泉澄:《清代地理沿革表》,1940 年;台北:文海出版社,1979 年重印。
③ 张耀翔:《清代进士之地理的分布》,《心理》,1926 年第 4 卷第 1 期,第 1—12 页。

相沿……将使为君上者,虽欲用科甲之人而有所不可。①

朝廷采取了反制措施,提高科举出身者任职的资格,(从 1723 年起)更为频繁地对官员进行考察以及增加制约官员行为的行政条规,以此来限制个人结党活动的影响。但这一弊端只是受到了制约而不是被根除。雍正皇帝特别关注划分公私利益之间的界线,以此减少官员腐败的可能性,但这些努力在他之后没能坚持得下去。

在 18 世纪期间,要想在官僚体制之外任职以及从事某些学术活动,对那些想要求职的文人来说已变得越来越容易。从 17 世纪 80、90 年代编修《明史》到 18 世纪 70、80 年代编撰《四库全书》,这些由国家主持的高规格的项目吸引了成百上千的文人参加。国家的恩养促使清代上层精英人物形成了一种典雅的生活方式,在他们看来当官只是可供他们采纳的众多职业选择中的一种。

满人在其统治的最初半个世纪所推行的政治制度在一些重要的方面对 18 世纪中国社会的形成有很大影响。一开始以八旗制为代表有意识地采纳多民族的政治体制,这就为清帝国容纳大批少数民族定下了基调。虽然在本书研究的这段时期满汉之间的民族关系很好,但 17 世纪时相互敌对的遗恨一直到清王朝覆灭时都忽隐忽现地一再出现。清朝国家在一些重要的方面与前朝不同,在许多方面增加了不少:有了更多的官员,更多的层次,更多的结构,更多的文案。朝廷加强了对满人贵族、官僚和地方精英的控制,而加强控制部分是通过设立新机构,部分则是通过新朝建立而带来的人心所向。不过这些变化一般都不是革命性的。通常人们认为,清代成功地积极变革其帝国制度实际上阻碍了中国(与欧洲正好相反)向更有创造性的方向发展。尽管如此,从中国社会的角度来看,重新建构的清代整体一开始运作得很不错。有才能者愿意入

---

① 《大清世宗宪皇帝实录》,87 卷,引自 Raymond W. Chu 和 William G. Saywell:《清王朝的职业类型:总督官职》(*Career Patterns in the Ch'ing Dynasty: The Office of Governor-General*)(Ann Arbor:密歇根大学中国研究中心,1985 年),第 54 页。

仕当官,恪尽职守的政府使得国家在一个半世纪中基本能维系和平与繁荣。

社会政策

满族统治者并没有推行社会革命。就中国社会的国家结构而言,他们强调的是恢复既有的秩序,至多只是更加理想化一些。这一秩序迫使朝廷与地方富有的权贵家族建立了相互依赖的关系。国家提供了科举考试和政府职位的权势及酬佣,而有势力的家族则教育其子孙为朝廷尽职。作为回报,在一定范围内政府不会干预地方精英的职权。实际上,政府正是依靠他们来出任地方官员。满人没有改变这一制度,他们只是给这一制度注入了新的活力。但他们还是试图对此有所规范,想尽可能限制地方权贵的权力。这一保守的因袭以及这一时期对国家权力固有的限制,使得新的统治者既难以去进行社会变革,也难以使这一制度适应变动中的社会力量。

15 因而就并不奇怪,清王朝关注的自然会是那些国家依靠最多的精英阶层。清朝最终成功地让汉人臣服采取的是胡萝卜和大棒并用,不得不采取一些严厉措施镇压那些留念亡明的人。在征服明文化中心区域长江下游流域时还遇到了当地人在精神上的抵抗,这无疑是导致著名的1661年江南税案的重要因素,这一税案是清初双方对抗性关系的一个标志。事情的发生与江南一些富裕州府的官员有关,他们得到许诺,如果能在这些地区收缴到大批拖欠的钱粮就会得到提升。他们一开始征收拖欠的税款(拖欠者许多是有科举功名者)就遇到当地的生员涌进苏州的孔庙抗议,这样做被认为是藐视北京的满族摄政王。随之而来的是一场残酷的镇压,18名生员被处死,11 000多读书人受到惩处,这些举措使得人们对满人征服者更加不满。1662年,已经紧张的气氛因满人在离江南不远的杭州的查检而更加紧张。在那里出版了一本有关前朝的史书

《明史辑略》,书中将清朝称为"夷"。与编这本书有关的人都受到仔细调查(甚至包括买这本书的人),有70人被处死,他们的家人遭流放,财产被没收。这个案子的负面效应自然会波及到整个长江下游的学界。这些迫害成了满人征服后几十年的祸患,在18世纪不时还会小规模地一再出现,只是慢慢地被朝廷以其他比较和解的姿态予以抵消。

　　清王朝不仅要威吓长江下游流域傲慢的精英分子,他们还要慎重地限制整个地方显贵的权力。地方精英与国家之间是一种说不清的关系:出身于富有家族的读书人既有用又危险。他们自愿充当社区的领袖服务对政府的职能有所补充,但又有可能对政府的职能越俎代庖。虽然通过进书院和参加科举考试这样建立的非正式联系有可能使官员个人能有效地履行其职责,但他们也有可能会破坏官僚体制的公平性。除了某些边疆地区,在新朝统治下地方精英已不能控制县一级官员的任命。1657年,清朝将有科举功名者免税免役的范围限为只是其个人。这两项 *16* 措施显然表明是对地方权力和权势的制约。

　　国家对那些可能会发挥政治功能的精英分子结社特别保持警惕。不仅官员的结党受到指责,就是百姓组成政治团体也被禁止。在清初,这样的禁令在许多汉人看来还是有必要的,因为这些人对以前明朝发生的事记忆犹新。那时,软弱的皇帝不能阻止文人结社将其党争由学界扩展到官僚体制中。在长江三角洲无锡县的东林党人宣称,他们政治活动的目的是要实现儒家的理想以清除遍及朝廷的腐败现象,以此将其活动合法化。他们试图要控制重要官职的任命并将政敌赶下台,以将朝野间的力量都动员起来。他们咄咄逼人的做法使得党争界限分明,从而引起了一阵清洗和反清洗的浪潮,这又只是进一步削弱了明王朝,使得内部秩序更加混乱。因为了解过去的这一教训,所以清代的精英阶层对民间的政治结社态度是很矛盾的,他们默认了朝廷的禁令。直到19世纪他们才又重新采取了政治结社的做法。

　　18世纪是一个社会流动非常明显的时期,这是因为有了许多新的财富资源可资利用。从大的方面来说,国家很成功地诱使那些拥有新的财富资源的人去参加科举考试以及去做官,这些都是国家能控制的渠道。正如前面所说这些做法一般都很成功。虽然与需求的增长相适应这些制度也有所发展,但并不是每个人都能完全适应。清代统治者对那些拥有原有财富资源受过良好教育的精英人物的倨傲态度很敏感,因而他们更能与新贵商人和其他暴发户和睦相处。作为外来者,清统治者也更愿意欢迎新贵家族跻身于精英层之列,他们很有兴致这样做。

清代国家政权发现,规范社会流动要比控制百姓在地域间流动更方便。就理论上而言,每户人家都在一个地方官名下登记。在丁银数额被固定在 1711 年的标准时,以后登记户籍的目的是为了统计人口而不是收税。到 1741 年实行保甲制度已成了人口登记的主要手段。政府实行这一制度最初是为了相互之间加强防卫:在理论上一百户人家组成一个甲,十个甲组成一个保,同在一个甲的各户人家要对甲内所有成员的行为负法律责任(实际上保甲能否按其规定发挥作用并不明确)。按规定每户人家都要更新其门牌,牌上要列出家里的所有成员,这些门牌就成为计算人口的依据。而官员们在他们的报告中则抱怨难以推行这一制度,人口经常流动使他们不得不随时关注。在 18 世纪期间,制订了一系列规定试图要解决这一问题(比如在户籍登记变动前规定一个等待的时间以将暂住者与常住居民分开),但仍然还是有例外的情况。在区域内和区域间迁移很容易,对社会各阶层的人来说司空见惯。正如我们后面要谈到,就此而言,官僚机构所采取的措施无论怎样被积极推行,都不能与广泛分布并持续增长的人口状况相适应。

清朝皇帝因为都不是汉人,且在他们统治时期有许多部族群体被融入了帝国,所以他们要比明朝皇帝更关注少数民族事务。他们制订的政策的目标显得有些矛盾,一方面要将少数民族纳入群体之中,而另一方面又想不让他们受汉文化影响。不过在这汉人居住区不断扩展的时期,鼓励同化的做法比较好,也更容易成功。

组成清帝国的汉人以外的各少数民族包括中国南方和西南的许多山地部落(苗、瑶、倮倮和其他许多小群体),还有中国西部、北方和东北的藏、维、回、蒙和满族。[①] 在南方和西部,清朝起初是依靠传统的土司制度,这一制度允许地方首领只要得到朝廷认可就可在少数民族地区拥有较大的自治权。不过随着向少数民族地区移民,雍正皇帝开始将土司控制地区改为正式的行政区域,将尚存的头人职位官僚化。国家还迫使许多地区接纳汉族的移民,并以开办学校、建造庙宇的方式来促进汉化。

在遥远的西部,对丝绸之路沿线大城市的治理权掌握在显赫的穆斯林家族手中,那里的汉族移民很少。在北方的游牧和半游牧部落中有一种按照现有部落划分以其首领来确定的类似八旗的制度,它有其贸易和朝贡的体制来与中国内地接触。而清王朝则积极鼓励在那里建造喇嘛教的寺庙中心,(或许是无意识地)以促进在草原上建立定居的和城市化的社会。

有驻扎八旗兵以震慑冥顽的举措为后盾,这些措施就有着加强边疆地区管理、抚慰土著首领以及促进贸易便利旅行的实际功效。或许正是由于认识到了边疆

18

全副武装的满人宫廷侍卫

---

① 为了历史记载的准确我们并不带有贬损的目的,在此处和书中其他地方我们称呼少数民族采用清代史料中所用的名称,即使有些称呼现在已不使用。

民族的特殊性,所以清统治者就试图将少数民族分隔开来保护(我们将在第四章中对此详加探讨)。但只要边境地区保持和平,商人和移民就会自行前往。因此,政府阻止汉人向蒙古、满洲和台湾移民的禁令经常被视而不见,而禁止汉人和少数民族通婚的规定也无法执行。尽管对边疆贸易的限制减缓了市场经济发展的进程,但清王朝无法阻止部落民向汉族商人借钱,有关禁止将部落土地出售给汉人的法律也很容易规避,可以将土地抵押以及实行永佃制。

清王朝还在尽力试图阻止现在驻扎在中国内地的八旗兵接受汉文化。这些八旗兵过去是很尚武的,此时他们的家住在城市分隔开来的区域,严禁他们与汉人通婚,或是受雇于汉人。雍正曾成功地削弱了满族各部落的势力;而他的儿子乾隆很快就对满人过于汉化感到担忧。满人传统的基本社会单元部落的重要性已不如家族,乾隆注意到有些旗人已经像汉人一样用了姓(满人习惯上在公开交往时只用名)。乾隆经常被看作是汉人文学艺术的提倡者,但同时他也是将满人传统文本化的鼓励者。在他的指导下,最早在其父统治时开始编撰的满人家谱得以出版,还编写完成了一部八旗的历史,满族的原始崇拜传说被记录成文字,有关皇室部落起源的神话故事也被充实完善。乾隆还改正奏章中所用的满文,指责不能说家乡话的满人。在满人处于有忘本危险时,乾隆有责任要加强让满人认同的基础。

19 但朝廷的财库负担不起给旗人不断增长的人丁支薪,也不能遮挡住汉文化对他们的吸引力。到 18 世纪末,所有这些防止同化劳而无功的努力都被放弃了。

与中国所有的王朝一样,清朝政府也将自己看作是决定个人和公共道德的最高权威。最初的几位皇帝就依照明朝开国皇帝的榜样,提倡其制订的劝勉百姓的"六诫",晓谕人们"孝顺父母,尊敬长上,和睦乡里,教训子孙,各安生理,毋作非为"。1652 年,顺治皇帝(1644—1661 年在位)将这"六诫"刻在石碑上,立于每个州府。康熙在 1670 年颁布了他的十六条圣谕,而雍正又在 1724 年将其内容增加。这些圣谕在帝国的每个县一个月要宣读两次。许多其他的皇帝诰令也被颁布用来教化、训诫社会各类成员,从旗人(他们应遵守满人的美德)到生员和其他获得低级功名者(他们应有助于维持地方法令和秩序),再到普通百姓(他们应该不去占卜吉凶、劫掠、信奉邪教)。由于几乎是难以执行,这些诰令通常都被人忽视:满族的文化只被留在记忆之中,生员秀才耀武扬威,普通百姓则公然朝拜圣山,为决定在哪儿盖房修墓去看风水。

然而因为对规范理想的力量抱有乐观的态度,皇帝和上层精英都利用出版业的发展来写书以改善民众的道德观念。比如,在乾隆年间有个著名的省级官员叫陈宏谋,他写了一套五本书,书中除谈到官员应当的行为举止外还涉及民间生活,如子女的抚育,妇女的教育。虽然进行这些道德说教是尊贵传统的组成部分,但这样做还是对这一时期地域间的流动和社会变迁有着特定的作用。在 18 世纪的宫廷生活中盛行繁缛礼节、子女不孝以及耽于享乐的风气中,朝廷经常发布的要求节俭和理性生活的诫命自然还是有约束力的。

在制订宗教政策时,清代统治者将汉族的传统与少数民族的观念糅合在一起。在原则上,他们要做到公正,允许多元文化存在。有些满人萨满教的礼仪原封不动地保留在紫禁城的私密场合,而藏族的喇嘛教则作为帝国的一种信仰被接受,还作为与中亚对外关系的一个重要方面得到发展。在中国内地,伊斯兰教得到保护,佛教、道教和大多数民间信仰 [20] 都得到了鼓励。

康熙、雍正和乾隆皇帝都积极地在中国各地支持佛教。1738 年在皇帝的资助下重印了卷帙浩瀚的佛经《龙藏》,并在 1790 年将之译为满文。皇帝还走访像山西五台山(供奉文殊菩萨)这样著名的圣山,给寺庙送礼。皇帝的题词给像山东泰山这样著名圣地的民间宗教庙宇以及诸如观音、天后和关帝(战神)这样世俗神的庙增添了荣光。他们不仅要维护官方的崇拜还要扩大它,从皇帝到知县都要在官方的预算中为指定的神拨出钱财,以便能够维修庙宇并正常举行祭祀。这样的资助既扩大了被指定庙宇、圣地的声势,也在总体上创造出一种有利于民间宗教机构发展的气氛。

然而,朝廷对组织庙会和进香活动的义务宗教组织一直疑心很重。遵循明代的做法,政府也会断然宣布被看作是邪教的教派为不合法。就如其他一些民众行为与政府意愿抵触的情况一样,也不会总是采取强制措施。有些教派被挑选出来宣布要严加注意,虽然按照法律条文朝廷总是声称要予以严惩,但如果这些教派的活动不是很有破坏性,地方官员就不会这样做。18世纪后期,华北一些地方爆发一连串小规模的鼓噪千年末世的起义,都被镇压,这些起义被看作是军事活动。清朝对基督教修会的政策是双重的。自16世纪以来就有耶稣会士在北京的宫廷中,他们中有些人被允许作为艺术家和顾问留下来,条件是不能传教。那些要人改信基督教的人(有一些规模不大但有毅力的天主教修会为发展教徒而过着动荡不安的生活)受到了惩罚,他们被抓起来,像对其他走"邪路"的人一样受到严惩。

尽管清朝官僚机构庞大而又复杂,但国家解决社会问题的能力实际却相当有限。因为只要在政府当官的理想仍有吸引力以及作为科举制度基础的新儒学还让人信服,传统的制度就能够运作,国家就能操纵这些权力的标志和路径,能用这些东西规范那些未来精英成员的行为。这种与富裕儒雅家族间有象征意义的关系在每一代人中都通过科举考试得以延续,确保了在这个社会中最有权势的群体能够保证一种内涵宽泛的正统性。朝廷制定的标准能够有些把握让那些想得科举功名当官的人遵从。

在这些精英分子的协助下,同时又没有教会或是贵族制度起反作用,中国的国家政权也就可以在大的方面为社会判定是非,还能运用法律和道德劝导来实施这些规范。皇帝和精英们发现尽管其效果并不总是很明显,但劝导仍是在臣民中倡导规范行为的一种大家认同的方法。当然动用军队是确保法律实施的手段,但即使是法律也要靠社会形成某种程度的共识。不管法令上写着什么,一个只有少数几个僚属的县令会发现他很难解决严重的社会问题或是改变被大家公认的行为准则。捕捉盗贼和凶手是一回事,而不让居住情况改变、限制贸易、消除族群间仇恨以及取消民间宗教节庆则是另一回事。因此,清代的许多社会政策都是很有特点的,只有在它们与完全不受其控制的发展共存不相抵触的情况下才最为有效。

经济复苏

清初统治者显然非常关心当时规模庞大且多元化的经济状况,这对社会的总体状况也极为重要。在 1644 年满人有许多事要做,但较为容易着手的是最初阶段的经济恢复。

人们对任何新王朝的期待都是希望它能不像前朝末年那样滥征赋税。盼望它能关注民众要求轻徭薄赋、革除弊政的呼声,并能关注爆发叛乱、战乱地方所受的破坏。在 17 世纪 40 和 50 年代,满族统治者取消了明朝所定的附加税,还同意给遭受战乱破坏地区免税,但又因征讨急需提供钱粮而取消了豁免。要想重新确定税赋册很不容易,最终也就只好在不准确的 16 世纪规定的税额基础上来确定。为了保证百姓纳税以及官员把钱要交上来,有不少法令向地方说明收不到税的后果。1658 年,明文确定了对那些总是不能足额纳税的乡绅、有功名的生员和衙役要给以轻重不等的处罚。正如 1661 年江南税案所反映的,这些法律也会被有选择地加以执行,这显然表明国家要打击乡绅控制赋税的特权。

直到 17 世纪 80 年代在明遗民的抗清斗争和"三藩之乱"被镇压之后,清王朝才开始大规模地允许减免赋税。到 1711 年事情已发展到这样的地步,减免的赋税总数达到一亿两,超过了中央政府一年的收入。①
丁税和地税被合二为一以白银交纳,这样便于征收和管理;这一改革促
进了税收从明代通常采用的实物交纳发展到以货币交纳的大转变。许
多学者认为,从以人丁计算到以土地计算的这一变化,完全符合社会不
断向商业化发展、流动性更强的大趋势。1713 年将丁税数额永久固定的
做法受到欢迎,被认为是朝廷仁政的一个新的标志,这不仅反映了政府
不会另定税制,也反映了它不会在将来增税。

在以农业为主的情况下,地税是政府收入最大的一项来源。出于财
政上的考虑以及传统的重农理念使得满族统治者一开始就致力于复耕
被抛荒的土地。由于在 1661 年的政府赋税册中已少了大约两亿亩土地
(超过 1600 年时耕地总数的四分之一),所以恢复农业生产就成了新王
朝要实现的一个主要目标。② 满人特别需要由华北和华中选定的几个省
每年向北京交纳的"漕粮"(清代少数几种主要税收之一),用来养活依靠
朝廷维持生计的京城地区成千上万的旗人和官员。

为恢复粮食生产先是安置流民并向他们提供耕牛、农具、种子甚至
银两。这样做显然大受百姓欢迎,到 17 世纪末已很有影响,康熙年间在
中国西部的成都平原、湖南、湖北以及边远的西南地区都得到了推广。
尽管雍正和乾隆皇帝都担心移民难以管束,但还是鼓励在帝国军事征讨
扩展时开垦荒地,并向新开拓的疆域移民。

在中国边疆和内地移民垦荒还得益于来自新世界的粮食作物之助,
这些粮食作物是在 16 世纪后期传入中国的,它们同时也改变了全世界

23

---

① 何炳棣:《中国人口研究 1368—1953 年》(*Studies on the Population of China,1368—1953*)
　　(Cambridge:哈佛大学出版社,1959 年),第 210 页;王业键:《中华帝国的土地税 1750—1911
　　年》(*Land Taxation in Imperial China,1750—1911*)(Cambridge:哈佛大学出版社,1973
　　年),表 4.2,第 72 页。详见王著中清代税收制度部分。
② 王业键:《中华帝国的土地税 1750—1911 年》,第 23—25 页。郭松义:《清初封建国家垦荒政
　　策分析》,《清史论丛》,第 2 辑(1980 年),第 111—138 页;江太新:《清初垦荒政策及地权分配
　　情况的考察》,《历史研究》,1982 年第 5 期,第 167—182 页。

人的饮食习惯。正是在清代主要靠个体农民的劳作,这些作物对中国人使用土地的方式产生了很大影响。由于种植玉米和土豆使贫瘠土地得到大力开垦。被称为"穷人口粮"的甘薯保证了人们不用受饥荒的威胁,而作为食用油一种新来源的花生使得在土地利用上出现了一场革命,可以利用山地和沿河的沙土地来种。另一种16世纪的新作物是烟草,像许多其他民族一样中国人也很快对它上了瘾。与稻米和甘蔗一样,烟草也需要有良田来种,它成了一种重要的经济作物。

在农业生产中可能比引进美洲粮食作物更重要的是作物类型的变化,这些变化虽不那么明显但同样也很实用。像小麦这样的北方旱地作物被引种到南方,稻米的耕作扩展到新开垦的水田,在南方双季稻的耕种逐步增加,尤其是冬小麦或大麦与夏粟或稻的双季种植,所有这些变化都在虽缓慢但亦明显地使产量得到增加。

垦荒的同时也在兴修、维护水利工程。这种集体性的行为在一个王朝开国阶段都会出现,因而人们会认为在中国只有政治上巩固了才会兴修水利。而国家对水利系统关注的程度与农业和地形条件的不同有关。在以稻米为主食的中国南部和中部,水利对农业经济至关重要,地方上会修建完善的水利系统以在作物生长季节适时地将水引入相互贯通的水田。与南方情况不同,在中国北方,黄河经常会淹没华北东部平原,淤积严重,要控制这条河就需要国家来进行大规模的管理,还要协调它与供应北京的主要水道大运河的水位。

新王朝用了很大的精力去恢复水利系统,显示出朝廷在这方面办事的效率。控制黄河与国家政治上的成败息息相关,清王朝为此花费了大约10%的年收入。17世纪后期,作为清朝独立机构的河道总督署开挖了清江(1686年),疏浚了黄河河口(1688年)并加强了河堤(1699年)。这些工程使低洼易涝的淮北地区(位于华北和长江下游地区交界处)受益最多,当地凋敝的经济在17世纪后期成功地复苏。在其他地区,尤其是南方和华中,政府就只是鼓励私人来兴修管理。在这些地区,清初未

24

21

遭战乱以及开垦荒地使得人们有积极性重新投资水利工程。虽然清代史料中有关新修水利系统的数量(甘肃和陕西除外)不能与16世纪明代盛时的情况相比,但清代工程的规模可能要大一些;而且在整个18世纪一直在富庶地区对旧的水利工程不停地在维修。

由于水运对经济有重要意义,所以水利系统的修复对商业也像对农业一样有益。要想让中国的主要水道长江的沿江港口能够通航,使货物流通能维系长江三角洲每平方英里超过千人的人口密度,疏浚河道是必不可少的。在清初因为政府更关注的是北京周围的地区,所以这些事都是地方精英们在处理。大运河是向京城运粮漕运的关键,康熙在执政初期就把漕运看作是三件大事之一。疏浚运河尤其是它与黄河和淮河的交汇处涉及到官员、商人和地方精英三者的利益,显然需要官方和民间一起努力。比如,18世纪30年代在陕西省朝廷花了很大力气为灌溉打井,予以配合的就有在黄河中下游灌溉地区由私人出资打井。

清初这样半为指导半为自发的经济恢复不仅为耕地大增打下了基础,同时也为人口大增打下了基础。而清代的这一重大变化是经济繁荣未曾料到(并非是不要)的后果。从17世纪中叶到19世纪中叶,中国的人口增加了2倍,从1亿至1.5亿之间增加到4亿,而耕地只增加了一倍,从6亿亩增加到12亿亩。[①]

表1　　　　　中国人口和土地数量(1600—1850)

年份	人口(百万)	耕地(百万亩)
1600	120—200	670
1650	100—150	600

① 王业键:《中华帝国的土地税 1750—1911 年》,表 1.1,第 7 页;何炳棣:《中国人口研究 1368—1953 年》,第一部分,该书经过分析,认为没有理由不相信官方的人口和田亩数字。中华人民共和国的历史学家所进行的研究继续采用官方的数字;孙毓棠和张寄谦:《清代的垦田与丁口的记录》,《清史论丛》,第 1 辑(1979 年),第 112—113、117—120 页,文中比较了这些数字。另见何炳棣书表 21,附录 I,第 281—282 页。

续　表

年份	人口(百万)	耕地(百万亩)
1685	——	470
1750	200—250	900
1770	270	950
1850	410	1210

材料来源:王业键:《中华帝国的土地税 1750—1911 年》(剑桥:哈佛大学出版社,1973),表 1.1,第 7 页。

　　一旦经济恢复走上了正轨,清代国家就要让它稳步运转。前几位皇帝都按照行之有效的传统做法,建立并确实维护好一个储备粮仓系统,以此力图防止饥荒的后果难以收拾。按规定每个省要在各个县设立"常平仓",或购买或存放粮食入仓,这一名称意思是指要用它来稳定粮食供应或是平抑粮价。在 18 世纪,这些粮仓通常都能很好地发挥作用。就以 1743—1744 年北京南面的一次饥荒为例,政府宣布蠲免税赋,派人调查受灾农户,区分饥荒的程度,建造安置营和施粥所,向大约 160 万人发放救济。朝廷还会再向灾区送去粮食,并采取一些长远的措施以恢复农村地区的农业生产。当然,能够有这样的效率不仅是因为有储备可用以及交通便利,同样也要靠政府有良好的信息网络。18 世纪期间,在每个县、府和省的报告中正常都会提到当地的粮价。在以后一段时期大规模的赈灾活动通常会是发钱用于买粮,而不是直接送粮食,这反映了经济货币化的程度。

　　不过,政府为减少饥荒危害所做的努力并不能说明其对市场完全是采取干预的态度。尽管皇帝对城市尤其是像长江三角洲这样重要地区城市的粮价非常警觉,但一般来说他们与其谋臣对是否进行国家干预仍极为谨慎。有人对 1748 年有关国家粮食政策的争论进行了研究,其中提到乾隆皇帝的看法:"所涉设市买卖之事,应以百姓自买自卖为宜。若由官府办理,抑或初衷为施惠于民,当也不惬人意,阻 ²⁶

隔重重。"①此处表述出的对市场调节供求关系作用的信任说明国家对经济的传统观念已有了很大变化。然而即使清代国家已不主张直接对经济进行管理,但毋庸置疑它仍随时准备在政治上的多事之秋出面干预,尤其是在有可能导致市场不稳、百姓无业以及民众动乱时挺身而出。

在商品经济中清代国家所起的作用相对较小。不过仍存在着重要的国家专卖:有些是依照传统的模式,有些涉及对外贸易,有些是诸如盐和贵金属这样大宗重要商品的买卖。还有的与贵重商品有关,比如人参和宝石,这些奢侈品长期由(努尔哈赤的后裔)爱新觉罗皇族控制。但就长时段的总体趋势而言,国家垄断的范围越来越小,不断在扩展商品私人生产和分配的范围。而因为这些垄断都与跨区域的贸易有关,一般来说利润也很丰厚,所以与此有关的商人都会变得既富有又有权势,成为清代社会的重要角色。

清朝主要的垄断贸易是盐的生产和销售,随着人口的增长其需求也在增加。1753 年,国家将近有 12%的国库收入来自于盐。全国被分为 11 个管理区,(除云南外)盐的生产、运输和销售都由专卖商人管理,他们再把盐税交给国家。位于华东中部的两淮是最大的一个盐业管理区,在那里扬州城里的盐商地位显赫,他们是清代最富有的商人。扬州的盐商只能运输销售,不能生产贩私,他们在 18 世纪一年差不多要运销 6 亿市斤(40 万公吨)盐,供应全国约四分之一的人口,总计获利约为 500 万两白银。

在国内贸易的扩展中清朝国家也没有发挥很积极的作用。它对商品经济最为直接的影响可能是通过分发漕粮来体现的,国家(很成功地)以赋税形式征收漕粮。国家和长途运输商人在长江沿岸和沿海大规模跨区域米市交易中起了主要作用。但在难以扩大农业税源的情况下,国家也在开始考虑开发由商业发展而增加的税源。此外,国家对商业进行

---

① 转引自邓海伦(Helen Dunstan):《中国经济管理史料汇编》(*An Anthology of Chinese Economic Statecraft*)(伦敦和香港:伦敦大学东方与非洲研究院,香港中文大学出版社,即出),文件 36。

干预,其目的主要是为了确保地方经济稳定。比如,1759—1762 年朝廷禁止生丝出口的目的就在于此,皇帝赞同苏州皇家织造府织造的看法,认为生丝外销会抬高当地的价格,使织工失业。即使在 1762 年之后,对织工失业的担忧仍使得要对用于出口生丝的种类和数量进行限制,并在直到 18 世纪末一直规定生丝出口的最高限额。

另外,18 世纪城市化的进程也没有受到政府多大的干预。对城市所实行的最低限度的干预政策是建立一个储备粮系统,以确保粮食市场的稳定,目的是杜绝骚乱的根源。虽然北京北面(那里大多数居民是旗人)是个例外,政府一般都不会去直接管理城市,负责其供应。

尽管如此,就 18 世纪经济明显的发展而言,国家所起的作用虽不够充分但却必不可少。正如我们在本书第四章将要谈到的,清王朝实施法律稳定秩序,鼓励移民,恢复农业,扩展疆域,采取各种措施为社会的繁荣创造了前提条件。此外,政府还极为关注经济活动所产生的重要社会影响。国家要尽可能地保证充分就业,因为这与社会稳定息息相关。虽然经济发展只是清朝政策的一个副产品,但这一副产品在带来利益的同时也带来了问题。而到 18 世纪末经济发展已经被认为是理所当然的了,因而 19 世纪 30和 40 年代经济萧条所引起的震荡就显得格外让人吃惊而难以对付。

对外关系

正是由于清王朝能够成功地处理与邻国的关系,才使它能维持一个半世纪的和平。为了巩固这些关系,满人延续了从前朝承继下来的朝贡模式。这一模式假定中国在道德、物质和文化上比别的国家优越,要求那些想与中国交往、贸易的国家都要臣服于天子皇帝。这一体现中心权势、优越地位和自给自足的形象(部分是一种幻觉)反映了清王朝对其他国家的真实态度。

我们可以在清朝与朝鲜的关系中看到最典型的朝贡关系。从 17 世

28

纪中叶至 19 世纪后期,朝鲜王室每年平均要派三批使臣去北京,进贡礼物,称颂清皇室的仁德,祝贺皇帝生日,吊唁皇帝驾崩,并就对外关系进行请教。在这种关系中,朝鲜的屈从地位在许多方面表现出来。朝鲜使臣受到清朝皇帝接见时要叩头(屈身拜倒叩头在地),对皇帝说一些表示屈从地位得体的话。朝鲜的王室使用中国的历法,清朝皇帝确认朝鲜国王的合法性,授予其尊贵品级。实际上,清朝的批准还体现在同意朝鲜王室婚姻、嗣君的选择以及统治者死后的封荣。作为清王朝慷慨的一种表现,朝廷要与使臣交换礼物,通常还会允许使臣个人把他们带来的货物卖掉。

对清王朝来说,它还负有一定的教化及保护臣属国的责任。这种责任表现最为明显的是在越南北部的国家安南的例子上,1788 年清朝用武力镇压了当地的一次叛乱,让国王恢复了王位。虽然这一被保护者后来又被推翻了,但新统治者又重建了朝贡关系,并得到乾隆皇帝的封授,甚至还来参加恭贺乾隆的八十寿辰。

与中国东部和南部边境相邻的各个王国很少有对中国构成军事威胁的,而且定居的农业社会国家都一直表现出愿意接受中国的思想和制度。朝鲜、日本和安南的上层精英都学习中国的古典著作,认为他们自己也归属于中华文化传统。与这些国家的关系由礼部掌管,自然最容易被纳入朝贡模式。因为清朝把海上贸易及其商人也看作与其战略利益和经济利益关系不大,且认为这也属于这种要控制的范围,所以那些来中国港口通商的欧洲国家也被纳入同样的朝贡体系来对待。

中亚则是另一种情况。传统上对中国的大多数军事挑战都来自亚洲腹地的边疆地区,也是按照这种方式崛起的满人很清楚需要在这一地区保持军事上的优势。因此,就由一个新的独立机构理藩院来机敏小心地处理这一地区的事务,而这个机构在满人进入中国内地前就已建立的。

18 世纪,清朝以交涉和武力两手并用来确保对其漫长中亚边疆地区的控制。从努尔哈赤时起,爱新觉罗家族就与东蒙古部落的首领用联姻方式建立了紧密的联系,满蒙联姻在清王朝延续不绝。现在称为内蒙古的蒙古部落王爷站到了皇太极一边,而皇太极在 1636 年宣布建立清王朝;1691 年今天称为外蒙古的喀尔喀部落的汗臣服于满族统治者的君权。直至 1755 年在准噶尔西蒙古部落与清王朝之间一直战事不断,最后清朝军队在其蒙古盟友的帮助下剿灭了这些对手。但就是在这长期的敌对时期,来自中亚的商贸和朝贡仍未停止。在剿灭准噶尔人的过程中,清朝还把直接控制的范围扩大到遥远的西藏,并控制了西边离北京约有 3 000 公里远的伊犁谷地,1758—1759 年又征服了塔里木盆地中的绿洲,将这一被称为新疆的地区纳入帝国版图。

如果使用武力是处理与中亚关系的一个重要内容,那么也要受到其他策略的影响以扩展清帝国。满人像蒙古人一样也信仰藏传佛教,于是就保护并想控制西藏的宗教。他们邀请达赖喇嘛和班禅喇嘛来北京,资助在西藏和蒙古印刷、翻译佛经。为给来访的中亚人留下深刻印象,在中国北方热河的皇室夏宫建造了一批庙宇,其中有一座是仿布达拉宫(拉萨的达赖喇嘛住地)样式,还造了一尊 30 多米高的观音木雕像。在游牧民族中清代的皇帝称他们自己是菩萨王,文殊菩萨再世,这样就把藏传佛教灵童转世的说法与汉传佛教中以山西五台山圣地为代表的文殊菩萨崇拜糅合在一起。康熙和乾隆两位皇帝都多次走访这座山,还用蒙语印刷游览手册以鼓励蒙古族人来进香。

在与中亚的关系中,清王朝表现出愿意采取灵活的政策,有时甚至会完全背离其建立朝贡关系的理念。与俄罗斯的关系就与同其他西方国家的关系不一样,原因就在于俄罗斯在亚洲北部所处的战略地位。在 [30] 17 世纪和 18 世纪初期,清朝统治者就曾想阻止俄罗斯人进入这一地区,并想利用他们来对付蒙古人。1689 年和 1727 年签订的条约确定了两国共同的边界,并为中俄之间的贸易开设了两个市场。允许俄罗斯人在北京建立一个传教使团,还开始允许每三年向京城派遣一个“朝贡”使团 [31] (一直延续到 1755 年)。当形势使得中国人认为与俄罗斯达成协议非常

热河避暑山庄的普陀宗乘庙,这一建筑是仿西藏的布达拉宫建造

重要时(如他们要求沙皇在中国征讨准噶尔人的战争中保持中立时),清廷的使节就愿意在莫斯科(1731年)和圣彼得堡(1732年)叩头。

总之,现在传说的清廷在19世纪面对西方国家要求在平等基础上建立外交关系时表现出的死板态度,在清王朝面对与敏感的中亚边疆地区接壤的国家时却没有出现。同样,对外贸易也不像朝贡理念所要求的那样仅限于正规的君主与君主之间的关系,这在一个不太重视商业的时代要超前了几个世纪。朝贡使团肯定会从事贸易,但大规模的商品交换也被允许在中国边疆的市场上进行:在与朝鲜的边境、在恰克图的俄蒙边境以及沿海选定的口岸。

对中国人来说,贸易并不总是像朝贡使团的空言那样无关紧要:比如在恰克图中国人与俄罗斯人之间的贸易,就是中国人以茶、纺织品和其他产品来交换游牧民族的良种马。尽管统治日本的德川君主口出狂言,称清朝是未得到天命不合法的统治家族,但清廷为急于得到铜,在1699—1715年还是派内务府的官商去了日本南部的长崎港。1715年后日本提出经商要得到准许,这只是短时间阻止了中国急切购铜的愿望。

一般来说,19世纪以前对外贸易对清代国家和经济的重要性可能被大大低估了。海运贸易在17世纪的萎缩后得以复苏,在18世纪和19世纪前期发展到从未有过的程度,中国和欧洲的商人以更为严密的组织方式来应对国内经济的发展和世界范围贸易网的形成。尽管清代国家没有积极地促进这一贸易,但也在总是有利于中国的贸易顺差中受益匪浅。结果,中国逐渐被纳入世界市场;沿海的商人越来越多地与外国人打交道,中国的生产者使他们的商品适宜于外销。

清朝在对外关系中的成功(按大多数的标准衡量)可以用帝国的扩张和更多参与世界贸易这两点来判断。不过,虽然这些发展有利于多元化,但它们同样也提高了中国对其文化以及傲然兀立感受的自豪感。这种自得、自信的态度是中国18世纪社会的典型特征,也是为未来准备的一种混合遗产。

我们对清初为重建并维护秩序所定政府政策的概括侧重在国家对清初社会和经济发展的重要性。虽然中国的历史学家几乎都过于关注国家的作用,他们可能还夸大了国家的权力,但在确保边疆地区安全、复苏遭受战乱破坏的经济、恢复传统的身份地位制度以及使官僚体制恢复活力这些方面,清代国家制订的政策和方案发挥了关键的作用。我们对皇帝和官僚权力有限的看法与18世纪历史中国家所起的无可否认的作用并不矛盾。

在下一章中,我们要探讨受朝廷影响且承继于以往的社会和经济制度、信仰体系和行为模式是如何应对清统治者建立的新秩序,以及如何应对从明后期开始的长期的经济发展。再者,在我们的视野从全国转向地区时,我们还要关注一下政府的政策对不同地区会有怎样完全不同的影响。

第二章　社会关系

从很早时候起,对人与人之间关系的有序管理就是中国人思想关注的一个核心问题。至少从孔子(生活在公元前 5 世纪)时开始,人与人之间的等级关系就被当作是社会秩序的来源,而家庭是一个主要的社会单元。尽管社会现实变得越来越复杂,但这些理想仍然存在。了解清代时期的社会状况就能表现其复杂性,也反映出由家庭和国家所造成的其他社会关系是如何变得极为重要的。

仰慕中国社会的人会赞扬其伦理和家庭价值观,赞赏其亲属关系网,欣赏其风度和礼仪的融通效果。而批评者则强调其社会的分裂,到处盛行排他风气,在社会关系中强调地方意识,缺乏发展的阶级意识,国家又不能容忍竞争的体系,还过分注重亲属纽带的重要性。我们并不否认这些观点都有其正确的地方,不过在这里我们仍要强调中国诸种社会关系中基本的多样性特点。

本书全书内容都与中国社会有关,但我们一开始还是要关注一下 18 世纪社会联系和社区最重要的方面。以后的篇幅不仅要详细说明社会关系是如何应对这一时期发生的事件,而且还要详细说明社会关系是如何在中国不同的地区呈现不同的变化。

亲属关系

在中国社会中生产和消费最基本的单位是家,家是由血缘、婚姻和收养这些亲属关系构成的,有共同的收支和共同的财产。女儿由父系群 *34* 体嫁出,而儿子(与其妻子)则居住在父亲的住宅里。在中国的传统中家被当作是国家的一种象征以及正当(等级)关系的基础。因为正统观念不承认家在历史上有什么变化,所以恪守正统观念的中国人都会掩盖家庭结构随着时间流逝而出现的历史变化,也会掩盖与阶级相关的家庭结构的差异。

以家庭为层次将资源和能量汇入共同的经济之中以及一致努力以维系父系是清代社会各阶层家庭的特点。然而对相当多的人而言,仅把家庭资源和父系承继从一代延续到下一代就已是一场可怕的斗争。在穷人中特别多小规模的分散家庭,在这些家庭代际兴替时间短,关系也简单。

在那些富裕且存在着某种大地产经济的群体中,家庭都比较大也较为复杂。一个富人能有钱娶年青姑娘,如果他丧妻还能再婚,即使是老人也能娶妾,结果富人就会有许多孩子。中国人的理想正是这种几世同堂多妻的家庭。包括仆人在内,一个富裕家庭可能会多达几百人。一般来说,这些复合家庭有其复杂的内在活力。家庭事务通常都由父系家长掌管,他得到法律支持对家庭成员拥有全权。家长把钱分给家里各房,指定儿子们做不同的事,安排孩子的婚姻,可以随意惩罚他们。家里的每个成员都为共同的目标而劳作,家至多就是一个为实现、维持财富和地位的强有力的机构。

从小说的内容来看,家庭是一个自我封闭的世界,富人的家居生活很有趣,对个人的发展也比较重要。事实上,对 18 世纪中国上层人物生活介绍得很好的一本书是长篇小说《红楼梦》(也称《石头记》),它详尽描绘了一个正在缓慢衰落的大家庭。家庭生活是大社会的一个缩影,在那里感情的笃实联系不断受到手足相残、逾矩偷情、妻妾争风和婆媳摩擦的威胁。在妻妾之间有着巨大的社会鸿沟,而妾通常是买来的,来自较低的社会阶层,与此相似家里的仆人也来自不同的地区,社会背景不一样。

尽管有这些潜在冲突的暗流,但对一个男子来说,他所处的稳固的家庭环境与外在世界之间有着巨大的反差,必须要获得并维护家庭的产业。上层家庭的子嗣经常被娇生惯养,这与社会上提倡的自律和个人奋斗完全不同。《红楼梦》大受欢迎表明,这本小说的男性精英读者与书中的少年主人公有同感,不愿意离开他在大观园中的封闭生活而走向外面的成人世界。在这部小说和几十出儒雅的戏曲中对妇女都寄予了同情,描绘一见钟情即成金玉良缘,反映了个人喜好和家庭利益之间的冲突,这在现实生活中难以解决好,在现实中通常的做法是包办婚姻,孩子听从父母之命。

经济发展趋势也对家庭的稳固构成威胁。大多数家庭尤其是在中国商业比较繁荣的地区,其成员职业有多样化的趋势。虽然种植经济作物和扩大市场使得个人能够增加他们对家庭收入的贡献(有时是季节性的),但要想使家庭的整体发展得以实现就必须增加家庭这个单元的凝聚力。在地域间流动尤其是男性旅居外地(在这一时期极为常见)仍完全要依靠家和家族的团结。不过除非受到抵制,由流动和发展机会推动的经营活动可能会与通常认为长者和集体利益高于妇女和幼者的看法有抵触。

对占这一社会人口达 65% 的妇孺而言,家庭是集中的、无所不备的机构。家庭以外的社会组织都由男性掌管,也为男性服务。这一男性的世界是从扩展家庭开始的。家庭的组织和财产的继承都按照父系进行,父系传承是公共活动的一个令人敬重、正统的基础。以共同祖先传承为基础的家族组织是家的自然延伸,在清代它依照本地的条件和需要不同衍生出一系列的活动。

在这一时期由父系所从事的各种集体活动都遵循固定的范式进行。有共同的墓地、礼仪,祖宗牌位和厅堂,成文族谱,用来资助教育、行善和祭祖的族产,这些至少早在宋代(960—1279年)就已是家族组织的标志。它们也是17世纪后期出现的那些家族的标志,而满人征服阶段的结束还促进了这类家族组织的增长(反映在家谱的数量和亲属群体对公共财产的占有上)。联合的不同形式和程度可以在中国不同的地区、不同的社会阶层中找到,但就总的情况而言,正是因为有了共同财产才使一个后裔群体能有一个共同的组织行动。

中国人的父系强调的是一代代生者与死者之间的延续,并通过庄重的宗教礼仪创造一个共同体,这样的礼仪在英文中被误称为"祖先崇拜"(ancestor worship)(因为祖先能帮助自己的后代,所以要向他们祭祀、祈求,但他们并没有被当成神来崇拜)。每年祭祖以及有家族的墓地是父系花费最少或许也是最平常的方式;除了很穷的地方,这些祭祖方式在全中国都很流行。祭祖的责任由长子承担。对大多数人来说,要想筹集到足够的钱来买用于支付祭祖费用的祭田很不容易,但拥有祭田是一种理想,也是最为常见的一种族产。族谱可以被看作是这些亲属群体的社会凭证,而编撰族谱需要有文化和钱财,甚至还需要有人捐更多的钱来建造宗祠,而造这样显赫的殿堂是为了对公众显示其财富,表现他们在地方上的权势。

因地区不同某种程度上也因阶层不同,父系组织的形式不一样。显赫的父系家族类型拥有大量族产,能完全控制整个家族,压制住其他小姓,这样的家族在中国北方和西北不多见,多见于岭南和中国东南。这类父系家族在农村地区比较典型,通过穷富亲属的共同合作以扩大他们在地方上的势力。虽然对外是联合的,但同时他们在内部又是高度分层的,内部充斥着各分支间的竞争。不断有人捐钱以资助各分支的宗祠,反映出其内部不停分解的过程以及某些支族以牺牲别的支族为代价求得发展。

　　希拉里·贝蒂(Hilary Beattie)对安徽桐城县比较开放、较为包容且声望显赫的父系家族进行过研究,这些家族在当地(长江下游也一样)很典型,他们都有比较好的机会进入乡村以前的精英圈。而与此正好相反,20世纪广东注重内合的父系家族带有界域意识、防卫心理,排外且有地方倾向,由于从19世纪初开始这一地区经济衰退而引起了对资源的激烈竞争。桐城的父系家族只由后裔群体中最成功的支系组成。这种类型的家族只有很少的族产(与个人家庭的财产相比),对族里人的控制也不强,其目的是在国内而不是地方上地位显赫。清代那些有着全国范围意识的精英中有些人还获得了科举功名,他们不是要与自己的邻人而是要与其他远方的显赫家族竞争、通婚。这样的一种组织使得精英们能够利用父系家族非常庞大而又分散的网络:比如刘翠溶研究过的(湖南)衡阳魏家有五个支系,分布在长江中游地区,并伸展到长江上游、中国西南地区、岭南地区,甚至远达西北地区。

　　在华中和南方以外的地区,家族组织就显得相当脆弱而不成熟。许多中国北方的家族甚至有些成员获得功名当官的家族也只有小块的族田。很少编撰家谱,家族的主要功能似乎只是为了缔结好姻缘,由此编织出有实际用处的姻亲网。

　　家族从事集体公益活动的形式也受到在不同地区各种不同类型争夺地位活动的影响。在那些家族势力强让人能感受到的地方,强势家族就会联合其他家族以控制商业活动区域,甚至控制一个县,鼓励在假设的亲属关系基础上组建有竞争力的同姓组织。在那些有身份人普遍修家谱的地方,各后裔群体势力相当;在那里宗族祠堂就成了一个家族恒久和繁荣的象征,任何兴盛的后裔群体对此都有需要。当有些精英家庭用修建孤儿院、学校、道路、桥梁和粮仓来显示其公益精神时,其他家庭也这样做。有些活动意在尽力提高群体的地位以增强其权势,而别的一些活动则是在困难时期维护其资源。但许多精英家庭发现,家族并没有满足它们要想扩大与其他有势力精英家庭结盟或是对穷亲属尽责的需要。这样的家庭就会感到他们最有势力的伙伴是在姻亲中而不是在族人中。

按照莫里斯·弗里德曼(Maurice Freedman)的说法,婚姻是"中国社会中最重要的契约关系"。① 通过一系列在构建未来家庭关系时体现出极大灵活性的安排缔结了姻缘。此外在各个层面上,姻亲间的纽带虽然不属于父系关系模式,但其是通过联合和自愿机制合作的重要原因。

因为在这一社会中接近妇女的机会是不平等的,而且男性数目多于女性,所以婚姻类型也就随着阶级和社会状况不同而有变化。一般来说,中国人喜欢在比自己社会地位低一些的家庭中挑选新娘;这一习惯有助于让新娘顺从(这样家庭也容易平和)。不过,社会地位比较高的人会在大范围内向某一类较为固定的家庭寻求配偶;他们喜欢采用如阿瑟·沃尔夫(Arthur Wolf)所说的"成人婚"形式,即妻子在成年后再嫁到丈夫家里。富裕家庭会给男人找第二个妻子,还不让死了男人的寡妇再嫁,以此作为忠诚、贞洁的象征。就像以前的一些精英家庭一样,在某些姓氏间持续不断的通婚有助于加强18世纪文人和商人间的姻亲关系。这一时期的著名学者章学诚(1738—1801年)和刘逢禄(1776—1829年)就是这样,他们与母亲这边亲属的关系密切,并对他们的事业有重要影响。很自然,那些受到有势力父母和兄弟保护的新娘在丈夫家就有地位,受到尊重。作为正妻(决不会成为妾),她最终将成为掌管家事的女家长。丈夫选中的妾要向她请安行礼,从礼仪上讲所有孩子都认她为母亲,而不管是否亲生。假如她的娘家有钱,她会带来大批嫁妆,至少嫁妆中有一部分是她自己的,供她支配。偶或,妇女能控制的钱数目还相当庞大;不光是在小说中在现实中也有这样的情况,妇女出借高利贷,或是

---

① 施坚雅(G. W. Skinner)编:《中国社会研究:莫里斯·弗里德曼论文集》(斯坦福:斯坦福大学出版社,1979年),第262页。

投资商业活动。

39
在穷人中或是在经济萎缩的地区和时段,就会出现与此相反的婚姻类型。男人即使结婚(要交彩礼)妻妾数目也不多,他们还有可能成为鳏夫;与此相反,寡妇则总是有人要娶他们为妻,她们的亲属也希望有人出钱把她们娶走。家境寒微人家的妻子来自邻近地区,比较多见一些名声不佳但在经济上有利可图的婚姻形式,比如新娘当童养媳,男子入赘女方家。最后,穷人即使结了婚,贫穷也会阻碍他们传宗接代。只有富人才有钱买得起一个男婴来当继承人,而同样情况没有地产的男人就没希望有男丁当他的继承人,给他的亡灵烧香。没有足够的财产,一个有女无儿的男人就不能指望招个女婿进家延续香火。穷人娶不起妻独身以及绝嗣的不幸使得社会中最贫穷的阶层无法传宗接代;而多妻制和财产分割继承导致中国社会在整体上呈现向下而不是向上流动的趋势。

与前朝一样,清朝政府也同样以怀疑的心态看待除家庭之外各种形式的社会组织,甚而这些组织是建立在父系传承基础上的也不例外。虽然上层中有些个别的亲属群体(如皇族爱新觉罗家族)已明确地显示出其作为强势父系组织的潜力,但正如我们所知,有地位的家族还是常受抨击,他们在国家势力不及的地方才能幸存滋荣。与其他地区相比,清代世袭封地的数量和规模都有限,并越来越少。

对亲属组织还有其他的限制。对那些离家外出做事的人(在18世纪这种情况越来越常见)来说,与其近亲的联系用处有限,并因时间和距离之隔而变得松散。家族花费时间积蓄力量,但对住在城里或是在边疆背井离乡的个人来说这些家族并不总是有用的组织。在18世纪流动的社会中,一个人无论是否有庞大的亲属关系网,通常都会有其他形式的自愿组合对父系家族传承进行补充。

住地与社区

没有亲属关系的人之间进行组合最常见的原因是彼此住地邻近。

不管是在乡野小村还是城市社区,主要的住区单位就是邻里。尽管对这样的邻里还缺乏详细的材料,但通过现代有关在农业中小规模互助以及在乡村政治中村庄分区(与相互竞争的同姓群体或家族划分类同)重要性所进行的研究,我们或许仍可判断出他们主要关注农民的日常活动。 40

　　对在中国大陆、台湾和香港新界的村庄所进行的人类学研究表明,住区类型的范围很广。有些村子是由一个姓的人居住(这种情况即使在岭南和东南沿海也不多见):在那里村庄和亲属分布的界线可以确认。当村子有几个姓的人居住时,其一致性就常会被削弱,家族也就成为社会活动的主要单位。在其他情况下,相互竞争的姓氏群体间的联合会破裂,大家轮流担负起集体的责任。在有些有多姓人家居住的村庄,家族认同意识不强,村民们是通过庙会或是团练来强调其共性的。同一个村子也会因外在环境而经历不同的阶段:在混乱的时候强调村子的共性,在繁荣的时候则强调不同姓氏间的竞争。

　　中华帝国晚期城市的社会分布特点是形成了上层、商人和穷人高度分化的邻里群体,这可能也使城市住区成为人际间相互影响的一个重要单元,或许还影响到一个城市内住区间的交往。在城市中庙宇也成为邻里团结的中心场所:比如,苏州当地人就不以住地而是以某个特定的土地神来相互认同;在福建泉州,管辖城市东头和西头有两个相互竞争的土地神,每次在为这两个土地神举行节庆时团伙冲突就会加剧。不过在大多数情况下,我们对这些小的住区不了解。让我们还是来考虑大一点的单元,村庄或城镇。

　　虽然我们对这一时期的中国村庄了解得太少,但我们还是知道,与某些农民社会的村庄不同,这些村庄已不是自给自足、封闭、合作的世界。与中国商品经济增长同步而来的市场网络的发展带动了市场社区的出现,这成为农民社会生活的一个活动中心。正如施坚雅的著作谈到的,按照正常定规开设的定期市场把村民们带进了持续的商业活动中,并让他们与同样条件市场区域的村民进行社会交往。这些市场区域逐

41 渐在语言上统一,划定了区域的界线,在界线内形成了非精英层的婚姻契合,并确定了农民的娱乐、宗教和社会组合。

与明代不一样,清初国家并不愿向村庄的原有首领授权,让他们负起完成征税这类任务的责任。即使在 18 世纪成功地将城乡中的丁役作为官府的雇员也没有加强乡土的组织。而最有组织的可能是那些兼容了其他比较有效的组合形式的村庄。在珠江三角洲、宁波和徽州一姓居住的村庄是通过亲缘结构获得共同点的,而客家人(客家人是汉族中差异最为明显的少数群体)村庄则是通过亚族裔的同一性获得共同点。但在帝国不发达的边缘地区新机制难以形成,在那里多样性的群体中村庄这一单元还有一定有效的组织潜能。从 18 世纪末开始产生一些新情况,尚武成习、经济困难以及上层精英介入政府职能,这就带来并促使后来的村庄中出现了武装并筑起围墙。在一百年中,乡村的一大变化是中国不少地方村庄都设防,而且也更加团结。

假定村庄和城市住区(也同样很少由国家授权)的亲属关系有所削弱的话,那么在亲属群体之外用于社区组织活动的一个共同的场所则是庙宇。1667 年的一份人口调查(肯定不全)中列出了将近八万座庙宇(大约有 1.5 亿人口),到 18 世纪城乡到处点缀着拜各种神的场所。中国的神有多种表现方式,写在纸上,印在书上,雕成塑像,供奉在家里、小神龛和不同规模庙宇建筑的神坛上。有一大批神灵除在本地外无人知晓,有些神能在一个较大的地区显示神力,只有少数几个神在整个帝国受人崇拜。这些神组成一个仿照帝国政府的天界的官僚体制,相互间联系松散,在行为和功能上有的可以互换;信奉某神而不信别的神通常只是因为它们的功效不同,或是求方便,而与教义无关(政府的政策表现出对有组织的宗教根深蒂固的害怕,又推动了这样的分散)。

实际上,在一个宗教等级中家庭、邻里、村庄和城市是其所有的社区:每个家庭中都供奉有灶神,地方的土地神则是各家灶神和更高权威*42* 之间的居间者。在城市中,土地神处在城隍的权威之下,而城隍在天庭中相当于人间的知县。所有人的生死都要报告这些神灵,每年的节庆也加强了这些社区的联系。除排列有序的土地神外还有大批其他的神,它们把其他组合的信徒联系在一起。

在一定意义上,庙宇能够用于任何公共用途,可以用作客店、社区学校、施粥所和公园。庙宇是每年节庆和开办集市的地点,甚至是官民之间对抗的场所。就此而言,庙宇属于大家所有。

不过,庙宇实际上还是不时给它出钱的社区的集体财产。地方一座庙的建造、翻修和维护以及定期举办节庆都需要组织和花钱。要让住在附近的人募集捐款;最好能有捐助的地产,用其固定收入举办节庆,用于正常维护。但并不是每个人都均等出力,通常是由社区中富裕、有地位的成员带头捐款捐地。他们承担了大头,我们可以这样认为,领头的位子是他们轮流坐的。虽然许多庙里有住在里面的宗教从业人员(通常是佛教僧人),但这些人(与欧洲的教区牧师不同)对社区的崇拜或是庙宇的管理都不重要。他们的存在是出于庙宇管理者的宽容,成了公共慈善事业的照顾对象,因而很容易就会被取代。

建立这些庙宇组织(各地称呼的名称很多)的原则与清代中国制约其他许多社会组织的原则类似。像地位稳固的家族一样,庙宇有其财产和共同遵守的礼仪,在一个松散分布的区域相对集中,而由地方精英控制的庙宇组织在其范围却是类型多样。

这些高度个人化、特别成立的组织在小的社区作用发挥得最好,在那里几个首领意见一致就能做出决定。大多数庙宇社区规模和地域都比较小。此外,它们每个都是一个分离、独立的单元;即使供奉同样的神,庙宇之间也很少联系(我们在台湾看到有这样的情况,新的庙被当作老庙的子庙,要从那里分香,不知道在别的地方是否也是这样)。因此,在社区不具备共同性的情况下,庙宇组织不会提供把大批人联系起来的 43 构架,作用也会发挥得不好。

然而,由于庙宇能为容纳新来者提供一个有用的构架,给他们带来提供超自然助佑的许诺,因而在边疆的拓殖地区和城市移民中庙宇对社区的组成还是重要的。但因为对庙宇的管理反映出已有的权力结构,所以庙宇也会成为社区对抗的主要场所。在其他方面关系紧张的情况下,节庆期间邻里间无害的炫耀竞争都会演变为暴力。在东南沿海的分裂世界中,(客家的)亚族裔对抗就经常以这种方式表现出来。与此相似,其他宗教的崇拜场所(伊斯兰教清真寺、喇嘛教寺庙、白莲教经堂和天主教教堂)也以同样的方式起到凝聚和仇视的作用。

在清代,国家干预和人口在全国范围流动使得庙宇在材料结构、塑像和组织机制方面都逐渐标准化。虽然在 18 世纪 70 年代政府最终已不再对寺庙和神职人员进行登记,而是将一些地区崇拜的神提高到全国的地位以及规定帝国各地地方官要参加某些官方崇拜的礼仪,这有助于形成一定程度的一致性。在某些地方(如在城隍庙和孔庙),官员实际上参与寺庙的活动,捐输公共基金,为集体活动积极策划,参加每年的典礼。朝拜的圣地吸引人到庙里来,这些地方有名是因其人气旺、风景好,有历史名胜以及庙里的神灵验。旅行已比较容易(路线手册里有地图,有越来越多的旅游信息可用),皇帝和百姓,游牧民和汉人都去名山进香。

无论庙宇组织有多少功能都无法满足地方社区的所有需要。虽然一个地方神可用来把整个一个灌区组织起来,但灌溉还是给超出家庭或村庄范围的集体行动出了难题。修筑堤坝、运河和圩田需要河道沿线邻近的业主合作,经常还会涉及到一个不小的区域,为了得到水又常会造成难以协调的利益冲突。而建造、维护和翻修水利工程的模式与庙宇管理的模式有相似之处。大家都要捐钱或是出劳力,再指定一个管理者负责工程。

就像收税一样,清初已不同于明代的模式,对水利管理不再让地方精英负责,而是依靠地方官员。在清代统治的前一百年,农业基础设施必须重修,正是地方官在水利工程中发挥了领导作用。他们筹集款项,

《康熙帝南巡图卷》中的治河场景

管理役夫，监督工程。到 18 世纪初，他们所起的领导作用已受到人口增长以及公私利益矛盾的约束。森田明（Morita Akira）和其他一些学者提出，国家越来越难保护公共利益，维修灌渠和水库抗旱排涝，抵制那些缺地地区想要改湖为地的私欲。负责灌溉的私人掌管的团体与管理寺庙的团体不一样，它们既不能反映地方的共同利益（因而经常会被取代），

45

也没有明确的集体的目标。因为社区成员的私人利益对这些工程有破坏作用,所以有关水利工程的纠纷很有可能要靠打官司或是采用暴力手段来解决。这样的私人结构体制通常不会长久维持,在许多地方不能以此取代官方的管理组织,而到清代中期官方组织开始衰落成为政府的沉重负担。

对地方社区和对地方政府一样在其他公共服务方面有类似的需要。有关的福利活动起初主要与佛教组织有关,在宋代政府就插手其间,这些活动包括管理孤儿院、医院、药房、公共浴室、茅厕、水井、垃圾场和公墓。到16世纪后期,在财政上陷入困境的地方官逐渐抛弃了这些工作,许多事情就由地方精英接手,他们受到激励想要在自己的社区内稳定社会关系。在18世纪私人继续管理慈善事业。

在佛教和儒家两方面都谈到了这种对行善重新产生的兴趣。佛教的慈善活动在明末清初很兴盛,寺庙将捐赠地产上的收益不仅用来供僧人生活之用,而且还用于救助老人、穷人和鳏寡孤独。从事慈善活动的动机来自菩萨慈悲为怀的理想,这长期以来就是中国文化的内容。儒家学者对16世纪之后经济繁荣导致的社会流动和社会不稳感到担忧,这就促使那些暂时未担任官职的科甲之士直接出面去缓和社会问题。慈善活动成了儒家自我完善的行为,儒生们开始组织"善堂"以促进社区长期的稳定与和谐。

我们注意到,在清初政府发挥领导作用的初期阶段之后,尤其是在城市中逐渐产生出了由私人团体和个人资助的住区慈善组织。比如,一旦清朝的军事征服阶段结束后很快就在长江三角洲大的城市中心建立起孤儿院。自18世纪初起,每个县按规定都要出钱办一个供穷人、残疾人和老人居住的福利院。在其他慈善活动中,地方官开始承担得较多,与地主精英和商人精英合作筹集资金。最终,商人和有功名者逐渐承担起责任,随之也就获得了在地方上的权势。除比较传统的管理学校、粮仓和公墓这些事以外,地方官员和精英分子还去资助消防队和地方团练

46

（被称为"会馆"的商会经常在这些公益事业中发挥很大作用。下面还要谈到会馆）。与参与组织的精英一样，许多这样的慈善活动都是以城市为中心的，通常是从事城市的公益事业。

在发生自然灾害时进行赈济正常所需的花费来自人们捐粮、捐钱和出义务工。更为持久的救济组织由到处都有的捐助机构来资助。从地产（逐渐增加的是城市房产）中获得的利润和地租并不光是用来雇人做事，还要雇一个专职的经理。明代晚期组建慈善团体的人都是上层精英，而清代情况不同，那些经理是一些甚至连秀才都不是的普通人，他们将参与这些活动作为自己往上爬的手段。在捐助用完人手减少时，就要去找新的捐赠，然后救济组织又开始活动。正是这种不断扩展的特定公共事业发挥了正规市政府的功能。

经济组织

正如我们提到的，在 18 世纪出现了前所未有的区域间的流动。除了以前就有的要离开本地参加科举考试当官的文人官员外，商人和实业家、熟练和非熟练工匠以及缺少土地的农民（差不多都是男性）也离开家去寻找机会。客居是持续迁移的一种形式，虽然看起来只是短暂的迁移，但却常是在一个地区内从乡村到城市以及从城市化程度不高的地区向程度高的地区不停地流动，这种情况已司空见惯。地区经济的扩展以及有大量商品的全国市场的出现促进了正规经济组织规模的变化，造成更大规模经济结构的形成，这就使得没有其他关系联系的个人之间能够相互信任和合作。　　47

在中国，如同其他的前近代经济一样，基本的商业单位是通过家庭企业建立的家庭经济的扩大。在明代后期，当市场扩展给商人增加其经营规模提供了机会时，对资本和合作的需求推动了采用股份合作制形式。其基本原则与对家族和寺庙捐赠的情况很相似，允许那些没有血缘关系的人也能投入其资源建立产业。产业的形式可以灵活变换以适应变动的经济状况:近来有人对北京一家中药店万传堂进行了研究,这家店刚开始在 18 世纪初是(浙江)宁波一个姓乐商人的家庭企业,随着企业扩展在 18 世纪 40 年代成为一家合股企业。它的姊妹企业同仁堂经历了三个发展阶段:最初为乐家所有,18 世纪中叶成为合股企业,到 19 世纪初又改回为乐家所有。

清初,经济发展的机会促进了这种合股制的发展。它被用于各种产业的投资和管理:有剧院、铜和其他矿产的开采、海运、经营性农业和钱庄。晚明时在安徽和山西建立的商业帝国到清代又有发展,这是靠亲属关系和地域纽带连接的合股网络最为成功的范例。

对那些离开家到一个陌生环境的人来说,家乡是他们要与人联系获得帮助时最容易想到的关系。企业在同乡中寻找值得信任的合格经理(他们常常也会得到股份)。万传堂雇用的不是亲戚就是宁波人。这家企业存在了几百年,即使乐家个人已不管理时仍在经营,靠的是其有效的用人政策和对员工的奖励。主要雇员和经理即使不是股东也待遇优厚:每两年可以回家休假六个月,付给路费,七十岁退休时一次性付给养老金。店里的伙计和学徒是雇员,但靠亲属关系和同乡观念确保他们忠心耿耿。这些个人的和父系家族的关系使企业有很强的凝聚力,超越了潜在的阶层裂隙。

在清代,家乡作为一个人家庭的根基以及一个人的出生和归葬之地,是其身份不可忽视的组成部分。另外,家乡与许多其他层面的地域不同,它可以用来指一个村子、一个城镇、一个县、一个府,甚至一个省。这一概念的这种等级积聚特点就使个人有了层次不断扩大的联系,在他离家远去时也可为其所用。

因为某一地区经常会主要从事某种产品经营或是某种服务业,所以共同的职业通常就会在客居者和移民中对家乡的纽带有所补充。在城市中某种职业往往是由某个特定农村地区的同乡独家从事的。这两个原则在非正式的组合(住地、朋友关系、有接触)和比较正规的组织中都体现了出来。被称为"会馆"的合作群体最早出现在明代,在清初扩展到整个帝国范围,到19世纪数量增长最为明显(至少是十倍)。像家族和寺庙团体一样,会馆由富商管理,他们掌握着大家捐献的社区财产。在大多数会馆建筑的核心部位都安放供奉某个神的壁龛,以供大家参加集体庆典并作为这个社区的标志。

有些会馆主要是给官员和科举考生(位于北京和省会)用的,其他的则为移民(在四川和湖南这样的新发展地区多见)所用,但大多数会馆最初都是由职业团体建造并使用的。会馆提供了会场、住地、财政资助和仓储设施(既存货物也放灵柩)。对商人和工匠来说,会馆也提供了一个规范商业活动的机制。地区的专业化是以相对得益的观念为前提的,因而这也就成了一个为庞大闭合的小规模垄断网所做的安排。会馆阻止行业内的竞争并代表群体与国家或其他商人协商,以此来维护这样的垄断。

在18世纪期间,我们可以发现,在全国范围会馆已发展成了商业中心。在来自山西、安徽和福建(和后来的浙江、广东)几个县的商人渗透并控制了主要商品的大市场时,经济的繁荣推动了一些会馆扩展其活动。这些非常成功的客居商人群体的会馆常会成为有势力的城市产业所有者和市民领袖。例如,汉口的徽商在1694年建成了会馆厅堂,花费超过一万两白银,耗时达十年。他们逐渐发展,建造厅堂、大庙和宿舍,控制了一条繁忙的街区、码头和城市一角。他们大量投资于城市产业,促进了汉口在18世纪的发展(这样广泛的活动反映了徽州客居者不同寻常的职业多样化的特点,这就不仅与商人也与高级别的政府官员有关)。

18世纪期间,可以发现在会馆的发展中有两种有点相互矛盾的现象。一方面,工匠组织和商业组织的差异比较明显,在经济中作为一个整体都越来越专业化。另一方面,会馆又通过增加内涵削弱狭隘的家乡纽带以克服其褊狭,这是更重要的一种发展趋势。在这样做的效果已显而易见之后,会馆开始经常被用来与有更多成员参加的相关行业协调活动。与此同时,那些原来只为行会成员提供的服务扩大到了更多的城市社区。比如,在18世纪90年代当白莲教起义威胁到汉口时,徽州的盐商就出钱为全城组织了一支团练。建立大的商会并不表明排外的家乡和职业群体已消失,因为它们成了被称为"公所"的行会的分支机构。这种发展趋势在19世纪更为明显,或许起到了在困难时期保护商业的作用,并促使将行会演变为城市的准政府,在19世纪另一变化是由民间掌管公共事业。在海外华人(数目到19世纪才急剧增加)中,社区事务显然是由大的行会协调的,这些行会在东南亚被称为"公司"。

尽管已有了以共同的职业为基础建立社团的可能性,但在中华帝国类似工会这样的工人组织发展得相当艰难。就是那些18世纪大规模的工业(诸如瓷器、盐、纺织和采矿业,每种行业雇用的人数可能会超过万人)通常也只是比较小的作坊的积聚。因为生产和分配的每个阶段都分开来组织,所以工匠只有通过中间商和承包商的庞大网络才能融入经济之中。商人、中间商和国家都不能从鼓励代表纯粹工匠利益的组织中有多大收益。

50 我们可以看到,在18世纪初的困难时期上层精英反对苏州的踹工成立工匠组织的事例,踹工的工作是用大石滚重重地压布以增添其光泽。苏州的棉布和丝绸纺织业发展使得像踹工这样相关的非技艺工作大量增加,1720年在城里至少有上万踹工(分布在约300家作坊中)。他们在1670年、1693年和1701年都组织了罢工,要求增加工钱,1715年他们又提议要求有权组织自己的会馆。雇主、承包商和布商愤怒地拒绝了这一提议,理由是如此纵容会鼓励歹徒渗透入工匠中,使得工匠将频生骚乱。踹工到18世纪20年代一直在抗议,但始终没有被允许组织会馆。

一直到18世纪末才出现了最早非常有组织的工人团体,而且开始还不是在工匠中产生的。这些团体大多数情况下都称为"帮",这个词起初是指沿着大运河运漕粮的漕船船队。扩大开来,"帮"被用来指开这些船的雇佣船夫。18世纪这个词也被用来表示由其他河运船工结成的关系更为密切、更加自觉的团体,这些船工对中国的长途贩运相当重要。大运河上的船工组织一定程度上受到被许多人信奉的民间教派宗教的影响,最终发展为在20世纪臭名昭著的帮派"青帮"。在19世纪20年代"帮"也可用于指非正式的商人联盟。在19和20世纪其他的运输工人中帮派也有很大发展,有时还采用了"三合会"的组织形式(我们将在第四章中讨论)。不过就总体而言,直到清代国家和传统精英变得比18世纪时要虚弱得多时,那些会对现有利益构成威胁的经济组织才发展起来。

恩　眷

联系地方社区最有威望的网是经科举考试和官僚体制结成的。在清代以前就因大家都有这样共同的仕途经历已形成了一个全国性的士子精英层。在理论上似乎正是这种不受个人影响的科举制度和官僚结构形成了官员间的关系。而在头际上,由于官员生活内在的不稳定(升迁、贬黜和调动司空见惯)、不同地区的官员需要合作以及官僚机构间和官员与皇帝间固有的竞争,所以就有排他性的联系进入了科举和官僚制的原初结构之中。 *51*

政府的学术机构和科举考试本身就产生出了书院同门和科举同年的横向联系以及书院师徒、科举座师和门生的纵向联系。这样的联系会持续一辈子。另外,那些既是学者又是官员的人则可与人同享一种共同的精英文化,通过彼此类同的学术、文学和欣赏趣味找到朋友、盟友和恩眷者。

培养关系对有抱负的人来说至关重要,在18世纪的文人和官员中,比较表面的关系可以成为恪守互助责任的基础。在讽刺儒生的经典小说《儒林外史》(写于 18 世纪 40 年代)中描写到了大量的各种关系,说明最随意发展的关系是如何能造成大笔礼物的授受,立即就能把一点不认识的陌生人卷入儒林之中。对有抱负的文人来说,幸运的是在明代中叶学者们就已在正规的官僚层内外受到恩养眷顾,这是值得自豪的显示地位的一种方式。皇帝资助了不少学术研究项目,编撰 3 450 卷的《四库全书》是其中最著名的,以后由学官、著名学者和富商不断仿效资助,只是规模越来越小。

大多数文人官员都会用大家同出一个师门这样的关系在远方的城市为自己寻找友人,他们这样接触的目的是为了编织对自己当官有用的盟友网和恩眷网。这种所谓的朋党与官僚制本身一样出现得很早,长期以来几乎一直受到谴责。清初的皇帝和官员都以震惊的态度看待晚明时对立群体间的暴力对抗。康熙和雍正(分别在 1661 年和 1724 年)批折指责结党之弊,称其只代表私利而不顾公众利益。18 世纪的文人很快就在口头上批评朋党,指责他们的对手拉帮结派。

清代皇帝想继续整肃这一制度以削弱官僚体制中的个人关系,让政治远离文人圈子。然而,他们至多也只能对关系的影响面有所约束。关系不仅与制度有关,就是对皇帝和官员也很重要。18 世纪最大、最有力量的关系网是编织在统治者的亲信和信任的人周围。甚至就是对政府有自己看法谴责朋党的雍正,他也是主要依靠与他个人关系深厚的几个人。

我们对中国历史和文化上朋党之弊的理解至多也只是粗浅的,因为大多数的相关描述都集中于个人(用绝对化的语言),而不是集中于基本原则和其动因。不过,我们还是能够设想出这一制度在清代是如何发挥作用的,并分析这些恩眷制度是如何分三个阶段影响到皇帝和其发挥作用而变化的方面。

第一阶段到 18 世纪 30 年代结束,这一阶段是皇族的王爷和满人的机构在起主要作用。在清朝统治的头一百年,高层政治中有两个相互竞争的方面:按照明代模式重建的官僚体制和由皇族王爷领导的满族旗人。表现在政治上的特点反映出满人不断地与不同的人结盟,先是与辽东汉人(旗人),后与在顺治朝垄断科举的北方汉人,最后(三藩之乱后)与长江下游的精英结盟。与旗人尤其是与王爷和皇帝本人的关系对仕途顺遂十分重要,而为皇位继承不断引发的斗争以及摄政(辅政)之间引发的暴力也在不停地使官僚政治中出现裂痕。这一阶段被雍正和乾隆朝初期采取的一系列措施有效地终止了:旗人最终被官僚化,王爷的权力基础被消除;翰林院作为走上仕途的一条中间渠道得到恢复;军机处成为最高层决策的场所。

第二阶段到 19 世纪 20 年代结束,在这一阶段,一是科举二是军机处成了政治关系的主要关节点。出现了范围更广的朋党,在编织这些关系网时皇帝的恩宠仍很重要,但对满人和汉人来说登上权力阶梯的主要途径这时已是科举考试制度。尽管有名额限制,来自长江下游的精英分子仍在官僚中占主体。(1773 年后)在全国形成了一个为科举考试提供生员的书院体系,同时重考证(重视小学研究)学术风气的发展,使得知识界一般不再关注政策的讨论。与经济一样,官僚体制也更加商业化,靠当官发财史为便利。这一阶段最有名的人物是乾隆皇帝的宠臣和珅,18 世纪最后 20 年他在朝廷和官僚体制中建立了一个相当庞大的相互惠顾的人脉网。 53

第三个阶段从 19 世纪 20 年代一直延续到清朝灭亡,在这一阶段非官僚体制网络一再占据主导地位,省级官职的重要性不断上升且满人又重新控制了最高层。这一阶段的出现与应对 19 世纪初的危机状况有关。像学海堂(1820 年在广州创办)这样的民间书院注重经典和实用教育,促使知识和政治两条线又汇合在一起。皇帝和官员鼓励由非官僚体制当官这条出路,19 世纪中叶政治中心发生了这样一个剧烈而不可逆转的变化,其重心由朝廷转向各省。长江下游地区文人所占有的优势已受到广东人和湖南人的挑战,而19世纪50、60年代的太平天国起义又给予这一优势以沉重打击。在朝廷接二连三出了好几个年青而短命的皇帝,使得满人辅政大臣和其亲信联合统治的局面再次出现,最后由一个妇女慈禧太后掌握了全权。

因为第二个阶段(约为1730—1820年)整个与18世纪最为契合,所以我们要较为详细地对之进行考察。这一阶段的关键人物是都市中的官员和科举考试中的进士,尤其是那些进入翰林院的人。既是诗人又为官员的袁枚称翰林院为"洞天福地",从翰林院中不但产生官员,也产生主考官,对建立人脉网有着天然的吸引力。与考官一样,学官对那些有抱负官员的仕途也非常重要;他们对那些进地方书院读书和有资格参加科考的生员都有影响,并出面调解得功名读书人之间的纠纷,处理与他们有关的法律案件。因为学台的职位收入颇丰又多闲暇,所以这些人在18世纪也成为学术活动的重要赞助人。即使他们的目的不是为了在北京获得盛名,而他们通过科考和书院在地方建立的恩眷人脉网对仕途还是极为重要的。

在恩主和被保护者之间通常通过礼尚往来形式出现的钱财来往是大多数人脉网得以维系的一个基本条件。这很重要,甚至被看作是彼此建立联系的原因,当作发展关系的借口。有些出自恩眷人脉网的钱财是精英人物个人的私人收入,他们有自己得自农业、商业和投资的收入。其他的则出自"中饱私囊"——在理论上税收官员应上交中央政府被扣下的部分(有时官员向北京交的比应该交的少,有时他们收的比应该收的多)。不能约束附加税的增长在繁荣时期和经济发达的地方对地方上可能没什么伤害,因为每个人都能从与地方官保持良好关系中获益,但在困难时期后果就比较严重。

1736年在25岁时乾隆皇帝即位,他的统治持续到18世纪末。像他的前辈帝王一样,他也有其个人的亲信,有汉人也有满人,很可能是通过由他祖父创造的密札制度他结识了这些亲信。在他统治的最后20年,乾隆对一个叫和珅的英俊年青满人特别宠爱。和珅在第一次引起这位年老君主注意时只有 25 岁,按照当时对他心存妒忌者的说法,此人浅薄无文,非常自负、贪婪。获得皇帝恩宠不到五年,这个没有得过科甲之名的宠臣竟一跃掌管了户部。他获得了尊贵的头衔,后来又让他儿子娶了皇上疼爱的女儿,在乾隆垂暮的 1797—1798 年间,他实际控制了中央政府的三个部。虽然和珅的个人权势引起一些人的愤慨,但其他人则趋炎附势,在他周围广结朋党,很少有人敢反对他以与他进行党争或是敢怀疑皇帝的决断。直到 1799 年乾隆去世,无人对他庇护后,和珅被抓,他的庞大家产被没收(和珅的对手及其嘉庆年间的继任者对他多有诋毁,这给我们了解他带来了很大困难)。

　　亲属关系、共同的住地和共同的职业是清代社会中人与人之间联系的最为广泛的基础,人们为获得职业、推动集体参加的活动以及为远离家乡的人提供帮助而有各种组合,在这些组合中就有这些关系在起作用。许多组合是用一笔捐赠的钱财作集体活动的保证,并依靠这样的财富使其团体一代代地延续下去。在 18 世纪普遍存在着家族、寺庙组织、大规模产业和朋党人脉网。虽然国家的政策是不鼓励除家庭以外的各种组合,但实际上国家还是要依靠大量由精英控制的组织来给政府做事。不过,正如我们将在第四章中要较为详细探讨的,18 世纪的社会和地域间的流动也会产生其他形式不太容易管理的社会组织。

第三章　文化生活

　　在前面几章我们介绍了清代社会一些基本的经济和社会结构。在本章我们将要转而介绍 18 世纪中国的文化生活,包括城市文化和乡村文化、精英文化和大众文化。我们对文化所下的定义是宽泛的,包括价值观和信仰、礼仪和节庆以及日常生活的物质文化。对历史学者来说,再现社会这些方面的内容很不容易,一部分原因是我们缺乏人类学家所掌握的那种类型的材料,此外还因为很少有历史学者对此进行深入研讨。不过,即使对这一大课题做点粗略的介绍也会让读者感兴趣,我们希望会有人来关注这一领域。

城市生活

　　我们首先谈论城市文化,不是因为我们不了解乡村的重要性,而是因为我们认为,到帝国晚期所有的中国文化都受到发生在中国城镇中的事件影响。18 世纪城市文化的全盛是以再次出现城市发展的周期为基础的,这一周期开始于 16 世纪,由于改朝换代而暂时中断。虽然在清代城市化总的比率没有明显增加,但一套分层的中心区域("城市、集镇和有中心服务功能的其他核心住区")①还是在落后的地区形成,而在发达的地区壮大发展。行政中心的发展得到了官方的鼓励,而商业市镇则是自己繁荣起来的。中国较大地区的人口是按照谱带(spectrum,施坚雅的说法)形式从比较遥远空旷的边缘区到人口稠密的核心商业区分布的。结果形成了一个比较完整的中心区域体系,对这一体系产生影响的因素还有乡村和市镇结成的紧密联系、正常的城市移民以及富人和穷人客居城市。

南京在明代后期是全国性的文化中心,而在清初与扬州、苏州和北京这些城市相比则相形见绌。这些城市对那些有着地主和商业背景的文化人很有吸引力,这些人中很多没有科举功名,他们组成了文人的圈子,出钱资助艺术,生活豪奢。这些城市为那些比较小的城市和市镇树立了榜样,而且还是像成都、西安和福州这样的地区都市以及下个世纪的新兴城市(汉口、广州和上海)仿效的榜样。城市区域的发展起到了如刘子健(James T. C. Liu)所说的"辐射扩散"(radiating diffusion)城市文化的作用。② 可以这么说,我们所说的文化是来自社会不同的阶层,来自帝国各大城市居民共同的文化。国家资助、商业网络和区域流动是影响这一文化融合和扩散过程的三大因素。

16世纪的经济繁荣通过市场网和商业团体将农村时常与城市更紧密地联系起来。农村的精英人物被吸引到了市镇中来。17世纪时的徽州人赵吉士称,他父亲总是说生活在16世纪末以前的人会终身不进城,而现在"闭门不出者即群笑之,以为其愚钝若此也"。③ 钱庄业及其非人格化的价值观念甚至会渗透到最边远的地区。随着商业的扩展,在整个

① 施坚雅:《中国乡村的市场与社会结构》(Marketing and Social Structure in Rural China),第一部分,《亚洲研究学报》(Journal of Asian Studies),第24卷第1期(1964年),第5页。
② 刘子健:《中国历史的综合因素:它们的相互影响》(Integrative Factors Through Chinese History: Their Interaction),载刘子健和杜维明合编:《传统中国》(Traditional China)(Englewood Cliffs, N. J.: Prentice-Hall, 1970),第14页。
③ 引自叶显恩:《明清徽州农村社会与佃仆制》,安徽人民出版社,1983年,第283页。

帝国范围内书面和口头的交流也在扩展：为各种读者写的书被付印，广为销售，民间戏曲繁荣起来，有更多人离家外出谋生。外出客居者将文化从农村传播到城市，反过来再从城市传播到农村。中国的行政中心肯定是在城市，但国家中央集权制的力量对公众行为、家庭生活和个人道德都有影响。总之，城市文化不但对约5%住在中心区域的人是需要的，实际对所有中国人都是重要的。

处于那些发达的宏观核心区域的中国社会有其自身的特点。长久以来，清代的精英人物都集中于人口密集商业化程度高的平原地区，他们逐渐被吸引到城镇中来。与很少有精英人物的边缘地区形成很鲜明的对比，在核心地区则满是为自己图谋地位的有权势的个人和家庭。虽然这些精英人物彼此之间为财富和权势相互竞争，但他们在面对侵害到共同利益的威胁时还是会很快团结起来。

而在已获得功名的精英中也有紧张焦虑情绪，这一方面源自他们想要让自己的后代能维持其地位，另一方面是源自与朝廷当局的冲突。18世纪后期在政府任职前景黯淡这一点在富裕的城市地区感受得最为明显。在城市中，出现了价值取向向上的流动，富商模仿文人的生活方式，而不在乎自己是否担任过官职，因而那些由学者写的有关行为准则的指导书很有市场。财产可以分割继承使得在大的精英家庭中更容易出现向下流动的情形，大多数家长都惨然地意识到家庭会衰落的前景。因此，城市中获得功名的精英对其周围已很明显的社会流动的态度是相当矛盾的。

一般来说，文人对朝廷控制的态度表现不一，不过他们都主动或被动地致力于参与在各府治和省会进行的争夺国家政治权力的斗争。很少有激烈的反抗，但在抗议科举腐败的斗争中也会偶有爆发。1711年在扬州考中举人的名单中有许多盐商的儿子，结果那些没有考中的生员就控告总督和代理主考官收受贿赂。有一千多考生在扬州的大街上游行，冲进府学，扣押了府学的主管。对这件事的调查时间长达九个月，并卷入了官僚之间的对抗以及满汉间的冲突,最终认定主考官与其助手还有几个考中的生员有罪,将他们处以死刑。

像这样公开的抗议并不多见,通常反抗都采取比较温和的形式。正如我们已提到的,长江三角洲富庶地区的地方精英曾抵制过清初想要重新丈量土地的尝试,许多家庭不仅在幕后对当地的事务有影响,而且后来它们还开始组织起来逐渐蚕食政府的权力。政府和商人之间的关系也同样是矛盾的。官员们可能会非正式地将市政管理权让渡给那些省会府治以外城市的商人组织,但这样公开的让渡在行政中心则是姗姗来迟。不过在 18 世纪期间,商人群体成了最有活力的社区领袖,是众多福利和市政服务的倡导者。到 19 世纪,文人和商人在城市中自我发挥政府功能的这一过程仍在顺利进行。

58

清代画作中描绘的苏州虎丘

　　城市传统的地界标志是城墙和护城河、钟鼓楼、孔庙和城隍庙、衙门、兵营和科举考棚。18世纪的城镇还点缀着饭馆、戏院、商人会馆和有身份人的住宅、别墅。在18世纪期间,房地产的价值在上升,(尽管死亡率颇高)人口还是增加了两倍,建筑的数量或许一直要紧紧跟上商业的发展和人口的增长。城里的商业活动更加活跃(当铺的数目可能增加了两倍),而且很久以来就跨越了沿河沿路建造的城墙延伸到城外。正如我们已说过的,诸如济贫、保安、消防和道路维护这些城市的公用事业都逐渐由客居商人的团体来承担。

　　在举行公共活动时要为城里的居民提供娱乐,这些活动诸如官员的就任和离任、处决犯人、举行葬礼、庙宇的庆典以及年节假日。由官府建造的显赫建筑为举行有社区领袖参与的庆典(如纪念孔子诞辰举行的礼仪)提供了场所,但人们从一个市镇迁至一个县城,再迁到一个都市,会发现给精英们举行活动的公共空间(如苏州的虎丘、杭州的西湖)越来越多。大多数的庙都有一个让社区成员可以聚集的庭院,作集市用的空地可供城里所有的人聚会。

　　城市文化的一个组成部分是识字情况,这受到了商业化和城市化的推动。当然,教育并不限于在城市中:最基本的教学活动是由私人资助的,是在富人家中以及村子和家族的私塾中进行的。世袭权势受限制和清初科举制度敞开大门是推动教育发展的重要动因,不过识字还有别的益处。在管理商业、民间团体、家族和地方事务方面,清代社会越来越注重文书和契约。城市的环境尤其对提高识字程度有推动作用,即使有些人唯一的动机竟是为了不被人欺骗。城市中有大量张贴的规则、店标、招牌、广告和其他读来可供牟利取悦的材料。在城市妇女也有机会识字,有钱人家的女儿有私人的家庭教师,还有些妓院为有品位的主顾培养受过教育的交际花。

　　另外,清代城市文化的产生还受到教育发展的一些让人没想到的结果的推动。当然,在城市繁荣和科举中榜之间有着互为因果的关联;实际上有迹象表明,18世纪在高度城市化的长江三角洲甚至就是举人也越来越多地来自城市。但在人口最为稠密、经济最为繁荣的地区,科举考试竞争激烈使得许多知识分子背离仕途的正轨而进入文化领域。

在清代书籍出版的情形差异颇大而显得极为多样。一方面,由朝廷资助从事大规模的出版活动,范围从出版类书、史学著作到出版诗歌、佛经,另一方面,长江中下游地区的商业出版机构则在出版蒙学读物、小说、道德说教读本和剧本。这些读物转而又被其他地区和小城镇的印刷商以更廉价的方式翻印。在清代广为流传的明代小说有《三国演义》,这部小说叙述了公元2世纪时中央政权崩溃,刘备、张飞和关羽(后来成为关帝神)三兄弟结义的故事,还有刘备的睿智军师诸葛亮的故事。"中国最受喜爱的传统小说"《水浒》则讲述了一群保护卑微弱者的豪杰行侠仗义的故事。中国第一部讽喻小说《西游记》讲述的是公元7世纪时僧人玄奘去印度朝圣取经的故事,书中描绘了陪同胆小的玄奘取经的几个让人难忘的人物形象,有无法无天的英雄孙悟空和性情贪婪的猪八戒。这些小说在清代极为流行;其情节片段出现在戏曲和其他口头表演形式中,也出现在寺庙的装饰、贴画和俗语中,以致即使是不识字的农民也知道这些小说的情节和其中的主要人物。

城市精英也有他们自己较为独特的城市文化。乡村的住处无法与大城市的吸引力相抗衡,在城里有备货充足的书商,还有奢侈商品、美酒佳肴,尤其是有趣味相投者的聚集。精英们的娱乐活动范围很广,从赋诗的聚会、远足到养花、看戏以及外出访友探幽。富有的文化人还收藏珍宝:有善本书、字画、印章、铜器、古玩和碑帖。富人们大量收藏,其他人则尽力仿效。与17世纪雅致的有着个人风格的画家不同,这时有许 ⁶⁰多业余画家愿意并能够(因为有热心商人的资助)靠绘画为生。有个叫金农(1687—1773年)的艺术家,他的书法模仿的是青铜器上的金文,当时学者们正热衷于收藏、研究青铜器,而金农就利用了这种大众对其作品的需求,扬州八怪中的其他画家情况也是这样。甚而有许多画家进入皇宫成为专职画师,在北京得到了朝廷的资助。

那些把自己的经商之地当作家的客居商人不仅模仿文人的生活方式,还要成为当地的领袖人物。就将徽商作为最突出的例子,他们在 18 世纪时是热心的藏书家、学术考证的资助者,在他们客居的地区开展这些活动。18 世纪在这些地区重要的文人和官员人数众多。安徽画派可以弘仁(1610—1663 年)的简洁、规整风格的作品为代表,这一画派直接起源于木刻版画,描绘的是徽州(长期以来就是印书和产墨的中心)本地的传统风物。此外,私人商家还积极地推动当地戏曲剧种的发展并将之推广开来;到 18 世纪末,安徽戏曲中讲究武打的剧种很受欢迎,这成了京剧发展中的一个主要成分。这些徽商还编写出版了最早的有关国内商路的指南,鼓励大家种花生,并为会馆组织和公众观念确定标准。他们的这些革新举措别的商人群体也同样在大规模地做,尤其是那些来自山西、广东、福建和江西的商人。这些在全国范围经营的商人都有他们自己的饮食菜系、娱乐活动,甚至有他们自己的神(毋庸置疑得到朝廷鼓励的像关帝和天后这样的神就是其中两个商人群体的庇护者);这些商人群体是这一时期城市生活的主角。

戏曲是清代文化的一个重要组成部分。在 18 世纪戏曲的剧种有了大发展[马克林(Colin Mackerras)称之为"地方戏曲的黄金时代"]①,而且还出现了公共剧院和热情的城市观众。由文人编剧并为文人欣赏的明代戏剧重视的是剧本和曲调,而在清中叶观众感兴趣的是表演和演技。戏班子不再只是为宗教节庆或只是在上层精英的家中演出,这时它们是在从一家固定剧院到另一家剧院流动演出。剧院是由会馆中的表演场所发展而来的,它本身则是面向观众开放的单独的建筑物。至迟到 1732 年在北京演员已有了他们自己的行会,1740 年内务府组建了附属

---

① 马克林(Colin Mackerras):《京剧的兴起,1770—1870 年:中国清代剧院的社会层面》(*The Rise of Peking Opera*, *1770—1870*: *Social Aspects of the Theater in Manchu China*)(纽约:牛津大学出版社,1972 年),第 42 页。

于它的大戏班子,到1816年在京城里已有了21家公共剧院。

朝廷和商人的赞助在戏曲传播和剧院发展中起了关键作用。商人们带来了他们自己的戏班子和地方剧种,而皇帝和都市官员也在急切地将名演员吸引来京城。到18世纪末,北京的艺术资助者决定了全中国所有城市的时尚,而好演员和赞助者亦来自全国。

在明代后期,出自江苏的昆曲风格雅致,曲调优美,它得到了长江下游地区上层精英的欣赏,引得文人们去为它编剧度曲。昆曲在清初仍很受欢迎,康熙南巡时的关注以及洪昇(《长生殿》,1684年)和孔尚任(《桃花扇》,1699年)的成功剧作对之又有所推动。文人和官员昆曲戏迷在18世纪一直维系着这一传统,纵然昆曲已将中心舞台让给了来自其他地区人气更旺的剧种。主要的竞争对手是来自江西的弋阳腔及其在长江下游的众多变种,这些剧种注重采用喧闹、快速的曲调和口语化的念白,很受文化水平不高的观众欢迎;清初商人资助者将其带到了北京和其他地区。同样,西北的秦腔也被无处不在的山西和陕西商人带来。这种戏曲剧种采用很口语化的台词和淫秽的隐语,在角色扮演中是以依靠旦角演员的魅力而闻名的。在18世纪70和80年代秦腔极受欢迎,在众多大城市中有几十家秦腔戏班子在公共剧院中演出,使男性观众着迷。有着迷人风采的四川旦角演员魏长生是他那个时代最有名的秦腔演员,1779—1780年在北京演出后他就出了名,可能他还参加过庆贺乾隆皇帝七十诞辰的演出。

演出中有这样明确的性内容冒犯了京城中的保守派,1785年在北京秦腔正式被禁演,这就给其他地方剧种让了道。依靠响板乐器的西北"梆子"和安徽讲究武打的戏班有着大量的观众,这还反映出观众更喜爱带有尚武内容的剧目。到19世纪30年代,京剧的内涵已经确定,在19世纪后期京剧已成为最主要的演剧形式。

官方谴责戏曲称之对公众道德有腐蚀性影响,而这又受到朝廷对戏曲的热情甚至还有翰林院成员的热心赞助所抵消,但比较成功的是做到了不让舞台剧目沾惹政治话题。在康熙年间盛行的剧目主题如科举腐

62

乐伎在演奏二胡和南梆

败、满汉关系和晚明史事在乾隆年间就不再出现了。不过大量的剧目还是蜂拥而出(一份 1780 年的编目列出有一千多出),体现学者雅致的爱情喜剧和历史剧成为各地方城市观众共同文化的组成部分。

通俗类型的戏曲与精英倡导的演出同时并存;实际上,在城市商业剧院演出的通俗戏曲最早是产生于那些没有固定演出脚本和剧院的戏班子,然后转而又给民间戏班子增添了活力。这些戏班子就其表演与街头艺人有着密切的关系,这些艺人说书、表演木偶戏、演奏乐器以及卖唱。他们之间不仅在乐器和演出风格上有着相互影响,而且演出的故事内容本身也有着很强的延续性。出自《西游记》和《三国演义》全套故事的内容是表演无数变化和层次的基础。因为有些戏班子要定期去农村到庙会(在那里演出必不可少)上演出,因而也就不断地将城市的戏曲传播到了乡村中。与其他活动相比,清代的戏曲对文化的整合以及加强一种所有人能共享的中国文化的活力贡献都要大。

戏曲不是清代唯一一种受到指责的城市文化。赌博(掷骰子、打牌、斗鸡、斗鹌鹑和斗蟋蟀这些形式)在各社会阶层中都很风行,尽管官方不断地在警告赌博会引发犯罪和暴力。尽管麻烦少些但让有些人仍感到忧心忡忡的是,舞台上的性内容同样也反映在实际生活中。娼妓和演员类别相互交错,都被认为身份低下,有着同等的社会作用,是精英人物的床笫伴侣。男性和女性的卖淫是兴盛的产业,在从北京直至西南地区最偏远的矿区各等级的城市都很繁荣。存在着一个全国范围的介绍美妾俊仆(男仆)、"玉茧"(姑娘)和"小手"(少年)的买卖。

乾隆年间时兴旦角演员给同性恋关系带来了一种新的风尚。毕沅 *63* (1730—1797 年)是个有地位的文人出身的官员,他就公开将一个年青的男演员作妻,这是 19 世纪初的色情杂剧《品花宝鉴》中嘲讽的关系。年老的乾隆皇帝宠爱和珅,而和珅又宠爱俊美的男演员,无形中在给这样的关系以鼓励。

"堕落"和"奢靡"已经成了像张英这样的保守官员批评的口实,张英在 17 世纪末就警告他的后代要防备住在城市的祸害。1781 年,刘天成(可能是个御史)上奏章谈到乾隆年间的社会问题。他批评客栈、茶馆和酒家中的花销浪费无度,在这些地方人们大把地花钱,沉湎于醉酒嬉闹,一天就化掉了可供几天用度的钱。皇帝以帝国的平稳和繁荣来作答,指出这种情况表明从俭到奢的转变不能轻易地用法令来控制。而制止糜费也不一定就会使民风好转。"朕宵旰勤求,未尝不欲民风敦朴……而习俗日趋于华糜,殆非条教号令所能饬禁。譬如江河之向东,谁能障之使西流耶?……刘天成此奏若以为嘉奏疏则可,若以为目今治世之良方则未然。"①乾隆现实地承认,这种生活风气植根于时代的社会状况之中。

但流动和变化(与繁荣一起)都反映在 18 世纪的城市生活之中,而流动也就意味着不安定。高度商业化的气息破坏了传统的关系,并造就了一个充满机遇和担忧的分层社会。市场参与的影响实际触及到每一个生活领域:在商贩、农民、地主和其他人一起来到定期的市场时,农民的视野也逐渐在扩大。市场能量的体现将家庭的福祉与在本村之外起作用的能量联系在一起,这就提高了有关外在世界知识的价值。金钱不仅成了交换的衡量尺度,也同样成为成就的衡量尺度。

许多人在寻求向上流动,而其他人则害怕失去他们的财富和地位。旧的科甲精英成员吃惊地看着新贵们在对他们作为文化和社会仲裁者的地位发起挑战。那些精英家庭为维护其地位而筹划思谋,他们的担忧在比较有抱负的村民中同样也激起了反响。那些种植经济作物的村民受到他们无法控制的价格波动的影响,参与市场运作的风险和利益肯定会激化村民生活的竞争环境。代际间的流动可能增强了:农民家庭在本村上下移动社会经济尺度以对付市场和家内的循环。市场参与对农民心态的影响正如伊懋可所说"社会变得无情、无条理、竞争激烈"。② 在晚明像广为印发的《功过格》这样的道德说教书中谈到了要建立精神信誉体系,而这可以看作是要将行善积德与物质上得到报偿连在一起,以在一个动荡不稳的世界上重新提供保障。但由一个更复杂的竞争环境造成的社会问题继续让人有不安全、忧虑的感觉。

普遍存在着经济上的冲突和竞争,尤其是在诸如稻米和大豆贸易这

---

① 《大清高宗纯皇帝实录》,1938 年版;台北:华文出版社,1964 年重印,第 1143 卷,第 29—31 页。

② 伊懋可(Mark Elvin):《中国往昔的范型》(*The Pattern of the Chinese Past*)(斯坦福:斯坦福大学出版社,1973 年),第 235 页。

样的扩展中的行业。被有些人看作是阶级冲突的事件到处都在发生。米风潮使得买米人对商人不满,实际内里也是对地主不满,因为地主常在城里囤积粮食。雇工骚乱则常在像苏州这样的地方发生,正如我们前面提到,在那里17世纪后期纺织业的发展使得一个庞大的有着潜在威胁的非熟练工人群体进入了城市。这样的事件尽管次数不多,但也说明在中国的大城市迅速发展的情况下存在着控制雇工数量的问题。

学者文化

虽然文人学者在城镇是天然的民间领袖,他们还与商人一起在创造独特的城市文化的过程中发挥了重要作用,但他们还是想在学术、艺术和娱乐方面保留一种比较雅致的传统。这种传统是在本地的乡村别墅和书院中养育而成的,由此就将受过良好培养、教育的人与那些只是有钱的人区别了开来。学者文化的领地既在城市也在乡村。过去这一文化只被那些家中的男儿要博取科举功名的家庭垄断,而在清代则越来越多地被那些有钱有闲的人涉入。

在1680—1710年期间,这时已结束了征讨,清代统治者依靠像江苏昆山徐家三兄弟这样的中间人成功地实现了新政权与中国学术界之间的沟通。这三兄弟都获得过清朝的科举功名,后来担任编《明史》的总纂官,他们吸引并任用了那些从未在新朝直接任职的人来做事。许多知识分子在对满人统治和蒙古人统治进行比较后心里感到安慰,他们认为在这个外来王朝统治下中国文化不仅能保存下来,还肯定能繁荣起来。为在这样的情况下保存文化使有些人认为给满人做事也无可厚非。半官方的资助把政府与知识界联系在一起,而这"对肯定清朝统治的合法性十分重要"。①

---

① 司徒琳(Lynn Struve):《徐氏三兄弟与康熙年间对学者半官方的资助》(The Hsü Brothers and Semiofficial Patronage of Scholars in the K'ang-hsi Period),《哈佛亚洲研究学报》(*Harvard Journal of Asiatic Studies*),第42卷第1期(1982年),第231—266页。

　　清初主要的学术发展注重考证的方法在长江三角洲的城市风行,在那里有官方和私人的资助。学者们对前700年儒学的发展持激烈批判态度,指责明朝的覆灭与文人追求炫智以及卷入党争有关。与此不同,清初的文人则试图通过在语义上辨别古文而重理理想的儒家秩序。他们探求早期阶段的儒学,那时儒学还没有受到佛教和道家观念的混杂。考据派学者断然拒绝朱熹对经籍所做的解释,而着力于仔细研究经学文本本身,对经籍进行严谨的文献验证。在此过程中,像阎若璩(1635—1704年)这样的学者开始对长期被认为绝无问题的经籍的真伪提出了疑问,虽然这些置疑还是被淹没在对过去遗产坚信不疑的巨大浪潮之中。同样,虽然这些考据学者的研究方法受到他们了解的有关欧洲数学和天文学知识的影响,而且在他们的书院包括数学、天文学和地理学这些课程,但直到19世纪时中国传统的合理正当才受到严重挑战。

　　与文献研究同时的还有印本的大量出现以及藏书楼的建造,在这方面著名的人物有苏州的黄丕烈(1763—1825年)和杭州的鲍廷博(1728—1814年)及其藏书家同行。在长江三角洲,这些学者组成了本杰明·艾尔曼(Benjamin Elman)所说的一个有着独特专业眼光的学术共同体。这些从事考据研究的顶尖人物主要都是来自长江下游核心地带的科甲之士:有人对180种重要考据学著作进行了研究,结果表明差不多有90%的作者是江南人,有92%的作者得过科举功名,超过一半的人(53%)是进士。

　　这种专业业界的内卷倾向,拒绝采取苏格拉底的对话模式或是作任何形式的讲演(对公众或是相互之间),显然是有意与16世纪哲学家王阳明所倡导的明代新儒学学派相对立,而王阳明恰恰在那些方面有创见。考据学者要依靠高官的资助,但他们本人一般都不会去当官;而那些想当官的人用朱熹的研究方法反而更好些。不过考据学者与政府仍有关联,他们对经世致用也有兴趣,而这具体反映在他们写的有关水利、测绘和管理的治国方略之中。

在这样的知识背景下编撰工作繁荣起来:地方志以从未有过的规模编撰出版。由政府主持的《四库全书》编撰工作是其中最重要的,在政治上也是最敏感的。有一个皇家的委员会着手收集中国所有最重要的书籍和手稿,选其最好的版本重印,将它们分为经、史、子、集四类。有七百名学者参与了收集并审定来自私人藏书楼和皇家藏书的书籍。正如盖博坚(R. Kent Guy)所指出,在像戴震(1724—1777 年)这样的优秀学者的指导下,在编撰过程中采用了鉴定文本、对校版本和修订讹误这些考据方法,编撰《四库全书》有可能是考据学派的一项最重要的成就。最终抄成了七套每套三万六千卷的这部书,还由审定的编者对一万多本书编写了极为珍贵的目录提要。

这一编撰工程不好的方面是收缴并禁毁了大约两千多种被朝廷认为是违碍悖逆的书,其中许多是晚明时写的,这使得有些学者称这一编撰工程是一场"文字狱"。不过正如盖博坚所说,对这场文字狱的详细研究表明其中也有汉人的同流合污。能够得到最好的版本靠的是盐商和省府财库出钱收买这些书籍;此外,收缴惑乱材料的行动在有那些想当官的文人出力时才有进展,这些人因其勤勉而得到任职的酬报。因为这样的官职不容易获得,有所企求的举人就带着书到巡抚衙门来,只有到这时文字狱才发挥了它全部的破坏能量。

考证学术和政府的编撰计划是为精英中的优秀人才提供的。而其他 18 世纪重要的文人活动有着更广阔的空间和社会基础,包括了分散在全国各地那些没名气的学人和只有低级书院身份的人。这些人将自己确定在位于普通民众和都市精英之间。他们以极为矛盾的态度来看待民众,既将他们看作是精英和国家家长式统治的合适对象,如同需要不断指导和教诲的孩子,同时又将他们看作是会自发地制造骚乱的危险暴民。结果就像他们明代的前辈一样,这些精英就不仅通过慈善活动向穷人提供具体的帮助,而且还编撰和散发以作灌输和规范人行为的道德书册。

　　社会地位的流动和政治审查的被接受或许在驱散困扰这一阶段知识阶层有关人能否成为圣贤的悲观情绪中发挥了间接的作用。吴佩宜把这种心态说成是"对人皆有行恶癖性的深刻感悟,是克服这一癖性的迫切需要,是自我揭示的准备以及是对自己错误行为的极度痛苦",这种态度在儒生从未有过的对其罪过和恶行的公开承认中表现了出来,这代表了"中国道德文化历史的新发展"①,或许可与在当时道德书文献中体现出的注重价值内化和自我判断的新趋势联系在一起。

　　疏离感是 18 世纪的一个重要话题,并一直到清代后期都是如此。在理论上要获得高位和政治领导权必须具备教育和道德的资格,而这一资格不容易得到,同时在这时只要花钱却能轻易地获得这些权势,这两者之间不断增加的不和谐加深了某些失意学人的挫折感。他们越来越强烈地以批评和嘲讽的眼光去观察官僚社会。《儒林外史》的作者吴敬梓就是这方面的一个例子:他出生在安徽一个显赫的文人家庭,却没能获得高层次的科举功名,后又挥霍尽了家里的财产。吴敬梓著于 18 世纪 30 和 40 年代的这部小说批判了遭到阿谀和腐败侵蚀的官场以及让人无知无能的科举制度。书中只有少数行为正派的人未被他嘲讽。相对来说,吴敬梓以同情的笔调描写妇女,她们被阻挡在男人的职业世界之外,因而在某种程度上就不受其污染。后来李汝珍的小说《镜花缘》(1828 年出版)在这一点有所超越,书中幻想妇女成了能干的官员。实际上,白话小说 18 世纪在中国达到了新的高度,由受人敬重的知识分子创作,是他们表达政治批评和正统观念的渠道。清代中期有其他两部重要的小说问世:蒲松龄的有 445 篇故事组成的《聊斋志异》(写于 1669—1679 年,1766 年出版)和曹雪芹的《红楼梦》(写于 1754—1763 年,1792 年付印)。

---

① 吴佩宜:《中国传统中的自我审视和自白罪行》(Self-Examination and Confession of Sins in Traditional China),《哈佛亚洲研究学报》,第 39 卷第 1 期(1979 年),第 5—38 页。

对这些作者以及一些不太知名作品的作者而言,其文学作品本身就与他们的经历很相近。吴敬梓在南京靠写作维持生活,并得到亲朋好友送的礼物作为贴补。颇有成就的诗人、官员袁枚(1716—1798 年)像许多文人一样,也写短篇小说,这时的短篇小说数量不断增加,内容包括鬼狐、公案、历史和爱情故事,这些作品既是城市精英所写,也供他们阅读。但即使是袁枚在写作(由他自己出版)挣钱方面算是比较成功的,他也不得不依靠私人给的佣金作收入的主要来源。一直到清王朝快要完结时文人才有可能靠给大众读者写作维持生计。

在绘画方面,18 世纪时在继明朝画坛流派纷呈之后,朝廷鼓励的画派与文人画又重新归一。像王翚(1632—1717 年)和王原祁(1642—1715 年)这样的画家被请到康熙的宫廷中来,受到了皇帝的照顾。在那里,画家都多才多艺、注重技法且愿意大量作画,而不是像 17 世纪的道济和朱耷这样的画家那么注重个人风格。明代画家董其昌的理论被当作新的正宗教条供奉。乾隆皇帝继续崇尚康熙朝的文化和文学风格。他成了自宋代以来最大的皇家艺术品收藏家,收藏过去各朝的艺术杰作,编撰目录,就像在许多其他方面一样,在绘画方面他在文艺人才荟萃的北京确定其欣赏品位。艺术家们甚至像郎世宁(Guiseppe Castiglione)这样的欧洲耶稣会上都被命去描绘宫廷的典礼,用画笔来记录战场上的胜利。

艺术鉴赏家和史学家可能会贬低乾隆本人的诗歌和艺术才华,但没人能否认他的欣赏品位对他那个时代的影响。他喜爱宏大和说教,喜爱那些带装饰美、奇异、华丽、奢靡的艺术,这些喜好就有着极大的影响。[69] 此外,皇室的藏品虽然就像乾隆统治的复杂的帝国那样具有多样性,但它们又受到正统创作安全底线的限制,还受到皇帝所盖印章和题记的进一步抑制。尽管有其多样性,但这一多样性又被加以约束和同质化。

皇家的赞助使得人们能较容易地接触到过去那些启人心智的作品,并鼓励京城和长江三角洲的艺术家相互开展创作交流。在那里艺术收藏也是文化的一种标志,画作在有钱而地位不定的人中非常抢手。有几个世纪之久的文人画谱统所体现的亲切和自然风格被这种急切的需求破坏了,正如我们所知,那些能抵挡朝廷诱惑的艺术家发现,他们的业余画家地位已受到本地职业化倾向的威胁。被邀请去为富裕主顾作画的士绅会尽量不去想,他也是得到报酬而去作画的。这些不太明确的差别不仅体现在社会关系中,而且也体现在所画的主题中。有教养的业余画家坚持画山水画,并遵循有很长历史的"仿"(模仿古画)的风格传统。在风格上不断涉及早期画作形成了一种可代表这整个时期特点的理性观念:风格变为主题,有意进行选择以表达艺术家的立场。

　　相反,商人主顾则希望画家画更直截了当的主题内容。他们喜欢人像、城市生活熟悉的场面以及装饰性的花鸟画。所以有许多画家采用一种精细的业余画风,只模仿过去的式样;而其他画家则坦然以此为业,在城市的店里卖年画和风格为人喜爱的画作。即使所谓扬州八怪也只能以简便的笔触不顾人们惯熟的样式,以此将他们自己当作是体现过去个性画风的继承人。然而,罗聘随意所绘的他本人及其熟人的人像表现出亲切、随和的气氛,而这在宫廷画中将会被认为是不合适的,要是被前朝那些尊贵的文人看到会感到吃惊。就是像马家兄弟(扬州盐商)这样有教养的主顾也喜欢一种直率无隐、朴实无华的风格。方士庶 1743 年的一幅画描绘了学者全祖望的来访,此画不啻为一张当场拍的纪念照片。学者、商人、退休官员和近乎职业的画家有可能会作为某个诗社的成员在一幢别墅中见面,而这幢别墅往往是商人以经商赚来的钱买的,在这段时期这样的场景在精英上层的生活中司空见惯。

70　　想要成为艺术家的人如果没有关系就没有机会研究那些过去的艺术杰作,因为没有收藏艺术品的公共博物馆,但活跃的清代出版业将艺术与文学和哲学一样都进行了大众化的普及。《芥子园画谱》1679 年在南京第一次出版,1701 年增订再版,后来重印了多次,该书的目的是要向读者教授基础知识。过去的绘画风格被描绘成图(不全部正确),按部就

清代画家华嵒的作品《松鹤图轴》

班地表现画各种岩石、树木、动物和其他东西的方法。

甚而被当作是学者特权范围的诗歌也向广大公众开放了。当然诗歌仍然是高雅文人文化的标志。有能力写雅致的诗篇被看作是任何年青男子受教育基本的内容，实际上对许多年青妇女也是如此。文人必须

71

掌握各种韵律和诗体,能当众即席赋诗,用漂亮的书法抄写,读出能让人想到诗歌传统已有一千多年历史的古音。有条件的人还要出版他们的诗,大量印刷。这一时期常见的样式是编撰诗集(有时是本画册,或是两者结合),编者要尽其所能邀请许多有影响的人提供诗篇,通常的借口是纪念某个老师或朋友,目的是显示他的交游之广和品位之高。

对要想在这个社会中希望得到承认并获得地位的外来者(满人、来自文化落后地区者、向上流动的商人)来说,有做诗的技能就可能是社会地位得到承认的证明。在《儒林外史》中,有个家里开香蜡店的年青人承认,"像我们这样的商人做梦都不会想到科举得中。我要做的只是念几句诗获得一点教养。"在问他能否懂这些诗时,他直言,"懂的很少。但我能懂一两行,这让我感到很快活。"①

虽然有些刻板的学者和官僚把写诗看作是年青人轻薄之习的表现,但清代的科举考试实际上也还考核这种技能;在 1757 年,诗歌仍是科举考试比较重要的内容。诗社为朋友之间提供了喝酒、饮宴的机会,但因为它们也是很少几种在精英中被接受的非正式社团的一类,所以也就为比较严肃的活动提供了联系的网络,这些活动包括为参加科举考试做准备,举行有关文学和学术的讨论,还包括为实现社会和政治改良所做的努力。在 19 世纪前期,北京的宣南诗社就曾被其具有改革思想的成员用于雄心勃勃的政治目的。

在诗坛就如在画坛一样,18 世纪只有少数像袁枚这样有个性的诗人,还有一些重要的学术理论家和批评家,大量的则是滞拙的炫学诗才(乾隆就是最后这种人的典型)。例如,(江苏)常州学派中关注诗歌的一种形式词的学者将之分出两类(与画家要做的类似),一类是浅易、通俗的,而另一类是典雅、难懂的,以此试图分析并确定这一诗歌传统。有迹象表明到 18 世纪末学者政治化的倾向在不断增加,张惠言(1761—1802

---

① 吴敬梓:《儒林外史》,戴乃迭和杨宪益译,北京:外文出版社,1957 年。

年)和其他学者就曾宣称,词最好的用处实际是用于讽喻。

与 17 世纪一样,18 世纪也是一个旅行的伟大时代,通过旅行者城市文化和范围较为偏狭的学者文化扩散到帝国各地。不仅有社会各阶层的人去外地客居以寻找职业,而且还有许多富人旅行只是为了休闲娱乐。文人们拜访朋友,寻找恩主,还有求职的;官员们在不同的职位间奔波;商人们考察分支商号,寻求新的机会。在清代省一级官员的资助下制订了很多编写地方志的计划,于是就派学者外出去寻找石碑、废弃的庙宇和著名的宝塔。其他人则去寻找发生著名事件的旧址、历史人物的墓地、早期艺术家描绘过的山峦、有名诗篇中提到的景致,还有以神秘秀美闻名的洞窟。这一时期以手稿和印本流传的"行旅"文学包括这些游记,它们通常使受过教育阶层的成员(和向往这一阶层地位的人)更加了解他们居住的这一庞大而又多面的帝国。

在这一部分我们还要指出,与中国科甲精英有关的时尚和活动已对那些有社会抱负的人开放。在此过程中,已形衰落的文人艺术及其捍卫者几乎全部涌进 18 世纪城市文化的大海,虽被冲淡但或许又以更为大众化的通俗形式被重新激发起来。

文人及其模仿者是中国城市文化的引领者,他们在从事文学艺术时肯定已远离了农民的文化。同时,如果认为中国最高社会阶层和农民之间的文化间隔是条深深的裂隙也是错误的。我们已经说过,戏曲和说书使得文人和农民同样都有了了解有关中国过去历史知识的机会,并有助于形成共同的价值观念和理想。当我们转而探讨物质文化和人生礼仪这些内容时,就要来看看在清代另外的对汉民族享有的有广泛基础的文化实践的确定。

物质文化

从衣食到居所这些日常生活的内容也是帝国晚期文化进一步的表

现,这一文化既反映了社会阶层的复杂分野,也反映了它们通过一种有着象征含义的共同内核予以整合。与其他方面类似,在物质文化中两个最有品位的中心是长江下游的城市和北京。乾隆与其前辈皇帝大规模地建造公共建筑,创造装饰艺术品,由他们增加了这一时期的许多艺术杰作和珍奇宝物。如我们所见,尽管不能与18世纪相比,而在紧张的17世纪由文人所创造的艺术成就在清代还是作为范围更广而麻烦更少的精英文化的组成部分被整合并扩散开来。如同戏曲和白话小说的革新已被确立为全国范围城市文化的组成部分一样,地方菜肴、时尚衣着和典雅家居也成为一个更广泛的精英层的共同用语和体验的组成部分。

中国大致被划分为旱田谷地和水田低地两部分,这使得在大宗食物方面传统上也分为两类:在北方的是由小麦、小米、大麦和高粱做的稀饭、馒头和面条;在南方是黏稠和不黏稠的稻米。清代中叶边远地区山地农业的发展增添了对中国人食谱(但不是菜肴)有直接影响的第三类主食:玉米、甘薯和土豆。各地大多数人的食谱主要由谷物组成。鸡肉和猪肉是奢侈品,结果蛋白质就主要来自大豆和鱼,而植物油(包括新近引进的花生榨的油)成了基本脂肪的重要来源。新鲜蔬菜在较冷的气候条件下按季节供应,在南方地区则供应比较充足。

受地区和季节影响的食谱类型限制了其要适度,但在18世纪市场网络布局给富人们提供了不断增加的各种食物。皇帝享用来自帝国各地和海外的精美食品,一些有钱人家则品尝融合了精细口味和罕见原料的佳肴,而大多数人家食用中等的变化不多的饭菜。农民除了过节是不吃肉的,过节时每人都可以享用特殊的食物。甚至那些在日本长崎华人区生活比较富的商人每天也只是吃米饭,菜是腌肉和蔬菜,间或一天吃两顿鱼肉。

像任何前工业时代的菜肴一样,中国人的食物有着明显的季节和地域性的特点,但官员和旅行者在全帝国流动以及客居者在大城市数量的增加使人们意识到不同的食物值得品尝。清代城市生活的一个特点是有机会外出吃饭。带有地方风味的饭馆为各个阶层的主顾宴请客人服务。可能是在 18 世纪美洲红椒已成为湖南和四川两地食物的标志。 74

当然,茶是一种大家都喝的饮料,在大多数人口集中的地方都能找到茶馆。茶叶的种类很多,从味道浓烈发酵的云南普洱茶到长江下游味淡带有香气的绿茶,足以满足不同地区、不同社会阶层各种人的口味,也在全国有了一大批茶客。中国的酒通常是用来取暖的,同样也在各地生产销售。虽然可能并不是每个人顿顿都要喝酒,但看来酒还是大多数人饮食中必备的,在偏远的澎湖列岛十户人家有九家喝酒(据 1770 年地方志)。有许多种用粮食酿制的酒,但只有少数几种是全国有名的,如得到晋商褒奖的蒸馏酒汾酒,还有得到当地客居在外的官员、师爷喜爱的口味温和的绍兴黄酒。

到晚明时期中国人很快就学会了吸烟,并成为一种遍及全国的生活习惯。多数人用水烟管吸烟,但上层精英(可能是受宫廷中洋人的指点)开始吸鼻烟。由一些稀罕材料(瓷、玻璃、玉石等)制成随身携带的小容器鼻烟壶是清代的一项革新。18 世纪时中国人开始吸鸦片。长期以来粗制的烟土就作为药品和春药,最初在 17 世纪时与烟草混合在一起,被东南亚的华人以及东南沿海和台湾的居民吸用。大约在 18 世纪 60 年代转而吸用精制鸦片,到 18 世纪后期这一习惯就通过福建和广东的商路在运丁、士兵、商人和官员中流行。为禁鸦片而做的努力(1729 年禁了一次,19 世纪初再禁)却没能使鸦片失去它作为镇痛剂和获得廉价快感用品的新用途。

在清代前期和中期,中国用于采矿、冶炼、农业、食品加工、纺织、运输、房屋建造和家务的工具看来没有多大变化,这与欧洲和美国的情况不同,在那里将引发工业化的机器—工具产业正在兴起。但许多种类带有插图的类书、历书和手册的印刷和流通说明在整个帝国的范围内传统 75

技艺仍可使用。

在制衣行业,传统纺织(丝织、棉织和麻织)闻名已久。然而,正是在17和18世纪棉花被广为采用,代替了那些让人不太满意的原料(亚麻、大麻和茎皮布),无疑会使人感到更加舒适、便利。丝绸不再被用于交纳赋税,同时由于受到外国人喜爱需求量增加,丝绸业得到了发展,各种各样的纺织品除富人外还有了其他的主顾。

满人带来了其游牧民族服装的传统,这不仅反映在强迫留辫(要将男人前额的头发剃去,再将他其他的头发在脑后梳成辫),而且还体现在朝服上。紧身的上衣下面开口以便利骑在马鞍上,袖子扎紧以挡风,袖口护着手背;裤子是用来减缓与马两胁的摩擦;还穿戴马靴和皮帽。这些此时已成了官服。与以前各朝代相似,所有官服和礼服的设计都以传统的宇宙观标志为基础:品级由颜色、刺绣的补子和帽子上的朝珠来区别。1759年颁布了一份精细的则例以规范官员的礼服。在私人生活中满人穿着汉人的服装,他们的大脚女人很快就学会了穿盆底鞋模仿纤细的裹足。明朝衣着的式样继续在平常衣服、婚礼服装、戏装以及僧人和寺庙塑像上的袈裟中占着统治地位。

小说《红楼梦》中的人物在其服装上不仅反映出他们很富有,而且还反映出他们与皇室的关系(作者出身于一个汉八旗家庭):身着有着耀眼光泽的精美丝绸衣服,穿着镶有奇异皮毛的靴子和斗篷,戴金珠耳坠。然而,尽管皇家垄断了最精美的刺绣、丝绸织物和稀有宝石(常被作为礼物赠送),但在富人中奢侈消费在穿着方面也像在饮食和娱乐方面司空见惯。在上层精英中,马褂的长度和帽子的宽度是由时尚确定的,北京、苏州、杭州和扬州引领潮流的精英确定的样式会逐渐地传到其他城市的都市商业精英那里。朝廷制订了提倡节俭的法令要想规范官员和科甲之士的服装,但由于有大量钻营功名的人,这些法令可能只对朝服的规范起了作用。高档服装的供求是难以控制的。

像衣着一样,宝石、瓷器和其他商品的式样和风格也受到文人、富商和朝廷需求的影响。理论上应由内务府垄断的玉在这一时期以新的规模予以供应。全靠通过西南的商路运输,在北京和长江下游的富裕主顾很快就喜欢上了缅甸玉的深绿颜色。在1759年储藏有大量玉石的新疆被归入帝国后,很快就出现大量非法的运输车队;1773年对玉石的垄断权被废除了,这一被人极为珍视的稀有材料开始以从未有过的规模买卖。

由皇家掌管的工场生产玻璃、金属、漆器、木头、象牙、瓷器和玉石的装饰品。在江西景德

乾隆年制珐琅彩人物故事图瓶

77

镇的御窑中,市场的扩大在这里表现为生产的瓷器日用品品种之多,有灯、屏风、椅子、花瓶、礼仪用品、盒子和各种容器。我们还看到在让人熟悉的大量模仿前朝的样式上有着折中主义的风格,有关的知识来自于收藏家(皇家和民间)和学者的探求。清代的单色仿照的是宋代的样式,但加上了新的色彩(紫黑色,间以虹彩釉条);像其他收藏家一样,雍正皇帝下令让宫里的古青铜器和玉器作为新式样模仿的范本。取自一种质材上的图案被借用来丰富其他的质材:银器、石头、漆器和木头的纹理被模仿在瓷器上;锦线图案被用在瓷器的边缘。消费者对新形式、色彩、样式和纹理的需求是很大的。在此时期像漆器和景泰蓝这样的艺术以及对罗可可风格的欣赏发展起来了。

在这一时期,外国对中国瓷器的需求刺激了生产,并鼓励按照外国的样式生产制成品(如带有纹章标记的碗等)。不过虽然主要是为出口

生产,但这些产品还是形成了其中国风格。在雍正和乾隆年间采用了在白底上涂半透明的珐琅质,这在西方被称为中国绿(*famille verte*)和中国红(*famille rose*),是研究模仿欧洲的技术采用粉红色度。福建生产的乳白色的德化瓷人(*blanc de chine*,中国白)既有中国的神也有荷兰的骑兵。此外,(江苏)宜兴生产的泛红色的陶质茶壶有着多种不规则的形状,这受到日本和中国文人的很高评价。除了许多种质地精良的上好瓷器外,清代的陶窑还为国内外的普通百姓生产了大量瓷器和陶器。在同一个作坊生产不同品质的产品以保证在中国和外国不同的阶层和不同的地域都可各选其图案和样式。

与此完全不同,清代的建筑则很少受外国影响。由宫中的耶稣会士介绍的欧洲建筑成了乾隆建造的圆明园建筑群(1860 年被毁)的范本;但像被朝贡使臣带来的钟和其他机械一样,这些建筑只是让少数人欣赏的珍奇之物,对当地的传统没有什么影响。反之,清代建筑保持着强烈的连续性,有着漫长的保守传统,它注重与自然的和谐,不断地重建而不是采用永久性的结构。木头是首选的建筑材料,但 18 世纪对木材的需求量是如此之大,以致使得北京不太富裕的家庭以砖石来取而代之,其他地方也是如此(对和珅的指控中有一条是他僭用中国西部出产的经久耐用、纹理美观的楠木造他北京的宅邸)。

清朝皇帝在京城及其附近、众多国家的坛庙和每个重要的行政中心建造了大量宏伟的公共建筑。这种精致的新古典风格不采用明代的那种简约风格,其样式源流也不明显,但它为整个帝国提供了传统技术和宇宙观念的范本。与一般的家居建筑一样,在这些建筑中我们还是能发现在不同形式之中体现出的某种统一的观念。

中国的住宅以墙与外部世界隔绝,在建筑物间由一个或多个院落组成,通常有一层楼高,一间房的进深。正如吴纳孙(Nelson Wu)指出,这种布局使得从门附近的公共用房开始"渐趋私密"(graduated privacy)直到后面的私人房间。① 北京城内的皇城就在更大规模上遵循这一规制：一系列同一中心的墙包围着紫禁城，里面分为公共使用的殿堂和大内两部分，皇帝在殿堂里会见大臣和使节，而大内则只向皇帝、嫔妃、皇子和宦官开放。

虽然农民的家可能只有几间房子，但作为在一个大家庭里确定小"家"标志的炉灶的数目却会随着某人家庭社会规模的扩大而增加。地主家的规模比较大，也比较稳固，还有墙保护他的财产。在清代有科举功名者的家门前可能会有炫耀的横匾，大门口有高高的旗杆。有些建有围墙的住宅在院子角落还造了用于防卫的塔楼，这在军事活动频繁的地区多见，到19世纪时更为常见。比较特殊的多层圆形土楼是客家人建的，以强调社区内的团结。除了在城市就很少有多层的楼房，而在城里因拥挤和房产的高价值使人不去考虑选择居住平房。像这样的城镇徽州就是一个典型，那里有许多两三层的商人住宅，通常还有面向中心庭院的前后翼房间。

如同物质文化的其他方面一样，在建筑方面过去曾只供少数几个人用的到18世纪时已为许多人所享用。反映这一趋势的一个明显的例子是晚明和清初的精英建的园林别墅。这些别墅也是按照传统的模式建造的，但注重一种比较高雅的风格，讲究不规整、不对称，设计要别出心裁。众多的园林有亭、桥、水池和曲径，用高墙将喧闹的世界隔开，并栽种树木花草。在长江下游的主要城市有不少园林，使得其他地方也纷纷仿效。

这些园林在被控制的环境里创造了一个微缩的天然世界，在建筑附近依照蕴涵历史和文学寓意的方式（像诗歌和画中一样）布置土石、植物和水景。虽然建筑艺术是以艺术的传统传播的，许多文人仍自己设计他

---

① 吴纳孙：《中国建筑与印度建筑》(*Chinese and Indian Architecture*)(New York：Braziller，1963)，第3章。

们的园林,并将这些园林用来表现他们的个性和品味。清代皇帝在北京郊外和长城以北热河的避暑山庄大规模仿造江南园林。当富裕人家变穷不得不卖掉住宅和财产时,其他人就急切地吵着要成为那些名园的主人。有些园林一直保留到今天,但没有一座能被确定是《红楼梦》中的大观园,这是18世纪初曹家的产业,但有可能是曹雪芹想象出来的。

精英们18世纪时期在城市中心间的流动带给广大民众多种不同的品味,但到19世纪初在建筑、服装、饮食和娱乐方面已形成了在同一基调基础上的为人熟悉的地区变化。商人、文人和朝廷用其巨大财富资助创造了体现这一共同文化的恒久例证。18世纪城市文化的活力一直保持着,并经历了19和20世纪的社会冲突和信任危机而存在下来。

人生礼仪

所有中国人的生活都要不时被一些特殊的日子打断,这些日子是按阴历年月的节拍和个人的人生来定的。在这些日子里人们休闲、娱乐、访友、宴请,以此表明他们在向新的地位迈进,表达他们对超自然力量帮助的吁求和感谢,并提醒人们他们作为家庭、村庄和其他群体成员的身份。这些日子是对大众文化的精彩表现,由此将住在帝国各地各个社会阶层的中国人统合在一起。人们确实可以认为,按照规定方式履行出生、结婚和死亡这些重要的礼仪是民众观念中的一个重要内容,他们以此表明自己是有教养的,是中国人而不是蛮夷。在此我们谈的是标准规范的礼仪,要记住这些模式一直有其亚族裔和地区的变种;现有的研究还不能让人充分了解这些礼仪在清代是如何变化的。

婚礼和葬礼无疑是中国两个最重要的人生礼仪。虽然老人过生日要举行宴请,但大多数人只是会在每年新年时计算自己又长了一岁。第一次庆祝一个孩子出生是在满月时,有专门准备的菜肴,亲戚朋友要送礼。这时孩子就要被家谱正式登录,男孩子还要起"乳名"。通常孩子的

婴儿阶段是让父母担心的一个时期,因为不管哪个阶层的孩子死亡率都
很高。度过婴儿阶段的孩子还有得天花的危险。

对男孩和女孩来说,向能养家活口的成年人过渡是渐进的,但他们没
有青年阶段,从孩童向成年的转变并没有礼仪或公开的展现作为标志。不
过六七岁之间对男孩女孩都是一个重要的转折点,男孩开始正式上学,从
母亲的管束下转到父亲的管束下,要给一个学名。女孩在这个年龄要开始
裹脚,痛楚地紧裹脚趾使其长不大以便于嫁人。女儿发式的变化标志着她
进入了青春期,要减少在外面的活动,也就是在这时开始教她做饭缝补的
技艺。男孩在少年时也要逐渐地开始继承父业干活,甚至那些在家里上学
的上层精英也是如此。男子的成年本以冠礼作为标志,但在清代这一礼仪
已不存在,此时就只能以结婚来表示。尽管求爱是民歌和戏曲中常见的主
题,但实际只能在包办婚姻的严格限制下进行。

虽然各地的习惯多有不同,但大多数年青人是在近二十岁时订婚、
结婚。正式的安排要通过媒人来商谈;订婚要由两个家庭交换礼物,这
被看作是对婚姻的约束。因为婚姻对一个家庭社会地位的升降很重要,
所以要小心从事。同姓要回避,社会地位的差异要认真考虑,另外宗教
和民族的界限一定要明确。婚姻本身是家庭间而不是个人间的一种交
易,涉及到财产(嫁妆和彩礼)的进一步交换,是将妇女送到她丈夫家庭 *81*
的礼仪性交接。婚礼是两家人通过大宴亲朋以在当地赢得声誉的机会。

在人的一生中,有很多理由可偶或举行庆贺。漕运的船夫会庆贺成
功地完成了一次艰苦的航运,读书人会庆贺科举得中,父母会庆贺孩子
大病得愈。成年人到五十或六十岁,过生日就是寻求欢乐的一个理由
(尤其是在精英层中),要送礼、宴请和娱乐(康熙和乾隆皇帝还有乾隆母
亲过生日豪奢的程度超过对地方神诞辰的庆贺,这可能就给满族贵族和
高级官吏定下了先例)。

虽然普通的政府官员都有应该停止工作的法定年龄,而对大多数人
来说不再干农活和体力劳动或许并不是自愿的,他们都不得不要尽可能

久地多挣生活费或是为家里挣钱。1796年春节乾隆皇帝隆重退位就其任职而言是个例外。儿子结婚或是孙子出生有可能是一个妇女个人将不再生育的标志,但她将进入人生中最辉煌的阶段,要作为女性家长管理全家。对富人而言,高龄是对其年青时勤奋顺从老人的回报,而对其他人则是一个痛苦、不安全的生活阶段。

在清代,对一个家庭葬礼要比婚礼重要得多。因为在这一文化中特别强调孝道,所以孩子对父或母的哀悼礼仪的重要性超过了其他的需要,在守制哀悼期间不能结婚、参加科举考试以及参与社区的节庆活动。洗尸、奉尸入棺、接受吊唁、为死者诵经招魂、灵柩入墓以及建造坟地这一切都要照习俗办理。开销通常都很高(作为尊重死者的一种表示),一般都鼓励要大办。一个家庭的亲戚朋友多数都要来吊唁、赠礼。而近亲穿的丧服以及行的礼表明他们是莫里斯·弗里德曼(Maurice Freedman)所说的"中国父系亲属的核心骨干"。① 人死后,对死去亲属的灵魂(以木头牌位来代表)每天都要敬拜,定期要在坟前上供品,在忌日的周年纪念时还要加以特别的关注。

父亲去世通常就意味着家庭关系要有一场重组。假如一个人贫穷留下了尚为婴幼儿的孩子,他家的经济状况就会处于极大的危险之中,因为家里缺乏成年劳力种田或是干其他工作。这家的遗孀就会不得不雇劳力干农活,但大多数地不多的人家有了这笔额外的开销就难以维持。在比较富裕的家庭父亲的死会带来别的威胁:年青寡妇有可能受到大伯小叔的欺负,要从她儿子的手中夺走她丈夫的产业,还要逼她再婚离开家庭。在有两代成年人的家庭,父亲的死标志着要分割家产,儿子最终将成为有自己权利的家长。而作为家庭更替一个关键阶段的分家却不举行任何与个人财产传承相关的礼仪。

总而言之,服装和发式是一个人取得新的或特殊身份的明显象征。

---

① 莫里斯·弗里德曼:《中国东南的家族组织》(*Lineage Organization in Southeastern China*)(纽约:人文出版社,1958年),第42页。

妇女在成人和结婚时要改变她们的发式。剃去前面的头发留辫子除了是满人统治最初的标志外,还代表着一个男孩已步入了成年。男女离开家成为僧尼时要把头发剃光。在办丧事期间,男子要散开发辫不再剃须作为悲痛的一种表现。死者、新婚夫妇、尼姑、道士、和尚,当然还有官员都要穿专门的服装。同样汉人和少数民族也要靠发式和服装来区别。

婚礼和葬礼是家庭的事务,举行仪式的地点安排在放置祖宗牌位的大堂里。亲戚和家里的熟人被邀请来参加,并用礼物来连接这些纽带。通常在葬礼上有职业的宗教人员参加,而婚礼则不用有任何专职人员出席操办。这两种礼仪都不需要官方批准和参加。这些关键的人生转变(包括订婚、出生和收养孩子)只需要由家里人向祖宗和地方土地神(再通过他告知天官)宣告即可。

婚礼和葬礼因相关者的地位不同有着很大的差异。例如,不同于正式的婚姻,小姑娘作为"童养媳"到未来丈夫的家或是寡妇再嫁,就像未婚者或未成年人的葬礼一样,礼仪会比较简单,不能过分。花费的钱差别也很大。虽然并不鼓励老是要影响到百姓,但皇帝的人生礼仪仍是让公众瞩目的大事。皇帝的人生礼仪还反映出满族统治者已彻底融合、采纳了汉人的礼仪规范。1665年康熙皇帝11岁的婚礼就主要按照汉族的样式举办。1661年顺治皇帝死时留下要求火化的遗嘱得到了执行,而其他皇帝和嫔妃都按照汉族的样式埋葬;实际上,清代办丧事的规定与前朝相比还要稍稍更加严格一些。

皇室礼仪上的奢靡给其他要仿效的人提供了榜样。扬州盐商在豪奢的婚礼和葬礼上炫耀他们的财富,场面盛大,要请几百个客人。官府甚至会让士兵出席这些场合(参加葬礼的机会要比婚礼多一倍),专门付给他们津贴。地主会要佃户在婚礼和葬礼上帮忙。商人行会则经常给其客居在外的成员提供存放棺木的场所,并给贫者提供施舍的坟地。普通人要花大约一年的收入用于办这些大事,于是就建立了用作基金的婚丧储蓄会。很穷的人因为只能最简单地办婚丧大事以及在公共坟地中埋葬死者而颜面扫地。

年节礼仪

不用感到奇怪,中国的历法其颁布和设计从最早时起就与皇帝有关,每年都以在任统治者的年号来计算。因而西历中的 18 世纪就对应于康熙三十九年至嘉庆(1796—1820 年在位)四年这段时期。一年分为阴历的十二个月,每月通常为三十天,每三年插入一个闰月以使阴历和阳历保持同步。新月正常在每月的第一天开始盈生,十四日时出现满月(月光明亮可以在晚间活动);每月还可分为以十天为一个单元的三旬。每天则包括以两小时为一单元的十二时辰。官方的历法在每年的十月颁布。或许这就是民间所印皇历的基础,其中有关于宗教节日的内容,还注明每天的活动是吉还是凶。

与基督教统治下欧洲的情况不同,在明清时期这种历法没有规定休息的日子。在更早时官员会每五天或十天休息一次,在唐朝和宋朝每年有 53 天或是 54 天的假期。虽然将新年的假日延长到五天作为补偿,但节假日的天数还是不断在减少,清代只是认真遵守各阶层都要过的三大假日的规定:春节、端午节和中秋节。皇帝本人就严格遵守工作日程。假如他很自觉(18 世纪的皇帝都是如此),在一年大多数的日子里,吃早饭前早晨 5 点或 6 点他就要起床听官员汇报;从上午 6 点到下午 6 点 12 个小时内他要用于接见朝臣。工匠干活的时间可能也同样的长,而对干农活唯一的限制是只能在白天劳作。

中国人平常的日程由节假日来调节,这些节假日与季节的变化有关,由阴历和阳历来定。这些节庆反映并形成了农业和商业的活动周期,有些与还债、会所聚会以及重新商谈契约有关;其他的与谷物的耕种和收获有关。春节的节庆在冬天最重要,要持续几周时间,这是一个所有人实际上都停止工作来过的节日。全家人(包括去世的祖先)都来重新团聚,朋友和亲戚相互拜访。春节传统上是一个清算的机会,甚至就是在冥界也是如此,比如灶王爷就受到了贿赂让他每年一度对这家人的行为向玉帝报告时说好话。这时在饭桌上每人都能吃到肉,在华北地区有饺子吃,别的地方有其他的美食。在正月十五元宵节,每个人都上街去看灯会,标志着春节的结束,这是一个难得的机会,各阶层的妇女都可以在大庭广众之下随意漫步。在春天的清明节,全家人再次因祖先而联系在一起,相互来往去扫墓。端午节(五月初五)是在暑热将临之际佩带某些防疫物件的机会,另外还要在水道和运河中赛龙舟。漫长的盂兰盆会(Ullambana)是要抚慰那些被忽略死者的亡灵,持续时间(非官方的)长达七月的大半个月,这对冬季以家庭为中心的春节是一种补充。盂兰盆会在整个社区举行的带有感伤情绪的活动吸引了每个人,并要请和尚和道士来做法事。秋季的到来以过八月十五赏月的中秋节为标志,还要吃月饼庆祝,而重阳节(九月九日)则要号召人们外出登山观景。

与这一连串节日混在一起的是中国许多神的诞辰,为庆祝他们的生辰产生了寺庙中的节庆活动和庙会。尽管对有些神的崇拜因他们已被纳入官方的神谱而变得标准化,但中国有成百上千的神,每个神都有生辰(有些神一年庆贺诞辰还不止一次),因此就没有一个全国都承认的庆贺序列。每个村庄、市镇和城市都有它们自己的重要日子。在寺庙举行的大多数节庆活动中,社区百姓来访,向神敬奉供品,观看为神享用而演的戏,大家一般都很喜爱那里活跃的气氛。

有些礼仪活动是因为社区生活中遇到了危机而举行的。在流行瘟疫或是出现干旱时,官员们就要带领百姓举行专门的祈禳仪式以求解脱。相隔一段较长的时间,社区就要在当地的庙里举行专门的感恩仪式以感谢神,并祈求神继续给予保护。

虽然大多数庙的香客都是当地住户或是人数有限的职业群体,但供奉同一个神的庙宇经常都在同一个日子举行庆典,所以有些庙宇在此期间就成了每年吸引成千上万游客来进香的场所。比如,在浙江沿海的岛屿普陀山的庙宇中,数千香客会在二月、六月和九月的十九日来祭拜观音菩萨。

山东的圣山泰山是一个在春天进香的场所。有个 20 世纪的目击者这样写道:

> 在春天进香季节中的每一天……都有几千来自全国各地的百姓到达。每队有身份的首领举着镶红边的旗帜,表明他们来自华东各地的乡村……在回家的途中,香客们总是满载从这座圣山的灌木丛路边购得的纪念品,有龙头拐杖,给孩子的玩偶和哨子,还有给留在家中的妻子的锡制护符和耳环。①

泰山吸引了皇帝、文人和男女香客前来。妇女经常是坐二轮车来;有钱人会租一乘上山的椅轿带他们通过陡峭的山坡到山顶,他们在椅轿上绑上纸钱锭"以表示对神的敬意"。在重要的庙宇碧霞祠,香客通过栅栏门

龙舟竞渡彩画

---

① 德怀特·贝克(Dwight C. Baker):《泰山:中国东岳圣山》(*T' ai Shan*:*An Account of the Sacred Eastern Peak of China*),上海:商务印书馆,1925 年,第 8 页。

将供品扔进主祭堂,他们相信扔进屋内而不落在门廊的任何东西都会被女神及其两位女性助手收下来。

每年节日和神灵诞辰的庆典通常与婚礼和葬礼有很大的关联。所有庆典都可以不干活,有了享受多种大众娱乐的借口,传统的限制也得以放松。妇女们更容易离开家;赌博、购物和饮宴也得到了鼓励;到处弹唱,有更多的东西可供观赏。一种充盈的感觉反映了在社区内财富实际的重新分配,比较富裕的人按比例将较多的财富奉献给社区的庆典。

孩子们看到了庙里的装饰、巡游中的神及其随从和穿着绣袍的僧人,他们从中了解到一些大众文化的内容。与这些特殊日子有关的那些近乎历史的传说对新的一代一次次重述:其中有战神关帝的英勇事迹,到地狱救母的目连的孝顺,以龙舟赛纪念的诗人屈原的美德等等。颜色、食物和罗盘方位之间的联系,男女行为的差异,一代代人之间的关系——所有这些都在仪式活动中表现出来并千百年地传承下去。

而节庆本身也产生出对特殊商品的需求。全国各地的小作坊生产为这些活动所需的礼仪用品:冥币纸钞、蜡烛、灯、专用食物供品、香炉、旗幡、神像、棺材、棺架、寿衣、椅轿和阳伞。有特殊的商店专门供应宗教和礼仪用品:比如,集中在苏州和中国南方的几个县有生产表现福禄寿神的年画和民间版画的店家。许多人尤其是那些没有正式工作的人,他们要依靠随着公共巡游和庆典不时会有的就业机会和慈善救济过活。

尽管在这些节庆中参与活动的基本单位是家庭而不是个人,但我们还是注意到在许多礼仪中有更大的群体在活动——姻亲和父系亲属的“家庭”、家族、地方会所、寺庙组织和职业团体。在对立的群体(如家族、行会、宗教的或民族的弱势群体,甚至还有政府官员)同时并存的地方, 87 有些礼仪就起了加剧其分化的作用,并提供了一个相互竞争的活动框架。同时,在组织的各层次群体(如市镇或村庄中的邻里、家族中的家庭)内的效忠感情是靠合作与集体活动的需要来联结的。在效忠的感情有矛盾时就要确定哪个更重要,比如每当春节到来时,在社会中就要首先强调家庭观念的中心地位,而对其他的各种活动不予过问。

正如前面已经提到,许多这样的礼仪活动还标志着每年季节的变换。大多数节庆都有一些与之有关的食物或是特殊的物品——暮春的牡丹、端午的符咒、中秋的月饼、深秋的菊花、十二月初八的腊八粥、春节的对联和门神。实际上,看来存在着一个与其他节庆有着松散联系的每年一度的食谱(各地不同),这样就有多种多样的食品可吃。某些游艺和竞技还与特定的季节和节庆有关——在北京秋天要斗蟋蟀,在华中和华南,春天要赛龙舟。节庆不仅给可用的季节性商品做了广告,还促进了它们的销售。在商品化程度不高的地区,庙会代替了市场。在城市中,这些节庆是销售那些正常需求不多的季节性商品(宠物狗、蟋蟀和鸽子等)的机会和场所。

在城市的精英阶层中,他们对季节变换时的食品、花木和娱乐的兴趣看来要比普通民众对神的崇拜显得更堂皇气派。苏州有个庙在纪念洞庭湖龙神诞辰时,当地的显贵人家就在庙里展出玻璃灯和花木,晚上他们在庙里聚集吟唱听曲,交谈议论;百姓只能远远地旁观,有栏杆把他们隔开。对季节性装饰画和瓷器神像的需求在增长,这些神都是在全国有影响地位比较高的,如观音和北极仙翁(福建德化窑生产的神像当时就很有名),这一需求反映了精英们对与下层阶级有关的传统的吸纳(和占有)。

在几个世纪中,神和节庆的名称虽然一样但其中有着地区的差异和时间的变迁。同样的礼仪往往是由彼此完全不同或是前后相差一个世纪的社会群体举行的。更重要的,同样名称的礼仪是按照不同的方式、在不同的地点以及不同的时间进行的。魏乐博(Robert Weller)在他有关七月礼仪的著作中谈到,在这一礼仪中喂饿鬼的地点和寓意随着台湾社会在 19 和 20 世纪的变迁也变化很大。[1] 再如,我们可以断言赛龙舟作为端午节的内容在全中

88

---

[1] 魏乐博(Robert Weller):《中国宗教的统一性与多样性》(*Unities and Diversities in Chinese Religion*)(纽约:麦克米伦出版社,1987 年),第 3 章。

国并不是都同样地受到重视(我们知道不是所有社区都赛龙舟),有可能在那些重视的地方城市组织间的竞争受到的控制较严。由于缺乏更深的研究,所以就难以准确地弄清楚在18世纪期间发生的事。总之,在长时段内存在着朝向由精英和国家在上层将节庆标准化这样的发展趋势,同时还存在着要造就注重合作而不是竞争的城市组织这样的发展趋势。

国家礼仪

虽然国家礼仪只有很少的人在行使,但它们还是被大众信仰的范畴,对其仪式有很高的标准,反映了在中国社会中对其礼仪采取的严肃态度。要不考虑政府的这一基本组成部分对中国文化制度的看法就谈不上完整。说实话清代国家不是一个世俗的机构;反之,它的合法性建立在这样的一些看法之上,认为天子和宇宙之间有着必然的联系,并认为天子在人类社会与自然和超自然世界之间建立和谐方面发挥着关键作用。由礼部承担的国家的功能是在宇宙间体现秩序,诸如制订历法,记录星辰和天体的运动,以及记载人类的事件。

任何要想查考对各个皇帝做详细记录的《实录》的人,都会发现在皇帝的工作日程中有大量有关礼仪的活动。最重要的"大礼"在京城的天坛、地坛、太庙和先农坛举行:在这些最重要的坛庙举行的祭祀活动皇帝本人要参加。祭天大礼是满人在1644年进入北京后举行的第一个礼仪活动;这一活动有着浓郁的政治意义,与皇室机构关系密切,因而其他人若是祭天就要被看作是犯了大逆罪。每个新皇帝即位都要以祭天地作为标志,以象征性地承认这样的观念:"统治的权力不是人之间的事务,而是天与统治集团之间的一种安排。"①

① 罗伯特·奥克斯纳姆(Robert Oxnam):《马背上的统治:多尔衮摄政时的满人政治,1661—1669年》(Ruling from Horseback: Manchu Politics in the Oboi Regency, 1661—1669)(芝加哥:芝加哥大学出版社,1975年),第41页;杨庆堃(C. K. Yang):《中国社会中的宗教》(Religion in Chinese Society)(伯克利:加州大学出版社,1961年),第128页。

国家的礼仪历法标出了一年的各个季节。皇帝在冬至日祭天,在夏至日祭地;皇帝每一季度和岁末要祭祖,每年一度去先农坛祭祀。每次祭祀都要停下正常的日程,先要行礼沐浴,然后在三天内要禁绝房事。在这期间,整个宫廷中的人都不能喝酒、吃肉以及食用像大蒜这样有浓烈气味的菜蔬。参加者在这段期间不能办丧事,不能参加其他祭祀活动,不能奏乐,不能邀请或被邀赴宴。"无瑕疵的"牲畜被选作供品:例如,在祭天的大礼上,供品中有十四头牛、大批的羊和许多头猪。重要的祭祀活动皇帝和其他参加者要"三跪九叩"。像别的所有事情一样,供品的数量、礼仪活动的程度以及礼仪参加者的人数和品级都有明确的等级规定。要想有效果必须要行礼如仪。

从努尔哈赤开始,皇帝和后妃的灵位都安放在太庙,太庙位于午门南面的宫廷广场上。在这里的祭拜象征着皇帝在皇室父系家族中有合法地位以及他是子女孝顺的典范。就像在普通人家一样,一年中有其正常安排的礼仪;在忌日要把单个的祖宗牌位拿出去接受供品。皇室的祖宗牌位还安放在两座皇陵中皇帝墓的享堂中,这些皇陵分别建造在北京东北和西北的山上。为了让先帝的魂灵能参加在天坛和地坛举行的仪式,在这两个地方还要放牌位,把它们带出去参加大祭,它们在那里安放的位置仅次于天和地的牌位。

在最高层皇帝一级得到崇拜的国家宗教一路通过各级行政等级机构一直扩展到县一级。知县要向他灵界的同僚城隍奉献供品,以寻求为确保和平与繁荣得到城隍的合作。他还要遵守更正规的向官方神谱中的神敬献供品的规定,在皇室规定的忌日去行礼,而且还要带领整个社区去求得免遭自然灾害侵袭。

这些皇室和官方的礼仪针对的是国家(帝国、统治家族、官僚和科举功名者)规定的社区。它们之间还可以从它们对礼仪和音乐的成文程序的依赖上来区别,在这些程序中非常注意参加者的品级和地位。在这些礼仪中没有道士和僧尼参加,也没有任何与灵媒有关的怪异行为,而这些在许多民间的节庆活动中是常见的,并且只用官府的雇员来当礼仪的执行者。皇帝和官僚层都非常认真地来承担行使礼仪的责任。在 18 世纪,文人们曾深入研究古礼,不仅要完善官方的礼仪,而且还要将普通的礼节标准化,尤其是在没有文化的民众和少数民族社区中这样做。他们编写了指南和手册(还有更大众化的便览和历书),传播正宗的程序,并在各阶层以及各时代中国的各地区帮助形成一致的礼仪。官僚层所定的标准开始渗透到大多数的礼仪观念中。在生日、结婚时和去世时,男人、女人和神穿着的衣服和乘坐的交通工具被认为就应该像一个官员所用的那种样式。

价值观与信仰

在我们对 18 世纪文化制度中不同因素进行分析的基础上,我们对中国清朝由不同地位的人所共同遵守的价值观和信仰会有些什么看法?据年鉴学派史学家在法国所注意到的,要想从研究具体的行为模式以及现存的制度转向研究价值观念和信仰很不容易,要是抱着某种程度的定见就难以做到。下面所做的推论是想激发学者们来进行研究和分析,以弄清这一重要而却被忽略的论题。

或许不同社会阶层甚至是处于汉人社会边缘的群体都信奉的最基本的价值观是对中国文化模式的认同,这种观念在清朝初期就已广为传播。汉人从官员到农民都把他们的文化当作是文明。住在帝国边缘地区的少数民族被称为蛮夷,有些是"生的"、狂野的、未被同化的,其他的是"熟的",已部分地习惯于文明的价值观和行为。做一个中国人就是要成为一个有着优越文明的成员:研究海外华人社区的族裔研究专家和研究被弃群体的当代人类学家都认为,这种身份的认同感无处不在,超越了地区和社会经济的界限。

但做一个中国人要具备什么条件? 有些人会将这一认同与书面语

言联系在一起,说到书面语言就让人联想到在几千年中受过教育的文化精英。甚至就是没文化的农民也对文字(当然是汉字)满怀尊敬,即使是一个大字不识也是如此。书写近乎魔法的力量无疑可以经常在道士的符箓、皇帝的敕令、法律契约和书法作品中见到,而书写的文字用的是整个帝国有文化人共用的一种语言。尽管有方言(实际是不同的语言)的差异,但作为一个中国人看来,书写文字都要采用统一的标准。

做中国人的标准程式还要认同其服饰、饮食和礼仪,这些都是关键的因素。中国卓越的纺织技术长久以来就是中国文化的标志。中国人拒绝食用游牧民族的乳制品,为他们自己的烹饪传统而感到骄傲,这一传统认为要想身体健康,饮食得法是必需的,并将饮食置于社区团结的核心地位。对中国人来说,尊重礼仪以及遵循传统至关重要,尤其是对婚礼和葬礼。

礼仪的中心内容不用说是坚信在外在的行为和内在的价值观之间有着必然的联系,这一想法在中国文化中直到现在都根深蒂固,因而即使是不信而做也可被认为是适宜的。因此在一场礼仪活动中,正确的行为被看作比参加者的感情更重要。那些接受过完全不同的教育且背景大不一样的个人可以给同样的礼仪予以不同的寓意。甚而礼仪在教化的同时也容纳并协调了差异。社区的礼仪为各阶层所接受,也就不能将之归为只与精英或民众有关联,所以也就形成了一种真正由大众共有文化的基础。中国人遵循孔子的教诲,不仅笃信礼仪,而且还笃信在这些礼仪中体现出的核心价值观念:即君臣、父子和夫妻之间表现出的不对称的、等级制的关系。

92 在孔子的思想中,表述正统价值观的适当行为同一个与宇宙保持和谐的统治者掌管的秩序良好的稳定社会有关。和谐、秩序和稳定不仅是国家也是个人要实现的目标。对中国人来说,文明产生于由乱变治,改造旧有的社会,在那些社会中人不穿衣服,"知其母而不知其父",没有社会的差别。① 治的敌人是乱。如果没有来自外界的因素,乱就是在不遵守道德规范和正确礼仪的情况下可能在国家、社区和家庭内部或个人身上出现的无秩序状态。在中国社会中从上到下大家都想要倡治防乱;大多数人都认为,通过大力教育非暴力地灌输价值观念而不是依靠强制手段,是促进治理的最佳方式。用同样的家长式统治让孩子们适应每个家庭,官员和文人要想教诲平民,开始时是强调在家庭、社会和礼仪活动中行为要得体,因为提倡行为得当被看作是在没有文化的人中推广正统观念的一种手段。而防止混乱出现的关键的保障是父系家庭和国家。

到清代,子女的孝顺意味着要服从父系家长,无论其健在还是去世,这种观念是如此强烈以致它不仅影响到个人的行为,还影响到许多政治和社会制度。对家庭的认同是非常重要的,正如我们所知,与西方相比个人主义显得微弱而不成熟。在许多基督徒和穆斯林社会很重要的对个人救赎的关心在中国则会被回避。对个人皈依的重视主要出现在异端派别宗教中,在中国文化中不被当作正宗,而在中国文化中大多数宗教内容都是集体参加的礼仪活动,而救赎观念又受到对业报轮回信仰的抵消。中国人在孩童时就被教导,他们要在履行社会职责和义务的过程中寻求个人价值的实现。因而秩序的一个重要源泉是要团结,效忠群体以对付外来的威胁者。另一个源泉则是正统,遵守被公认的规范;对偏差应该予以纠正,至少是要忽略不问。

整个官僚体制的国家盛行以家庭来打比方:皇帝被称作天子,知县称为父母官,而且官僚体制还为建构社会关系提供了一个强势的可用模式。当然,对成就是以特有的还是普遍的标准认定,以及公私利益之间这些方面一直有着矛盾,但愿意接受建立在客观、正确标准基础上的控制以及接受一种高度的非人格化的规则是 18 世纪公民世界观的标志。

---

① 见吉瑞德(N. J. Girardot):《早期道教的神话和寓意:混乱问题》(*Myth and Meaning in Early Taoism: The Theme of Chaos*)(伯克利:加州大学出版社,1983 年),第 176—179 页。

中国人把中央集权国家的存在看作是理所当然的,这种国家管理着一个庞大的帝国,鼓励人们遵守儒家规范,而且政府官员仍是地位最显赫的职业。并非是巧合,神的世界则建立了一个冥界的官僚体制,在那里实际的功德和个人的祈求能给自己带来幸福。

像那些要想控制自身世界的个人有时会遭到命运打击一样,外部的灾难也会导致国家的分裂,但在清代即使是遇到快速的社会和经济变化,国家也有很强的适应能力。在家庭和社会这两个层次,人们普遍相信,只要将才智、关系和运气巧妙的结合就没有什么事情做不成。这是一个在各个社会层次促进经营和管理技能发展的复杂社会。"吃不穷,穿不穷,算计不到一世穷"——像这样的民谚说明人要有主动性和进取心,而这些又弥补了听天由命的宿命论之不足。

中国人的信仰体系不注重个人的救赎,强调的是集体的父系家长制,同时也珍视建立在有关维系社会和宇宙秩序的古老儒家教条基础上的礼仪和行为,另外还鼓励个人努力工作以改善他们的命运——这些不仅是在18世纪同时也是整个传统社会的核心内容。18世纪时汉族与少数民族的交往只是将少数民族带入了汉族文化强势的轨道之中。即使有考证学者将他们对古典教育基础的怀疑散布到了当时人的思想中,这也只能非常缓慢地产生出疑古和排斥的情绪。

尽管很想寻求其他做事的方法,但是看来对中国核心价值观念的信念是无法动摇的。虽然已有少数人发现这样沾沾自喜是应该警惕的,而且这样的人越来越多,但这只是后来的事,他们注意到了西方技术先进,其文化也有着同样的自信,于是中国人开始急切地对中国文化优越性提出了质疑。

第四章　社会变化

在确定了背景并大致描述了清代社会和文化的基本状况后,现在我们要来较为具体地考察这一社会的多样性以及 18 世纪最明显的变化。在这一部分,我们先要来探讨 18 世纪清代经济的发展和多样性,这是众多社会变化的基础,然后还要探讨这一时期人口的增长以及与之相关的社会分化和社会流动的过程。再者我们要具体地考察中国各大经济区域中出现的各种社会问题和体制。本书最后要对 18 世纪的发展趋势及其对 19 世纪的影响进行重新评价。

经济差异与发展

在中国内地和边疆清代经济的发展必然会与这一时期清代社会的变化有机地联系在一起,所以就必须对之进行较为详尽的考察。随着经济的发展及其更加多样化和商品化,人口也在相应地增加并向新的地区迁移,社会更具流动性和非人格化,在一些方面表现为更多的异质性,而在另一些方面则表现为更多的同质性。另外,清王朝被卷入世界经济之中并不代表它对除东亚以外的世界有了更多的了解。

在有清一代,农业在全国生产中占有主导地位;就像现在一样,大多数百姓都住在乡村中,他们主要在田里干活。中国长久以来从不采用欧洲的那种混合农作系统,将畜牧与谷物耕作结合在一起,而保留大块耕地用于放牧。中国人主要从事谷物耕作,用密集的人力代替畜力。但这一帝国的面积有欧洲的两倍大,因为气候和土壤差别很大而造成了地区的差异,使得各地的耕作系统种类繁多:在 20 世纪初的调查显示 547 种轮作方式,而更早时或许也有这么多。

农耕中的插秧场面

一般来说,中国本土可以分为两个区域。主要分布在北方平原的旱地耕作区域,生产的主要谷物有小麦和各种小米;淮河和秦岭山脉以南主要种植水稻的区域。而在这两个区域之间,耕作方式、所用农具、粮食仓储和土地占有制度都有很大不同。北方旱地农业遇到的困难是生长周期短,还有旱涝两大祸患。收获的产量经常是大起大落,就是整个一季粮食歉收也是常事。因为产量不高,人口密度也就不大,耕作规模不得不超过南方。就像明代的皇家土地一样,清代分给旗人的皇家庄园和土地都集中在北方。除这些庄园外,开始都由奴役劳力耕作,后来则由契约佃户耕作,很少有租赁形式。地主一般都要全面地参与生产活动,提供种籽、犁和耕牛以换得一份收获物。分成租佃制在北方要比南方更为普遍,通过这种方式地主和佃户分担了遭遇歉收的风险。

中国南方的水稻耕作是典型的东亚稻米耕作体系,平均产量要远远超过小麦、小米,故而能满足密集的人口所需,给予投入的大量人力以回报。亚洲水稻品种众多,中国也培育出了几种,以适应特殊的土壤、气候和水的条件。因为水稻种植主要依靠水中的养分以及及时供水,所以开挖和维护灌溉系统就非常重要。然而,大量的投入与组织的完善总是会带来丰收,水田能够多季耕种。

中国南方丰沛的降雨和为水田供水的河渠网也是高效率水上运输体系的基础,这使许多地方能与较远的市场联系。许多商品沿着河流被 [99] 运出各大区域。从湖南湘江流域的"米箩"中把米靠水路用船运往汉口的贸易中心,卖给商人,再由他们沿长江运往长江三角洲地区。由于大量生产稻米而人口密集,相应地使农业生产的规模不大,实行租佃的比例高,还有多种形式的农业生产体系。这些体系将手工生产和副业生产都纳入了小农经济。

北方耕作类型在华北和中国西北比较典型;而南方耕作类型则主要分布在长江下游、东南沿海、长江中游、长江上游、岭南和西南地区。在清代新开发的地区,满洲属于北方,台湾属于南方;而分布在沙漠和草原中脆弱的新疆绿洲农业耕作与两者都有明显的不同。在各大区域中,核心地区的集约型农业与边疆地区的粗疏耕作完全不一样。

中国的马克思主义学者对"农业中资本主义萌芽"的研究谈到了18世纪农业经济与商业发展之间的关系。有了更多的商业活动,对农业的投资增加,推动了为市场种植作物的专业化,种植不断发展的手工业所需的原料和诸如茶、甘蔗和烟草这样的消费品。为了获利,商人、地主和农民买地或租地来生产经济作物,许多人发了财。在清初出现了一种新的经营地主,一个普通人雇用劳力种几百亩地,为市场需求而种植。市场的影响还可进一步在租赁形式的变化中看到,与地主相对的佃户地位有了改善,在农业中领取工钱的劳动者兴起,土地也更多地被当作一种交易商品使用。依照这种观点,农业中的资本主义萌芽推动了向商品化和专业化发展的趋势,改善了大多数佃户的状况,同时也使得农村社会趋向贫富两极分化。

受过西方学术训练的经济史学家都倾向于以怀疑的眼光去看待这一资本主义萌芽命题,但他们的许多研究却让人没有想到会对明清时期农业发展的主要趋势持一致的看法,包括认为农业经济更趋多样性,因而导致农村社会的多样化。大多数西方学者还认为,在清初土地占有变得更加分散,大地主已不多见(甚至就连大规模的皇家土地所占也不到全部耕地的百分之一)。

这一商品化过程的众多要素在更早时就已出现了,尤其是在宋代商业革命的时期。由于缺乏可靠数据以进行准确的比较,历史学者遇到了困难,不能将早期发展与明清资本主义萌芽区分开来。他们不得不转向关注中国经济内容的变化。在 18 世纪,中国已出现了一种新的更高形式的经济活动,这具体表现在 16 世纪时白银的货币化,墨西哥银元已在清代市场上流通,多重土地权和永佃制这些新的形式出现,以及农业雇工劳力市场的产生。

日本、中国和西方学者都认为,不管其到底是如何起源的(这仍是一个有争议的问题),保证佃户有永久耕种权的制度最早是 16 世纪后期在福建南部出现的,到 18 世纪已传播到整个水稻生产地区,在许多旱地耕作地区也能见到。多层的所有权使得地主—佃户的关系更加疏远,这在物质条件和社会地位上都对佃户有利。由于保证了佃户能长期耕种土地,使得他们有兴趣保持土壤肥力,增加产量。大家还认为,即使不实行永佃制,大多数佃户的情况也会好得多,因为这时在法律上他们已被当作平民而不是受奴役的依附民看待。

在农业中劳动力从奴役向契约形态变化的总趋势是这些经济变化所产生的众多社会后果之一，这些经济变化与以前恰好形成鲜明的对比；而这一形态的变化同时也推动了明清时期消除原有身份、增加劳力和土地流动的缓慢发展过程。

我们还必须注意不要夸大 18 世纪农业方面新的发展。例如，土地的买卖和抵押情况就表明一直存在着对土地理论上流动的惯例限制。在许多地方，一个地主在将土地卖给外人前先要让他的亲属买。有人对 18 世纪福建几十年中同一块土地的地契做了一项很有意义的研究，发现土地完全要从所有者处脱手经常要花费好几十年时间。对台湾一块地产所做的长时段研究也得出了类似的结论：地产的大小总是随着家庭劳力的多少在相应地变化，但土地交易主要是在男性亲属间进行：也就是说"土地的易手经常是在一个有限的社会范围内进行"。①

16 世纪后的经济繁荣还创造了新层次的农村市场，将乡村比以前与商品经济更牢靠地联系在一起。清初的大部分交易都仍在地区范围内进行，但像粮食、茶、棉花和丝这些大宗消费品的地区间贸易和全国贸易却有了明显的拓展。通过长江将稻米从内地运出，长江三角洲开始成为消费品的一个加工中心，经大运河从华北输入原棉，输出棉布成品和当地的蚕丝。在农村生产的手工纺织品经过商人之手再卖回给农民，农民则以卖粮所得的钱买布。上海在被西方人发现前很早就已是一个沿海贸易的繁荣集散中心。几千艘船从东北和华北运来小麦和豆制品（大豆、豆油和做肥料的豆粉），其他船则将糖、陶器和茶运往北方。长江三角洲作为全国的贸易集散地和制造业中心获得了商业利益，使之为取得

① 武雅士（Arthur Wolf），《家庭组织》（Domestic Organization），载芮马丁（Emily M. Ahern）和葛希芝（Hill Gates）编：《台湾社会人类学》（The Anthropology of Taiwanese Society）（斯坦福：斯坦福大学出版社，1981 年），第 354 页；杨国桢：《试论清代闽北民间的土地买卖——清代土地买卖文书剖析》，《中国史研究》，1981 年第 1 期，第 29—42 页；周远廉：《清代前期的土地买卖》，《社会科学辑刊》，1984 年第 6 期，第 89—99 页。

在政治和文化上的领先地位打下了经济基础。

在 18 世纪最有影响的变革是出现了像地方钱庄这样的经济机构和新的财政管理方式,这些都出现在 18 世纪末,是为满足不断发展的长途贸易的信用所需,以便于安全、快捷地汇兑钱款。地方钱庄收取存款,发放贷款,发行私人汇票,在不同地区间汇兑钱款,并从事主要为当地贸易和长途贸易服务的其他事项。私人汇票可在钱庄、专门换钱的钱铺和当铺中以白银和铜钱兑现。地方钱庄代表商人发出承兑汇票,在五到十天内兑现,使得商人能购进大量商品,而提款和转账有助于商人将资产在各地转来转去。到 19 世纪初,纸质票据或许已占到货币流通总量的三分之一以上。在没有政府参与的情况下,大规模长途贸易的需要促使商人将货币体系从双金属制改变成以纸质票据补充铜钱和白银的体制。

102 与此类似,在正式的法律制度之外,习惯法也在推动经济的(和社会的)交易。法律的发展还反映了与陌生人做生意的需要在不断增加。在清代经常要靠书面契约来买卖和抵押土地,买卖商品和人口,雇用领工钱的劳力。最为明显的是,私人契约(所谓白契)对红色(即经过盖印,交费后在地方衙门登记)的官方契约加以补充,很快在数量上还超过了红约。通过这一有活力也有效的契约法体系,在采矿、航运、商业和农业这些部门终能形成经营的伙伴关系,并能对之进行保护。

前面谈到的农业商品化和多样化进程在不同的地区、不同的时间出现。这首先是一个长时段的渐进过程,开始时受到对外贸易的重点变化的推动,其重点由来自中亚的商队转到东南沿海的港口。16 世纪来到中国海域的欧洲商船能比中世纪时期的骆驼商队在更短的时间内运来更多的货物,花费也更少。随着海上贸易的出现,事实上在欧洲和中国之间的大规模贸易也就兴起了。

清初国内经济不断卷入的对外贸易有两个主要的组成部分:由中国商人乘帆船去东南亚、日本和菲律宾(1583 年后被西班牙占领)的港口所进行的交易,和欧洲商业公司横渡印度洋和太平洋所进行的不断扩展的贸易。中国的帆船贸易主要由来自岭南和东南沿海的商人控制,他们运瓷器、棉花、丝织品去马尼拉,以交换墨西哥银元,还向东南亚运去陶瓷、纺织品、药材和铜钱,以交换熏香、象牙、胡椒和稻米。

明清易代之际,在东南亚港口与欧洲人的对外贸易因明朝效忠旧臣的抵抗而暂时中止了。1684 年后,皇帝对海上贸易的禁令被废止,外国商人纷纷来到广州,1759 年皇帝下达谕令最终将海上贸易限制在这个港口。贸易的这种"广州体系"一直延续到 1842 年(鸦片战争结束),这一体系规定欧洲人必须通过公行贸易,公行是个贸易群体,国家给予它们贸易专有权,经营茶和丝绸,而它们要负责收税、租赁货栈以及控制外国人。

表 2　　　　　　广州的对外贸易指数(1719—1833)

年份	外贸吨位(千吨)	指数*
1719—1729	2.803	100
1727—1734	3.178	113
1735—1740	4.968	177
1741—1748	9.093	324
1749—1756	11.620	414
1757—1762	10.199	364
1763—1768	15.344	547
1769—1775	16.537	590
1776—1782	16.158	576
1783—1791	25.013	892
1792—1799	22.731	811
1800—1807	24.689	881
1808—1813	20.309	724
1814—1820	25.591	913

年份	外贸吨位(千吨)	指数*
1821—1827	30.493	1 088
1828—1833	37.507	1 338

　　材料来源:路易·德尔米尼(Louis Dermigny):《中国与西方:18 世纪广州的对外贸易,1719—1833 年》(*La Chine et l'occident*: *le commerce à Canton au XVIIIe Siècle*, *1719—1833*)(Paris: S. E. V. P. E. N., 1964),第 1 卷,第 204 页。

　　* 记号表示 1719—1726 年的指数为 100。

　　1719—1833 年间,外国船在广州贸易的吨位增加到 13 倍(见表二)。最抢手的货物是中国的茶叶,正如 18 世纪一个法国人所注意到的,是茶叶"吸引欧洲船来中国;而组成其货物的其他商品只是为了考虑到品种"。① 直到 1784 年《折抵法案》(Commutation Act)通过,降低了合法进口商品的价格,向爱喝茶的英国人供应茶叶,欧洲大陆的茶叶走私商才无法在与英国东印度公司的竞争中获胜。茶叶的出口在 18 世纪稳步增长,到 1833 年已是刚开始时的 28 倍。丝绸是第二重要的商品,长期以来就是中国出口的大宗货物,它的出口在 18 世纪前期也有发展,但出口的丝织品已被生丝代替,生丝则是供新发展的欧洲丝织业所用。瓷器也是一种传统出口商品,在 17 世纪瓷器销售曾有跌落,在景德镇重修了御窑后又得以回升,但它最终还是遭到欧洲产品的激烈竞争。

104　　　外贸需求对生产出口商品地区社会和经济的影响是直接的,也很重要。当然,出口货物只占中国总产量和贸易总量的一小部分:比如,在 19 世纪,出口茶叶只占茶叶总产和贸易数量的 13%—14%。② 但不能光以

---

① 罗伯特·加德拉(Robert P. Gardella):《清代和民国时期福建的茶叶生产与贸易:一种传统商品出口的发展结果》(Fukien's Tea Industry and Trade in Ch'ing and Republican China: The Developmental Consequences of a Traditional Commodity Export),华盛顿大学博士论文,1976 年,第 72 页。

② 这一估计是以吴承明论文提供的茶叶贸易数字为依据的,吴承明:《论清代前期我国国内市场》,《历史研究》,1983 年第 1 期,第 99 页。

山区的茶业贸易活动

这些条件来评定这一贸易的意义。比如,皇室的内库就直接从中牟利:1685年还设置了一个粤海关监督的职位,通常由内务府的包衣出任,以保证积余收入能归内库。还有大笔额外的款项由粤海关监督和公行报效皇上。

　　西方的商人实际对与出口相关产业的形成施加了直接的影响。在18世纪前期,英国人采用了一种定购茶叶的制度,东印度公司先付下一季收获估价50%的钱给中国的公行商人,行商再预付货价的70%—80%给茶叶产地的供货商。这一预付制度给茶叶生产者提供了保证,并有助于为这发展势头不错的贸易解决一直存在的需要流动资金的问题;而英国方面也能保证得到平价茶叶。在广州充当行商的福建人也就随之在福建西北的武夷山茶叶产地投资,因而能从贸易双方获利。

对外贸易兴盛的影响并不限于只在与特定出口商品有关的商人和生产者双方:生意兴盛必然会促进地方经济发展。在丝织行业,出口需求的影响使得价格上涨。在长江下游的丝绸生产中心吴江,18世纪前期生丝价格上涨了86%,而因国外需求减少锦缎价格只上涨了30%。[①] 对外贸易与货币供应之间的关系更为复杂。因为在18世纪期间中国希望保持贸易的净平衡,所以每年都有大量来自新世界的白银稳定流入,为商业发展和经济增长提供财政支持。

长期以来中国经济就是建立在一种双金属通货制的基础之上,日常购物用铜钱,较大的商业交易用白银。16世纪白银成为通用货币,大部分税收都以银子来计算交付,这种做法一直延续到清代。铜钱要铸造,而银子不用铸造。这两种货币金属的兑换率随着供应情况很容易波动,对所有百姓有直接的影响。虽然纸币最早产生于中国,但明初几次试发纸币都不成功使得纸币不受欢迎,很快满人政府就下令禁止再发纸币。前面提到私人企业发的汇票直到18世纪后期才较为常见。

与18世纪的经济增长相应的是货币金属量增加的需求也在不断上升,其目的不仅是为了满足人口的增长,而且还为满足市场活动发展的需要。因为白银主要来自国外,所以对外贸易的波动对国内的货币供应也有直接影响。17世纪60和70年代出现了所谓"康熙萧条",当时大米和其他商品的价格下跌,其原因是皇帝下令禁止对外贸易,此外还受到为建立政府财政储备不让白银流通的影响。1685年,重开对外贸易使得能从欧洲和中美洲直接进口白银:在1644—1830年间白银的货币储备增至3倍,在清初每年大约有1 000万西班牙银元流入福建沿海的港口。到18世纪西班牙银元已成为一种常用的结算单位,先在广州然后又在

---

① 罗伯特·恩格(Robert Y. Eng):《中国的经济帝国主义:1861—1932年的丝绸生产与出口》(*Economic Imperialism in China*:*Silk Production and Exports 1861—1932*)(Berkeley:加州大学东亚研究所,1986年),第23页。

东南沿海港口和长江下游使用。到 18 世纪 80 年代,四川的商品价格经常用银元而不是用国内的结算单位银两来计算。

康熙萧条随着对外贸易的重开而结束,但随之而来的是铜钱价值的通货膨胀,因为铜的供应已不能与需求以及白银的进口保持同步。在 18 世纪初的 10—30 年代及 70 年代,与白银相比铜价高,而实际兑换率则低于官方牌价(一千枚铜钱换一两银子)。铜与银的低兑换率对众多土地占有者有利,因为小额粮食买卖一般都以铜钱结算,而赋税又以白银来计算。但这种货币金属的短缺对经济发展有不利影响。铜通货膨胀使得政府不得不对能向它供铜的日本态度妥协,还促使国家加快在西南地区开矿,从 18 世纪 30 年代开始到 18 世纪末一直都能提供足够的铜以满足本国需要。这样就成功地保证了白银和铜钱的供应,满足了国内的急需,直至 19 世纪 20 年代对外贸易平衡出现急剧逆转时情况才有变 *106*化。这样的成功可能还有使清廷了解现状的作用,使它们知道已有条件去对付因更深涉足海外市场造成的后果。

在 18 世纪中国的经济基础真正有了改善,经济在复苏之后农业总产量以及国内和国外贸易总量都上升到新的水平。清代强盛时期这些巨大的经济成就还有着各种社会影响,其中影响最大的或许就是从未有过的人口剧增。

人口变化趋势

中国人口增至三倍可能是 18 世纪中国社会最引人注目的特点。清代的和平与繁荣不只是恢复到明代的程度,而是在此之后还继续发展。值得注意的是导致人口增长的一些条件:农民地位改善、商业发展、有了对付天灾的有效公共设施、农业产量增加、田亩扩大以及农业改良技术的传播。虽然人口的增长转而又促进了对新的地区的开垦并对需求有所推动,但学者们一般都对这一人口增长的整体影响持否定的态度。过了一段时间,对土地和就业的竞争就变得尖锐起来,土地占有的萎缩,物价上涨,国家对这一巨大人群的控制力减弱。大多数历史学者都同意何炳棣的观点,"到18世纪最后25年,各种迹象表明,中国经济在现有技术条件下如果不加罗掘就难以养活正在不断增加的人口。"①

在后面各部分我们要较详细地探讨人口增长对分层、流动和社会组织总的影响,但先让我们来更仔细地考察一下人口增长本身,来关注出生和死亡率、年龄和性别的分布以及家庭的结构。

在中国过去很少有可靠的人口数字。在满人统治的头一百年,政府收税的数字(是最方便利用的材料)不是按人口而是按被称为"丁"的服役单位登记的。1741年后,官员要求登记年龄、性别和家里的每一口人,1775年后这一规定执行得更严格,但人口数字仍不全。在大多数记录里对汉族以外的少数民族(他们在帝国的有些地方已占了多数)一点也不涉及。中国没有当时西欧国家和日本所有的村一级的详细人口资料。因此,我们对清代人口情况的了解就只能来自这些成问题的政府统计数字,还有长江下游富裕阶层家以男性为主记录的族谱,少量分散的地方资料以及几种详细的20世纪的概览。一种有诱惑力但也是危险的做法,是借用在西欧材料(其相关的疾病结构与中国不同)中最早被采用的寿命表。在下面的探讨中,我们将概述清代的人口情况,说明其明显的发展趋势以及让人感兴趣值得进一步研究的方面。

显然,在世界上任何地方都没有一个前近代政府想要像1800年的清朝一样统治超过3亿(甚至更多)的人口。日本大约是3 000万人口,英国是1 100万。假如这一人口数不变,清代国家就不得不对此规模要加以约束。18世纪人口的巨大数目使得人们不去注意它的实际增长率。

---

① 何炳棣:《中国人口研究,1368—1953年》(*Studies on the Population of China*, *1368—1953*)(Cambridge:哈佛大学出版社,1959年),第206页。

实际上,中国人口的增长率在 1800 年前后达到高峰,每年大约是 0.8%,到 19 世纪前期先降到 0.6%,后又降到 0.4%。与大多数历史学者的说法留给人们的印象不一样,与同时的其他社会相比,这样的增长率绝非特别高,而与众多前工业化的欧洲国家增长率相仿。

这一人口增长的特点还未能解释清楚。初步的研究说明主要应归功于死亡率降低,在 18 世纪未经战事,也没有严重的天灾(这也反映在人的寿命延长,1757 年政府官员退休的正式年龄由 55 岁改为 65 岁)。一些 18 世纪的材料表明,死亡率在 25‰—35‰之间,而男性的平均寿命至少是 30 岁。对大约两百名皇室后裔所做的统计显示,皇子(最终成为皇帝者除外)平均活到 31 岁,而皇女的平均年龄则是 25 岁。①

我们对在这一社会中死亡的实际原因了解得很少。有大量材料表明婴儿死亡率很高,康熙皇帝的 55 个孩子有 22 个不到 4 岁就死了。18 世纪时在位的三个皇帝每人都有 50%—60%的儿子活不到 14 岁。肺结 *108* 核是常见病;而天花是孩子的克星特别让人害怕,但这一时期在富裕家庭中已常进行接种,通常是植入患病者刮下的鼻黏膜。

与明清时期死亡率的降低同时出现的还有生育率的上升。生育率受到诸多因素的影响:结婚年龄、守寡变故、性行为的频繁程度、哺乳时间的长短、采用避孕和流产等等。在中国,人们宗教般地关注要维系父系的传宗接代,加之婴儿的死亡率相对较高,所以人们都想多生孩子,尤其是儿子(有 20%的夫妇没有继承人②),这就产生了鼓励高生育率的婚姻类型。

---

① 我们依据的是李中清(James Lee)和罗伯特·恩格论文中的材料:《18 世纪满洲的人口和家庭史:对 1774—1798 年道裔的初步研究》(Population and Family History in Eighteenth-Century Manchuria: Preliminary Results from Daoyi 1774—1798),《清史问题》,第 5 卷(1984 年)第 1 期,第 1—55 页;20 世纪 30 年代的资料中死亡率更高。有关皇室宗亲情况见屈六升:《清代玉牒》,《历史档案》,1984 年第 1 期,第 87 页。
② 见理查德·巴瑞特(Richard E. Barrett):《历史人口学与对中国家庭和亲属关系的研究》(Historical Demography and the Study of Chinese Family and Kinship),提交《中国历史上的家庭和亲属关系研讨会》的论文,Asilomar, Calif., 1983 年。

结婚年龄比较早(女子在 17—18 岁,男子在 21 岁),婚姻由父母安排,实际对女性更是如此。一夫多妻受到鼓励,大约有 10% 以上的婚姻有这种情况。[①] 与日本的情况正好相反,我们很少见到有材料说明有人有目的地想安排和限制家庭的规模。

然而,传统中国(主要以 18 世纪来考虑)的实际生育率似乎还相当低,大多数妇女到 50 岁只生育了约 5.5 个孩子,人口学家不知如何解释其原因。是不是因为婴儿的死亡率高以及还存在着溺婴现象,而这些情况都很少被记录下来? 在 19 世纪以前大多数时期的社会中,医疗水平有限以致不能有效地防治主要的致命疾病。我们从对其他文化的研究中了解到,孩子在两岁前死亡率很高,没有什么理由中国会脱离开这一前近代生活的现实。当时的中国文人也谈到在穷人家溺婴成风。事实正是如此,在 17 和 18 世纪有些慈善家曾试图通过养育孤儿以减少溺婴现象。有两种情况不把孩子列入家谱,也就是婴儿死亡和溺婴,这就人为地降低了婚生的统计数字。

不同的婚姻形式对生育也有直接影响。我们从对 19 世纪后期和 20 世纪前期中国人口的研究中得知,正妻生育孩子最多,而那些当妾或是当童养媳的女子生孩子较少;但我们不知道在 18 世纪每一种婚姻形式到底有多少婚事(而正婚是唯一得到中国婚礼和社会规范观念承认的婚姻形式,新娘在成年后搬到丈夫家,要将自己对娘家的忠诚转向对自己丈夫的家庭和祖先效忠。在童养媳的婚事中,女孩年龄很小时就被带到丈夫家,由未来的婆婆抚养。在第三种入赘婚中,男子要搬到妻子的父母家,同意让一两个孩子姓妻子的姓)。如同其他前工业化社会一样,农业劳动的需要使得生育率各季节不同,而男子客居在外又有可能会减少

---

① 刘翠溶对长江中下游明清时期族谱的研究表明,有不到 5% 的男性从没有结过婚。刘翠溶:《明清人口之增殖与迁移——长江中下游地区族谱资料之分析》,载许倬云、毛汉光、刘翠溶合编《第二届中国社会经济史研究会论文集》,台北:中国研究资料服务中心,1983 年,第 288 页,表二。

生育。

　　在我们要想理解中国人有关怀孕的观念对生育的影响之前还有必要做进一步的研究。为富裕家庭写的医书和医生都会为减少生育提出建议：妇女在 20 岁前不应有性关系，男子授孕的最佳年龄是 30 岁，生育性行为只应在特定的适当时间进行。有些医书建议要给孩子喂两年奶(这能减少母亲生育)，而其他医书则认为应该雇奶妈(这样让孩子离开母亲以提高她的生育能力)。晚明时出现了大量色情的小说、印刷品和画卷，而清代较为禁欲的统治者对此加以禁止只取得了有限的成功。这类文学作品还提到为增强欲求、美化举止而使用各种药水、食物、香水和符咒，这表明已出现了一种公开注重感官刺激的城市文化，在此文化中各类非生育性行为已是司空见惯。上层的佛教、道教和儒教观念都强调纵欲危险。男人总是被建议要控制射精，以保住精子，不要让女人伤了男人的元气。在民间文化中，妇女的血被看成是污秽的，在某种意义上月经、生育和性对男人都有危险，对神是一种亵渎。人们在宗教节日和哀悼期间要禁止房事。不过，我们不知道这样的行为规范是否会被普遍遵守以至能对减少婚内生育有意义。

　　在英国和日本，生育率是随着结婚妇女的数目和年龄变化而上下波动。在中国结婚的年龄变化不大，实际很少听说有老处女(与欧洲占到 10%以上相比只有极小的百分比)。未婚妇女从事的职业很少，而且地位也不高；男同性恋虽然很常见，但它只作为一种补充而不能替代婚姻。[110]另一方面，显然妇女较高的死亡率造成性别比例失调，使许多男子无法结婚，尤其是有钱的男人还不止有一个配偶。18 世纪官方的性别比例(对妇女的统计有遗漏)是 120 个男子对 100 个妇女。即使统计数据过于偏向男性而对妇女的统计偏低，毫无疑问在中国几乎各个年龄段男子的人数都超过妇女。

　　在一个留在家中生儿子以延续香火的媳妇身上花钱要比在一个要

嫁出去的女儿身上花钱更有意义。所以家里更愿意养儿子而不是女儿，显然溺女婴是调整家庭规模通常采用（也许是最常用）的一种方式。在节制生育方面，与那些不加区别而有害的堕胎技术相比溺婴要好一些。在18世纪期间随着经济的繁荣，性别比例有可能变得相对平衡一些，结果有更多的男子能够结婚。但或许还有10%的男性从没有结过婚，其中大多是穷人。

一般来说，妇女只在家里干活：裹脚作为社会身份的一种标志很风行，这就使很多妇女不能下田干活，也不能干流动性大的工作（自宋朝起就出现了这种紧裹小姑娘脚的做法，把大多数脚趾叠在一起直到萎缩；男人则认为这些2—4英寸长的小脚很性感）。婚姻实际是所有妇女的筹码。如果一个女人运气好，她家里会拿出一部分家产给她当嫁妆，使她在丈夫家有面子，婆婆对她会比较好。如果她的运气不好，就会成为女仆或妾到一个富人家里，也可能被卖到妓院。妇女到老时就全要靠家里的男性亲戚过活。

那么出生率的上升到底在多大程度上对18世纪人口的增长有影响？在一定程度上，经济繁荣有可能使更多的女性能活下来，早点结婚，或许有更多的人能明媒正娶，这样出生率就会上升。人口的增长还明显反映在有了更多新的家庭，原有家庭也在扩大。虽然20世纪的统计数据说明中国一般家庭的规模实际都不大，在5—6个人之间，而有关家庭的文化理念却仍要求大一些，能"五世同堂"。与有着类似平均家庭规模的前近代欧洲的情况不同，中国有着约翰·哈伊纳尔（John Hajnal）称为联合住户体系的做法，在这一体系中（就理想而言）结婚早，婚后夫妇与新郎的父母住在一起，直到老一辈去世后才能另立门户。

甚至那些离开家去外地寻求职业的客居者也会回老家结婚，然后把妻子留在父母家中。结果中国比日本和欧洲有了更多的联合（与基干或核心相对而言）住户；武雅士不仅认为在一生中"几乎每个人都在一个复合家庭中生活", 而且他还认为"建立大家庭的动因随处都有, 不需要加以鼓励就可实现"。① 假如在明清时期人的寿命延长的话, 那么全中国的家庭尤其是那些发迹的家庭也就可能在家庭延续中采取联合的方式。发家后父母出得起彩礼或嫁妆费用能早几年举行婚礼, 因而就能更早结婚, 使生育年限延长。而另一方面, 在那些新开发的地区, 我们可以预料会有更多年青人很早就离开家去外地自立门户, 这就使得住户总数增加。少数男子还尝试去少数民族地区, 如果他们在家乡因为太穷无法结婚, 而在那里就能找到少数民族妇女作妻子。

根据一些零散资料估计出的传统中国的死亡率:约有 35% 的人死于 15 岁以下, 7% 的人活到 60 岁以上。如果在 18 世纪婴儿的死亡率下降, 那么在 18 世纪后期(这时生育率到达高峰)有可能出现一个小的生育高潮, 那就必须将资源更多地转而用在孩子身上。因为中国社会并不依靠以年龄划分的机制作为一种通常的社会组织形式, 所以这就能更好地在年龄分布上控制这种波动。然而, 在 18 世纪 80 和 90 年代(这是一个可用资源减少的时期)出生的那代人到 19 世纪 20 和 30 年代遭到道光衰弊的打击时已都成为成年家长, 他们最有可能受到伤害。

因清代人口增加而使得家庭规模更大、关系更复杂, 这种情形在富人中的出现是不成比例的。郝瑞设想, 富人"结婚更早, 娶的女子更年青, 并让更多、更能生育的女子为妾"。② 但实际上我们对一个富人平均娶几个妾并没有准确的数据。人口学家所用的族谱只是列出了生儿子的妾, 每个精英男性大约有两个女子(包括妻)的数字可能偏低。与不太 *112*

---

① 武雅士:《中国的家庭规模:一个复兴的神话》(Chinese Family Size: A Myth Revitalized), 未发表论文,1984 年, 第 22、30 页。

② 郝瑞(Stevan Harrell):《富人得子:三份浙江族谱中的分野、分层和人口, 1550—1850 年》(The Rich Get Children: Segmentation, Stratification and Population in Three Chekiang Lineages, 1550—1850), 载苏珊·汉利(Susan B. Hanley)和武雅士合编:《东亚历史上的家庭与人口》(*Family and Population in East Asian History*)(斯坦福:斯坦福大学出版社,1985 年), 第 81—109 页。

清代大户人家举办的婚礼

富裕的人相比,社会的这一分化发展得更快,而且还扩大了那些受财富限制影响未得科举功名精英的规模(我们认为在这一时期这是合适的)。这些复合家庭集中在各大已开发地区的核心地域,但也反映出了世俗力量的短暂,因为按照在儿子间平分继承权的惯例使得财富被一代代人分割,造成了向下的流动。

除了满族,我们对其他少数民族人口发展趋势的了解要远少于对汉族的了解。从新世界获得了一些像玉米和土豆这样的作物使得生活条件改善,但这些发展又受到人们不断向边远部落地区的移居所抵消,随之而来的还有战事和人们因染上不熟悉疾病而造成的死亡。人们之间有更多的接触也就意味着相互间会更多通婚,通常是汉族男子娶少数民族妇女,这或许会使一些少数民族男子根本无法结婚。这些少数民族流行的婚俗不仅与汉族不同,就是他们相互之间也不一样,因而造成了不同的人口类型,对此的研究才刚刚开始。就以藏族社会为例,那里常有一个妇女嫁给兄弟几个的情况,还有少年男子成批地出家去当独身的喇嘛。

虽然历史学家很少关注清代人口增长(在时间、地点和阶层诸方面)的不同影响,但他们仍有理由就人口增加对中国国家和社会整体福祉的影响感兴趣。在下文我们要较详尽地考察这一社会是如何适应并试图应对在四代人时间内人口增加了两倍的现实,不仅要考察清代官僚制所起的作用,还要考察其他的制度。作为探讨这一问题的背景,先让我们来考察一下国家得以影响人口增减的机制。

有必要知道,在中国正式的政治和宗教机构对人口变化趋势的影响不大,尤其是与欧洲国家相比更是如此。在欧洲,基督教观念禁止男子多妻,鼓励禁欲、独身,主张婚姻要得到本人同意,这对婚姻和生育类型有很大影响。与此正好相反,中国有僧尼居住的寺庙社区早就不能拥有巨大的财富,也不具有世俗权威;而道教的宫观甚至更加分散、更不起作用。它们两者对儒家的家庭价值观都没有多大影响。

中国权势显赫的国家不会去挑战已被人们广为接受的观念,即强调家庭和子嗣兴旺的重要。清朝接受了儒家认为家庭是国家范式的观念,主张尊崇、支持并加强家庭体制和家庭关系,而这些都是儒家思想的核心:认为父子、夫妇和兄弟之间存在着互补但又等级分明的关系。国家提倡尽孝道,对守节的寡妇给予旌表(把她们的名字刻在牌坊上),并建

113

祠堂以表彰守节和尽孝。曼素恩(Susan Mann)的著作中提到,清代将寡妇守节的社会声望提高到了从未有过的高度。还通过法典确保男性家长对全家人有绝对的实际权威,并要求妇女完全屈从男性。

中国社会鼓励至少是容忍男子有性自由。被人指责的溺女婴现象继续存在。离婚和娶妾是个人的事,传宗接代的文化观念明确地允许人们这样做。甚至像不能生育也是他们的亲人和神灵(经常有人向神祈祷以寻求帮助)关心的事。

由于妇女、儿童和弱者都被认为要依靠家长抚养,所以照顾残疾者和贫病者的责任就主要由家庭承担。据18世纪后期来自东北(可能有夸大但仍有其价值)的统计数字表明,说是有6%—9%的成年男子不是盲聋哑人就是白痴,这些都是家里人的很大负担。虽然佛教僧人会做一些善事,清朝皇帝也会让每个县由官府出钱建育婴堂和善堂,但这些公共机构太少因而无法减轻人们对家庭成员所负的主要责任。

尽管中国政府很少有什么直接影响生育的办法,但还是能通过维持和平和繁荣来减少死亡。清朝统治者已意识到了人口增长造成的一些影响。1793年,乾隆皇帝思索在过去一百年中他有什么地方考虑不周而造成人口增至了10倍(正如他认为的)。幸而国内的和平以及内部的拓殖还能支撑得住这一增长,于是他就以号召提高效率、崇尚俭朴来对付资源缩减的处境。而政府的政策则是为了对付因死亡率减少、生育率上升而带来的后果,而不是去逆转这样的发展趋势。

简而言之,中国的价值观念和机构设施很好地适应了不断增长的生育率以利用有所改善的经济机会,但它们却难以去遏制这一增长。考虑到有这样的家庭观念以及普遍认为每人都应该结婚,当时只有溺婴、生病和死亡这样粗放的机制在以马尔萨斯的方式去介入抑制人口增长。

或许中国和欧洲之间一个更为明显的区别是,在欧洲人口增长之后不久就出现了与工业化有关的经济转型。而在19世纪的中国经济却没有转型,虽然在19世纪中叶,为时不短的叛乱时期人口的增长减缓,死亡率上升,但总人口仍在 3 亿至 4 亿之间。到 20 世纪,人口和资源的竞赛又将重新开始,至 20 世纪 80 年代,工业化的经济与革命化的机构设施和价值观念都将一起来合力对付一个超过 10 亿的人口。

世袭地位

在 18 世纪,前文所说那些变动的力量都对中国的社会等级以及维系社会秩序的那些机构有压力。为考察这一互动关系,我们先要来看看在既有地位和社会流动之间存在的不协调现象,再来看看在帝国的边疆内外人们为生活而在地域间流动的影响。

为了理解分层和流动的现象,我们需要先来了解清代精英层的特点。虽然农民是清代社会中最大的一个组成部分,但即使是现代的社会史学家最注意的也是金字塔的顶端,特别关注如何确定和规范精英层的问题。

大多数学者都认为,中国的精英们控制了政治权力(官职)、经济权力(财富)、社会权力(权势)和所谓文化权力(教育),但他们对这些权力何者为主意见不一。像张仲礼和何炳棣这样的历史学者强调政治权力和科举功名(任官职的先决条件)是拥有精英地位必不可少的前提。他们从欧洲历史中借用了"乡绅"(gentry)一词来称呼这一群体。他们的观点将统治者中某些非主流成员如没有受过教育的包衣、太监排除了在外,而这些人实际是拥有政治权力的。虽然在有资格当官的进士和没资格当官的生员之间社会地位悬殊,但更明确的地位划分则是在获得科举功名有资格当官的群体中进行的。

何炳棣和张仲礼确定的乡绅是一个小群体,与他们的家人一起不到人口总数的 5%。① 与此相反,马克思主义史学家强调的是对生产资料

① 我们已经将张仲礼对乡绅总数的估计有所扩大,因为最近的人口研究表明他为这一富裕群体所定的平均每户人数(五口)偏低。考虑到我们难以把握人口总数,所以要想精确算出是不现实的。

的控制,因而认为具有精英地位的人不仅包括那些有科举功名的官员,还包括富裕的地主和商人。这样的看法使得人们将注意力转向这一时期的一些典型现象,如新富和文人的融合、商人和文人家庭的通婚、官员和地方有势力家庭的合作、满汉在政府中的合作以及各社会等级间普遍的相互渗透。

当然,确认某人是否是中国精英成员主要是看我们把他放在什么样的政治和社会环境中:要区分全国的、省级的和地方的精英,在国家一级以官员和有功名者为主,再加上最富裕、最有地位的商人。而离开北京到省会、府治和县城各级,有科举功名的人就会越来越少,我们就不得不将精英的范围不断扩大,去注意地方的领袖。而在乡村,充当领导者的或许就是一个略有文化的自耕农或是一个只受过很少教育的地主。

在此我们回避了乡绅一词以免受其英国模式的误导。取而代之我们用的是内涵更广的精英(elite)的概念,我们认为在清代无论是教育、政治影响、社会地位还是财富都会被用来在别的方面产生类似的权力。在18世纪精英地位的类型和层次间的界限逐渐变得模糊起来。受过正统教育、担任官职以及获得较高科举功名仍是具有精英地位的标志,而生活闲适的人也受到尊敬,因为他们拥有的财富(不管是如何获得)使之能按精英的方式生活。

众多对中国精英的研究都与社会流动的问题有关,这些研究极力想说明,中国能(或不能)靠个人的努力实现地位的改变,而这些努力不仅受到西方人称赞,在中国文化中也被当作美德褒奖。因为大多数对清代社会社会流动的分析都集中于精英中有科举功名的部分,这就将流动限制在出入这一群体的范围,从而有可能忽视了在这一社会中世袭地位的重要性,使人们对地位出现急剧变化的可能性产生误解。另一方面,日本和中国历史学者的研究认为这一时期的发展趋势是分层更明显,因而显得更不平等,这或许又夸大了地位壁垒间的互不相通。

照我们的看法,与18世纪经济发展伴随而来的是就业机会大大增加、职业差别更为明显以及影响社会流动的有形和无形障碍的消失。财富成了获得精英地位的主要前提,不过尽管致富已比较容易,但要想进入精英上层还是越来越困难。在城市和地区的中心区域这样的趋势发展很快,甚而在中国的边缘地区也是如此。在新开发的边疆地区,到这一世纪末由于没有老的既有的精英层,因而一个流动性特别强、不稳定且竞争激烈的社会得以产生,其很少受到等级体系和社会控制传统机制的约束。

世袭地位群体是 18 世纪中国社会体系中一个得到大家公认的组成部分。在社会的最上层,所有的皇室后裔身份都得到确认,他们的族谱由宗人府记录,活动也受宗人府监管。其后裔繁衍得很快,这就要将直系(黄带子)与皇族先辈中较疏远的旁系(红带子)区分开来。清初统治者牢牢地控制着十二级贵族的封爵权,尤其是在康熙和雍正两朝经常有降低和剥夺爵位的情况。此外,除了少数例外,每一代人的爵位都会自动降低。满人过去的残迹还保留在所谓"八大家"中,他们是世袭罔替的第一级和第二级亲王,都是努尔哈赤的兄弟和他儿子皇太极的后代。

八旗是清朝独有的一种制度,反映出满人在征服前的社会就已是等级森严,将统治者及其追随者与普通百姓分开,将他们归入满人、蒙古人和汉人的世袭群体,每种人都组织成八旗。旗民的身份被认为是永久不变的,只能靠出生或是皇帝颁布法令才能获得。在其他边疆地区如西藏、傈傈这样的部落甚而在蒙古人中,通常形成的是严格分为两到三层 *117* 的社会。在这些边疆群体中,土司和八旗首领还有喇嘛教和伊斯兰教宗教领袖也拥有强有力的世袭地位。

在中国内地,族性和宗教的少数群体成员也是世袭的。在大多数情况下成为其成员通常是因出生造成的,要想离开这个群体也不容易,尤其是那些被认为地位不高的群体(如客家人)更是如此。在理论上,中国等级社会中最明确的划分是在底层,将百姓分为"良民"和"贱民"。后一类人包括汉人在扩张和拓殖时残存下来的土著群体和某些行业的从业者,如妓女、乐伎、戏子和一些衙门吏员(看门人、仵作、跑腿人、衙役、狱卒)。法律禁止贱民和良民通婚,所有贱民都不能参加科举考试。虽然新的法律和18世纪社会的流动性逐渐取消了法律的禁令,但强烈的歧视仍然存在。

对这一连串特有贱业的由来还没有进行过详尽的研究。有些群体如"流民"(下面还要详细探讨)似应排除在外,因为他们只是季节移民,没有进行正常的户籍登记。但为何音乐却总是与地位低下有关? 还有这些职业中有些贱民名义上的低下地位却与其实际的重要作用恰好相反。确实很难将戏子颇受文人赏识以及绍兴府门路活络的吏员中很多人想当狱卒的情况与其名义的低下地位联系在一起。实际上,这些肯定都是这一时期比较有前途的职业,吸引了那些贫穷而有追求以及世代从事这些行业的人来就业。

1720年,雍正皇帝想消除一些遭歧视地方群体的耻辱标记,允许他们改变世袭的职业,按照正常平民入籍。这些群体都有特定的职业,他们得到确认并被解放,计有陕西和山西的乐户、浙江的惰民、安徽徽州府和宁国府的世仆、广东沿海的疍民以及苏州的丐户。根据1771年的一项法律,这些人(还有戏子和衙役)的后代仍要在三代以后才能参加科举考试。但社会变化要比这些比较开明的法律走得更远,1786年就不得不明文规定要对那些从事贱业却敢于参加科举考试的人进行惩罚。

在清代社会的各个层次存在着各种形式的奴役现象。在满人(像其他少数民族群体一样)中,人被看作是一种基本的便于转手的财富,比土地更重要。对别人劳力的控制是成功的一种标志和权势。满人将战俘变为奴隶,不仅将他们用于家内奴役也用于种田。清朝在征服以后,这些统治家族的个人奴仆(包衣)成为权势显赫的内务府的组成部分。土地被满人夺走的华北农民名义上也成为内务府的奴仆,他们被驱遣去耕种皇家的和八旗的土地。与包衣合在一起他们构成了清初社会被奴役人口中最主要的部分。在18世纪受奴役的农户被契约佃户所代替,而由那些自卖或自典的人从事的家内仆役成了中国最常见的奴役形式。

被奴役实际涉及到为获得安全而愿被控制的一种交换。对穷人来说,它代表着得到最后退路的一个机会。就像在其他困难时期一样,17世纪中期成年人有时会自愿将自己让别人来保护,另外在急需劳力时也常有人被诱拐,并通过中介在遥远市场上被出卖。有些买卖只是短期的奴役:这一般是当妓女,有些地方是去当侍女。其他的交易则会永远改变个人及其后代的身份。清代法典规定了解除奴役的那些难以达到的条件,在18世纪获得解放的机会在增加。但像其他贱民一样,这些过去的奴隶仍受到难以逃避的歧视。

大多数奴隶或是生来就有奴隶身份,或是在孩子时被父母卖为奴隶。男子奴隶身份的一个明显标记是他没有独立的户籍:奴隶和奴仆都被列在他们的主人名下。不列入父系的女子更容易被卖掉,比男子(有正式的书面契约记载其详情)便宜,但她们也更有希望流动。一个女仆或许开始时只是干家务杂活,后被升为某人的侍女,再后来又成为妾——这样一个过程像在别的地方一样在皇室也很容易出现。女奴有时也被她的主人用来束缚自由男子处于奴役地位:一个娶女奴的男子本人也就成了奴隶。具有奴仆身份的男子不能像女子那样改变自己的身份,除非男孩在幼年时被人买去当继承人。

在清代法律中,有着奴仆身份的人被当作贱民:他们与主人及其亲属的关系反映了他们地位的不平等。佃仆没有行动自由,他们不能离开土地,当然家仆也被当作奴隶。刑法典还规定以犯罪者的身份而不是罪行本身来决定处罚,这使这一不平等更为明显(就如它对其他不平等关系所做的那样)。一个奴隶对主人犯下的事要比一个主人对其奴隶犯下的事处罚要严厉得多。

不过,仅仅根据奴役状况并不能说明一个人的经济地位和权势状况;实际上,在清代社会一个处于被奴役状况的人完全有可能行使权威,积聚财富。有些陪同旗民作战的包衣会因其在战场上的英勇获得爵位和官职;很有权势的内务府也主要由包衣在里面任职;在徽州,受信任的世仆会被提升为主人儿子的伙伴,依靠经营家庭产业生活。甚至就是在被奴役者中,我们也能看到权势、财富和权力的明显差别。比如在徽州的佃仆中,专事当保镖的人家是其中的精英,而抬棺材的人则位于最底层。内务府中的包衣实际也可分为四等:处于顶层的少数精英富裕而有权势,而那些位于最底层的人是那些精英包衣的奴隶。因此,常有可能出现这种情况,几种层次的奴役关系共存于一户人家或是一个群体之中。一个富裕官员或是商人家里的仆役就成了一个大千世界,既有被雇的看门人,也有努力想得到乡村地契的家仆,还有为有抱负农民干活的契约劳工。

很少有中国的社会史学家对家仆在精英人家生活中所起的作用进行分析。仆人为男女主人做各种带有私密性的工作(哺乳、洗浴、喂养、穿衣、拉皮条等)。此外,正如"家人"(可以做两种理解)这一语意含混的词所表明的,仆人与家庭成员间的界限是模糊的,相互间很容易渗透。陪同女主人来丈夫家的丫鬟很可能会当小主人的保姆,这样她就会在下一代中有着受人尊重的地位。婆媳间的紧张关系在这些妇女仆人间的关系中也反映出来,而这些仆人与主人家中男性成员间纵横交错的联盟又将这种关系搞得更加复杂。读过 18 世纪描写精英生活的伟大小说《红楼梦》的人都知道,在一个富有家庭中主仆之间关系的明流暗潮有多复杂。

各种形式的家内奴役不仅是社会地位提升的一条重要渠道,而且还是创造和维系中国通俗文化的一个重要机制。因为仆人通常都来自比较穷的家庭,比较穷的(甚至是少数民族)地区,好一些的也仅来自自己的社区,在大户人家仆人间个人的相互影响总会推动来自不同地区和阶层的文化与传统的融合,具体表现在饮食、方言和民俗这些方面。

奴仆耕作在减少,被契约佃户代替,随之还产生并广为流行雇工耕作,这是清初一种重要的社会和经济现象。我们实际并不能清楚地了解到在明代及更早时奴役田耕的范围有多大:史书上记载明朝时期的大地产采用的就是这样的耕作方式,而庄园经济中也包括许多小自耕农。然而,在清初用奴役劳力从事农耕的情况明显地在减少。租佃不再是地位不平等的标志:与地主订立契约的良民在理论上其社会和法律地位都是平等的。

社会结构中更容易感受到的变化是雇工中长工和短工的重要性增加。清初在城市和农村地区劳动力市场的出现说明物质和社会的流动已有了相当大的发展。从晚明到清代,我们发现有地主管理的大地产,主要靠雇工联合耕作。长工一般依年度雇用,他们得到在收获或耕种季节按月或按天雇用的短工补充。在农闲季节维持劳力的代价就由地主转到了雇工一边。作为交换,通过 1761 年和 1786 年颁布的法令,雇工在法律上摆脱了奴役地位,成为受到尊重的普通百姓的一员,至少在理论上他们受到法律保护,而雇主对法律则会肆意践踏。对他们最有利的是可以自由利用不断扩大的劳力市场,按照自己的意愿更换雇主。 *121*

虽然只有很少不住在主人家的仆人被个人义务的锁链与主人联系在一起,但更老的、更"封建的"形式仍在一些地方存在。在皖南三个有名的府(徽州、宁国和池州)佃仆制一直存在到 1949 年。在那里,整村的佃户围绕在土人家族的村子周围,严格地固定着永佃制关系,还要服各种屈辱的强制劳役。佃仆与其他佃户完全不一样,他们"种主田,住主屋,葬主山"。[1] 除交租外,他们还要看护主人墓地,照管主人家祠堂,给主人当保镖,在主人办婚丧喜事时奏乐演戏。

有仆人和随从是富人地位的一种标志。在 18 世纪富人数量增加时,对仆人和奴隶的需要肯定也会增长。那些面临向下流动命运的家庭和来自非常穷困地区的人不断地满足了富人对奴仆的需要。在这时,人们从一个地区到另一个地区经常是从乡村到城市,既有可能使他们的生

---

[1]　叶显恩:《明清徽州农村社会与佃仆制》,安徽人民出版社,1983 年,第 235 页。

活标准得到一些改善,也有可能是承受痛苦和损失。在处于社会最底层的那些人中,仆人和身份低下的其他群体之间的界限很模糊。罪犯经常被赏给高官和边疆士兵为奴,孩子被卖出去当戏子、妓女和仆人。

并不是所有的世袭地位都像奴隶、贱民和少数族群那样永久不变。清代朝廷将世袭爵位和封号授予地位显赫的将军、官员和皇室宗亲,这就造成了特定的后代延续,但与前朝相比不那么广泛持久。不过,在少数几个例子中其尊贵和权势经历了许多代都未有减损——就像江西的道教天师和山东的孔子及其门徒(孔、孟、曾、颜)的后代。

在汉人的社会中存在着许多世袭的职业,它们的特点是垄断某些行业。这些世袭行业包括富甲天下的盐商和由皇帝派遣去与日本从事利

122

民间的酿酒作坊

润丰厚的铜生意的官商,还有从事其他商品贸易的较为普通的特许中间商、绿营兵士卒和那些掌握有秘技和秘仪的特殊职业(酿酒师、染匠、郎中、水手、道士等)。这些职业一代人通常只能由一个儿子继承,而不限制家庭成员流动到别的行业中。这些专门职业还反映出这样一种较为普遍的看法,应该子承父业。尽管从9世纪时起就开始了这样一个持续长久的发展趋势,即要想摆脱原有的身份,但即使想要腾达的愿望甚嚣尘上,而流行的看法显然仍认为身份应该代代相传。

在身份可以继承和财富对决定地位愈益重要这两种看法之间存在着矛盾,这一矛盾还反映在划分专业和业余(尤其是艺术门类)的界限方面,其界限在理论上分得很清楚但实际却越来越模糊。音乐既是一个绅士必须具备的技艺(孔子就这样认为),也是地位卑下者的职业。虽然其区别可以建立在乐器的社会等级基础上,从文人弹奏的丝弦古琴到婚丧礼仪中用的鼓号,但在合奏乐中也有明显说不清楚的地方,它既可由士绅演奏也可由地位低下的职业乐手演奏。在绘画中,文人画家和地位不高的职业画家之间的区别也比较微妙,在许多事例中这一区别不是由画作类别或风格决定,而是由艺术家的社会背景来定。这种情况还明显地反映在戏剧的相关领域:就以清初的文人李渔为例,他的生活中有一段时期带着戏班子去各省巡回演出挣钱养活自己,付钱给他的官员总能对他以礼相待。正如我们在前面提到,在18世纪业余和职业间的界限变得更为模糊,有越来越多具有精英背景的人在靠他们的作品和画作养活自己。

总之,身份可以继承(不管它是权势还是负担)这种情况在社会上已司空见惯,显然已被大家看得很正常。但即使是封闭的社会群体也常有上升的机会。正常的科举学额帮助了客家人、商人和旗人,军事征战又提供了晋升机会,而显赫主人的资源和资助给了仆人发挥经营才干的机会。被归入世袭等级社会的满人会鼓励人们接受这样的地位安排,对世袭要求的普遍依赖实际可能减缓了消除社会壁垒的发展趋势,而这一趋势在 18 世纪变得更快。

社会流动

　　社会上流行的观念加大了向上流动的力度,这一信念认为一个微不足道的农民男孩有可能成为国内最好的学者和皇帝的谋臣。在谚语、戏剧和故事中一再谈到这种观念,还有强调教育、勤奋、善举的道德观和个人物质条件的改善,这些结合在一起都对发展有推动作用。在清代,经济发展与人口的增长和分散既削弱了政府和精英对社会的控制,也提供了推动教育发展和向上流动的财富。有关转世、占卜和命运的看法将失败和向下流动看成是合理的,认为个人努力并不能阻碍这些事出现。

　　向上流动的目标是当个文人官员,这也是清代社会最受尊敬的职业。学术头衔和官府职位曾是贵族独享的特权,到 17 世纪时已基本开放,可论功而获得;各个家庭每一代人都不得不重新为此而努力。

　　当然,各方面因素还对成功文人的亲属有利,尽管按照亲属的定义,它不包括(应当包括)姻亲和叔表亲戚,但实际情况表明大多数获得科举功名者也都有其得到功名的亲戚。过去曾很有影响的荫袭特权(高官儿子花钱买低级职位的权利)和专门给现任官员的子侄科举学额的做法在清代作为世袭利益的残余仍然存在。在为参加科考长时期的学习和准备阶段,文人官员家庭不仅有这样的动机而且也有必要的财力资助自己的儿子,聘请良师、买书、支付投考的路费,尤其重要的是,这不需要他们的孩子经商或在别的行业挣钱。同样,文人官员还会让其后代获得其他利益:文人雅士的风度和学养;与地位相当或更高的家庭通婚;在关键的任职初期有家族和当地组织的资源可用;有使他能得到较快提升的人际关系。研究表明,很可能有一些家族能许多代甚至延续几个朝代培养出获得功名者和当官的人。

　　清代社会有个特点,任何人只要有足够的财力就能花钱使自己进入精英层,他会出钱资助教育,交合适的朋友,买到现成的功名和官职。而人口的实力优势(有更多的儿子活下来)更有利于一代代人获得科举成功的机会,但也会因遗产分散而威胁到精英地位的延续。随着竞争的激烈,获取更高功名所需的时间也变得更长,而各个家庭为获得并维持较高地位所采取的策略中不得不更加关注商业的投资和地产的管理。这种合伙资源多样化的情形使得同一家庭以及同一家族的不同成员去经商和治学,因而阻碍了文人官员从经商的家庭中完全分化出来。

由于在18世纪有更多致富的机会,所以精英的范围也在扩大,包括了文人、商人和富裕的地主,其人数无疑在增加,且在人口总数中的比例也在提高。但得到朝廷批准的科举取士和正式官员的人数不会像期待者向往的那样增加得那么快。要想当官就必须参加京城和各省的科举考试以获得进士和举人头衔,但其数目受到名额限制,而名额数已与人口数不协调。因此,在18世纪后期为进入上层精英的竞争越来越激烈。在这样的情况下,那些获得功名当官的人对自己所得到的附加标志(中科举得到的旗幡和牌匾、特制的朝服、皇帝送的个人礼物等)特别有自豪感。上层的社会差别等级更加分明:某人在殿试中的名次、当官时获得的最高爵位、得到肥缺之地的任命以及能接近皇帝,在全国的精英中这些都被当作是评估其地位的标准。

同时,其他的发展(有些是竞争激烈的结果)使得人们对体面职业的看法有所扩展。由于科举功名和官府职位很不容易得到,所以不再被看作是唯一公认获得成就的标准。随着政府的功用扩大,现任官员对个人帮手的需要成倍增长,师爷的职位也成了一种较为显赫、非常专门的行业,可以借此在官衙中暗中操纵。学校和书院数目不断增加,对它们进 *125* 行管理也给那些不想从政的人提供了就业的机会,更重要的是,由富裕恩主资助的众多学术研究项目也有同样的功用。18世纪时在长江三角洲和北京学界风行的学术考证使得人们可以不从政而专心于校勘研究。对富人们来说,依照绅士的方式生活以及在绘画、诗歌和书法这些艺术方面技艺出众已是成为精英成员的重要标记。

那些新近向上流动的人用他们从土地中尤其是在经营中得来的钱以体现其已具备了精英生活方式的身份标志。通过编印族谱以及修建祠堂就可认同其已具备了精英身份；他们还被极其奢华地埋葬在风水上佳、营造精致的墓中。外出旅行时他们会乘坐特制的车驾，有仆从陪同，身着昂贵的丝织和皮毛衣服。他们住在城里的大院子里(通常在乡村仍保留其地产)，院内有私家花园，在花园里邀客雅聚，并以山珍美味和丝竹娱乐招待客人。精英男子住在大家庭中，有众多的仆人和性伴。他们的女儿经常也会受到教育，培养她们有管理大家庭中钱财的能力；她们还被用来与别的精英家族缔结姻亲关系。男子受到的是古典教育，他们藏书，还收藏古董和其他珍品；他们绘画、弹琴、吟诗、看戏、品尝佳肴美酒、戏玩妇女，有时还狎弄男孩。这些人留着长指甲，从不干力气活，自以为与官员社会地位平等，而可免受肉体的惩罚。荣耀、财富、学问、多子以及长寿(有时要靠人参和其他昂贵药物帮忙)：这些生活富足的标志全都同时体现在中国精英们的生活方式中。

这时只要花得起钱任何人都能得到这些体现精英身份的标志。这些向上流动的新富一旦有了老精英家庭的财富，他们就会热心地接受其生活方式，在18世纪的城市文化中占据主流。他们这种对社会尊重和体面生活条件的追求不仅反映在这一时期像《儒林外史》这样的讽刺小说中，也反映在诸多通俗戏曲中。法律中很少有节制消费的内容，另外新发迹的经商人家(如扬州的盐商)像帝王般地显赫摆阔花钱如流水，使得奢靡之风盛行。

各阶层追求社会地位的愿望无疑有助于流动机会的出现。位于最上层的家庭担心对地位的追求会毁了社会等级，而那些有抱负、有钱财的人想得到承认的愿望可能早已压倒了这样的担心。再来考虑一下人口情况，位于社会最底层的人难以大量繁衍生育，而精英家庭的人口却增加得很快，这就使得向下流动不仅是让人担心的事，也是不争的社会现实。

　　幸运的是,为了社会稳定,不光是在上层精英得到社会承认的职业越来越多。各种下层精英的职业也发展起来成为有吸引力的向上或向下流动的渠道。低级的科举功名(武举和文举)因其本身的价值变得更受人欢迎,尤其是在那些进士、举人很少的地方。规模不大的商业买卖和地产经营已能有足够的财力,让人有希望地位提高,考中科举或是花钱得到监生的头衔。正如前面提到,写剧本和小说在 17 世纪已被当作儒生的一种有目的的追求。编八股选本、在官府当吏员、刻印拓碑、行医以及研究相术,这一切都是为文人、小康之家和注重地位者提供的职业。出现了这样一种趋势,要将地方乡绅纳入到官府中,让他们承担一些事务,如调解纠纷、收税、负责公共福利、管理学校和水渠,这也可以看作是增加了中下层精英的就业机会。而雍正皇帝为遏止这一趋势采取的改革措施只是暂时获得了成功。我们应该看到,这些人并非是喜欢这些他们为自己找的职业,而是受制于不能得到更高的地位。

　　对位于社会最底层的人来说向上流动的机会很有限。而那些附属于富户且本身就是富户一部分的个人和家庭有较多的机会发达致富,改变自己的地位。生活中最没有希望的人是那些得不到社区帮助以及没有固定工作的人。人们都认为城市和边疆的机会比较多,尽管有险阻,胆大而能吃苦的年青人有时还是能在那里开始新的生活。

　　那些处于社会底层者很有可能到去世时都没有后代。许多从事地位低下职业的人很少有机会结婚生子。娼妓、太监、僧侣、士兵和囚徒不大可能有正常的家庭,甚至那些被人歧视的群体选择婚姻伴侣的范围也受到限制。饭食粗劣、缺乏保障、干的活危险而又费力、婚姻伴侣的选择范围有限,还有伤病这样种种的不利因素,这些都合在一起使得贫寒女孩难以生育,贫寒男孩难以结婚生子。个人和家庭中死亡率增加意味着形势出现了大逆转,而在城市和农村的穷人中社会福利机构不足。当然这种社会分层的规模肯定是随着时间和地点的不同在变化,但人们会发现穷人最主要集中在城市(那里就业机会多但死亡率也高)、人口密集地区和经济萧条地区。

少数民族的同化

甚至早在清代以前,中国已开始同化各种非汉族文化,同化的程度超出任何人的预料,但其本身也受到影响发生变化。许多世纪以来,中国的思想家就已确定了从混乱(蛮夷社会所处的状况)发展到文明的一系列特点,文明是指已有农业、服饰、文字、礼仪、复杂的社会等级以及中国人生活方式的其他方面。有了这样的内涵就将汉人与比邻的少数民族区别开来。正如17世纪的思想家王夫之所说:"噫吁! 衣裳于人其意甚伟! 使其俨然若义之积,使其慈心若仁之藏。衣为善恶之枢、生死之辨、治乱之机、文野之别。"①

很久以来,中国人就相信,只要交往得当,蛮夷会愿意放弃其本土的生活方式而追求中国人的高雅文化。少数民族在服饰、食物、语言、习俗、宗教和社会结构方面的区别比种族更明显。在他们与汉族移民交往时,已开始按其被文化同化的程度不同予以评价,分为对立的"生"(即野蛮)和"熟"(开化或汉化的意思)两类。我们在对台湾土著的分类中看到了这样的变化,在17世纪80年代他们被分为"土番"和"蛮番"。到18世纪初在与汉人接触了几十年后,有个被任命为巡台御史叫黄叔璥的官员称土著人为"熟番"。② 有些少数民族有其分层严格、自我意识强烈的社会;而别的少数民族则是社会结构松散易变,界限不明。有些因其与外

① 转引自王赓武:《中国人趋向文明:对中国的一点思考》(The Chinese Urge to Civilize: Reflections on China),《亚洲史学报》(*Journal of Asian History*),第18卷(1984年)第1期,第17页。

② 劳伦斯·汤姆逊(Laurence G. Thompson):《18世纪初的台湾土著:黄叔璥的〈番俗六考〉》(Formosan Aborigines in the Early Eighteenth Century: Huang Shuch'ing's *Fan-su-liu-k'ao*),《中国纪年》(*Monumenta Serica*),第28卷(1969年),第41—147页。

界交往少、宗教意识强烈或是成功地适应了环境而保持了自己的特点。而其他少数民族则因经常迁移使邻近群体间的差异变得混杂而模糊。客家人和信伊斯兰教的汉人虽然是汉人的两个群体,但他们有全然不同的习俗。

因为地位优越的旗人本身就是一个多民族且主要是少数民族的群体,所以清朝皇帝对其他少数民族非常关心。他们对汉族文化摧毁性的影响很在意,不时地要阻碍这一文化进入边疆地区。另一方面,他们自己也在迅速同化,并鼓励高雅文化,热心地以传统方式推动其发展。最终,稳步的同化和坚持多元化两者在清帝国同时并存。

清朝统治者最关心的是不让满人被同化。他们积极地想保留满人的服饰和习俗,强行在官府文书中用满文,记录口头历史,用满文写书,并将满洲和八旗兵营与邻近的汉人住地明确分开。然而,17世纪40年代众多旗人迁往北京对斩断他们的根起了决定性的作用,他们不费难地就适应了城市生活。他们还是光顾妓院、赌场和戏园的常客,对朝廷三令五申不让参加这些活动的禁令充耳不闻。17世纪中期,汉军旗人已受到鼓励要他们按普通百姓登记入籍,以后也会对蒙古旗人和满族旗人提出同样的要求。

清朝在18世纪采用了类似的方法以保护和隔开其他的少数民族,但各种起反作用的政策和步骤又大大地削弱了这些举措的作用。人口的增长和市场经济的扩展推动了汉人向少数民族部落地域迁移。而地方政府和学校的建立以及科举考试学额的确定又促使少数民族"来受教化"。在中亚地区,喇嘛寺成为新城镇的核心。另外,通过派出的地方官,中央政府指责当地社会有许多做法不当,带有危险性:如携带武器、私刑判决、礼仪铺张、习俗俚鄙等诸如此类事情。当地的权力结构被系统地吸纳并使之中立化;在亚洲腹地,对宗教领袖(尤其是达赖喇嘛和班禅喇嘛)的挑选加以控制以防止对清朝政府利益不利的人出现。因而世袭的少数民族首领逐渐变得无足轻重,与清朝国家的关系密切,而对其

129

属民的利益不太关心,且属民们也没有力量将他们赶下台。

在将少数民族群体纳入汉文化体系的过程中有各种中间人在起作用。一些已部分汉化的群体——汉军旗人、土著居民、和尚喇嘛、在当地娶妻迁居边疆的居民——都是在边疆传播汉文化的渠道。在边疆的城镇中有不少汉族商人、士兵和移民,尤其是商人的作用更大,他们被20世纪的论者称为是推行汉族文化和经济扩张的代理人。为得到稀有贵重商品(玉石、人参、樟脑、贵金属),商人们经常到边疆组织当地的生产,促进贸易发展。边疆经济的货币化以及市场的缓慢扩大使少数民族与这些汉族商人建立了一种依赖性较强的关系。当地对汉人商品的需求经常会超过当地输出商品的供应。因此,部落民会用赊欠方式购物,商人会鼓励他们抵押土地和财产,很快就形成了一个对当地社会有破坏作用的债务链。

如果少数民族处于与外界不交往、邻近民族也未被同化并有着强势土著文化的情况下,那么这些在帝国内部(有意或无意)促使少数民族同化的措施就没有什么效果。在汉人和少数民族之间,国家的镇压和施加的暴力压垮了一些人的反抗,但同时也有强化民族意识的反作用。许多部落群体已能在不放弃其身份的前提下与清代的国家及其经济处于较为和谐的状态。但在长江中下游、台湾和西南地区的部落民则逐渐被同化,有些蒙古人和藏民(但数量少得多)的情况也是这样。到18世纪末,许多满人只是在法律上而不是在文化上与众不同,中国国内的一些小群体[开封的犹太人和北京的阿尔巴津俄罗斯人(Albazian Russian,这批俄罗斯人最早是1685年在清朝反击俄国入侵的雅克萨战役中被俘的,得名于边境的俄国要塞阿尔巴津,他们被编入八旗中的镶黄旗。——译者)]完全被同化而消失了。

文化的改变绝对是单向的。是有这样的情况,满人对骑射和习武的喜爱也让那些陪同满人皇帝去长城以北的热河避暑(在乾隆年间每年一次)的汉人官员有些兴趣。但大多数去部落地区游历或是在那里任职后

130

回来的汉人精英都相信他们自己的文明更加优越；此外，他们通常也会让少数民族认同他们的看法。

边疆社会

边疆的发展是清朝统治时的一件大事。18世纪期间，人口压力和从美洲引进的新的粮食作物品种促使那些有抱负的穷人离开中国的平原和河谷地区迁往山区。在很大程度上，这样大规模的迁移得到了政府的支持，向移民提供帮助，开始时免税，保护他们不受当地部落的伤害。我们在后面还要详细谈到，在18世纪实际上每个大地区的边疆都有移民，都在发展。移民们还不顾政府禁令向台湾和满洲迁移；他们成群向长江流域山区、汉江高地、湘赣边界山区、广西和西南地区移民；他们还向人口减少的四川盆地迁居，迁往青藏高原的西部山地，并跟随清军进入新疆。

边疆地区社会受其经济特点的影响。传统山区经济的主要作物蓝靛、茶叶和木材都是长时期耕作的常年生作物，有助于形成稳定的移民生活方式。新的边疆垦殖区（栽种传统谷物的台湾和满洲除外）都主要依靠来自新世界的一年生作物玉米和土豆，这鼓励了农业的开荒拓垦。因而，18世纪在山地进行新的农业开垦就意味着会迅速耗竭土壤肥力，在产量下降时将土地抛荒，不注意保持土壤和肥力。结果，那些从事农耕的移民人数不定，四处分散（材料上经常将这些山地居民贬称为"流民"，因为他们生活的状况不稳定）。再者，边疆地区吸引人的地方不只是无主的土地，还有贵重金属、名贵药材和皮毛。这些东西把那些有闯劲的个人和成群的工人吸引来，加入到在传统的山区工业中干活的移居者和雇佣工人的队伍中去。边疆农业和工业的榨取特点代价沉重，使得山地失去植被，土壤被严重侵蚀，河流淤积并造成河道中水位平衡被破坏。

131

《盛世滋生图》中描绘的山林场院

18世纪中国各地的边疆社会都有着类似的特点。来自众多不同地区的新移民常是单身一个男人来,即使有家人也很少。初期的边境人口有可能在性别比例和年龄分布上严重的不平衡,多为年青男子。在边疆地区形成的社会组织也就相应地与那些移民时间较长地区的社会组织不一样。官府远在天边,那里很少有原有精英层的代表人物;社区有着多样性的特点,社会肯定是比较自由、平等的。

但边疆社会也是暴力的社会。有些地区是和平的,比如东南沿海和长江下游交界的山区,在那里流民与土著人通婚并在部落登记入籍,但在许多地方新移民与土著居民冲突激烈。在18世纪汉人和少数民族的武装对抗不时发生。另外,移民社会本身也很尚武。地方当局控制不力,大量人口涌入,而这些人中相当大比例是没有根基、自由自在的年青男子,他们被组织成同辈的群体,没有家庭约束。在做工的人聚集的矿区和森林中经常发生骚乱以及攻击雇主和官员的事件。移民喜欢与当地人一起生活、干活,所以在对立的亚族裔群体中经常爆发暴力冲突。实际上,在不安宁的地区,暴力是一种大家公认向上流动的模式。在这样的边疆社会中占据上风的是一些与文人相仿的人物,他们在核心地区的大城市中受过教育,而在边疆地区有自己的武装团伙,在那里恃强凌弱(有时他们还成为 19 世纪当地一些精英家庭的创建者)。

当 18 世纪社会更趋成熟并进一步向新的移民区发展时,边疆社会发生了变化。在这一阶段,政府有计划地征税,建造驻兵营地并更好地维护当地秩序,但交通的技术条件没什么改进,地形崎岖难行使这些努力效果并不明显。另外,只要经济上还主要以榨取型工业和掠夺性的拓荒农业为主,人口中相当的部分就还是流动不定,难以控制。中国历史上许多时候在不同地区都出现过将边疆变为定居社会的过程。要实现这一特定的转变难处在于要有发展边远地区经济所需的新的技术基础,拓殖发展的速度要快、规模要大,而中央政府的控制也相应地要比较弱。

在边远地区,那里的环境新,人们又有敌对意识,国家的影响极小,精英势力微不足道,在 18 世纪国家面临着巨大的挑战。能找到什么办法将人们组织进各个社区,向他们提供保护,使他们团结,且让他们以可以预见的和平方式与邻人相互交往,而且还要不用暴力就将他们融入全国文化和国家体系之中呢?

而清朝所采取的解决方法也只能部分地对付这一挑战。国家不愿 ¹³³ 意也不能寻求新的财源用于官僚体系向外扩大到边远地区,向下延伸到乡村一级。传统的精英能做得更好。文人官员通过教育帮助提高边疆的文化层次,不过他们自己更愿意去大地方的城市定居,最好是去北京、苏州、南京和杭州这样的浮华世界。当地那些有科举功名的官宦之家既有权势,也有抱负,他们尽其所能地想建立自己的精英社会组织。商人在边疆地区是推进融合最有效的文化和社会力量。他们为牟利来到遥远的地方,居住在城镇和市场,建立像会馆这样的机构,这些机构不仅规范商业活动,协调社会关系,还资助文化活动。

在那些精英们很少出头、商业不发达的地区,普通百姓就只好自行其是;在远离城市的山区,他们做出的反应既很有预见性也很有创造性。他们将亲属们归入同姓的组织,按照地域和亚族裔联系建立庙会,接受新的宗教,并建立他们自己的职业群体。大多数这些组织的定位都比较狭隘,既强调包容也强调排外。边疆地区生活中的暴力冲突助长了这一趋势,而 19 世纪初经济的衰退又使之更趋明显。在与外部处于隔绝状态时,既是安全的根源,也滋生着内讧的危险。

19 世纪在中国大部分地区要想把彼此界线弄得很清楚是危险的做法。社会关系极度紧张,发展到极点就出现了由少数民族群体、宗教弱势群体、志同道合者和非法帮派领导的大规模叛乱。幸运的是,由商人和乡绅建立和维系的全国性联系网仍很有效。在清代后期,精英们与国家机构一起合力恢复秩序,重建政府。不过,胜利的代价高昂,在中国 18 世纪时从没有达到 20 世纪中期那样的社会整合程度,在这时又采用了一套新的组织机构。

新的组织

到 18 世纪建立在越来越多的各种机构基础上的社会组织在扩展。经济发展的新机会、城市化、迁移和旅行、社会流动以及人口的净增长,这一切都要求组织机构具有灵活性,便于扩展。为适应这一需要,中国人不只是继续在以最受尊重的联系即父系后代的基础上建立组织,而是以各种自愿的联系为基础建立组织,这些联系有人为的亲属关系、宗教关系、恩惠照顾关系、职业同人以及住在同一区域等。我们能看到这些组织在社会各阶层以及整个清帝国所起的作用既有利于整合,也造成了冲突(在第二章中已谈过)。但到 18 世纪末,那些属于不受精英控制群体的人已组织起来威胁到清朝的社会秩序。这些群体中大多数开始时都是在边远地区活动,它们有一个共同的特点:能够向那些不能被归入以精英为主更为传统的社会机构的个人提供加入组织的机会并给予其身份。

从最早时起,民族就是分离的一个基础,但清代许多少数民族的组织能量是由其内部的社会结构和融入清代国家的特点和程度决定的。一般来说,少数民族的社区不大且极为分散;语言和习俗各自不同,对外来者的怀疑使之难以团结。没有什么机构能把这些不同的社区连在一起,清代国家肯定会用其头人制度来防止他们集体行动。然而,我们将要在第五章中详细谈到,18世纪时汉人不可阻挡地进入少数民族地区引发了起义,结果使民族意识增强,随之也造成了破坏。

一般来说,在一些汉人中以地域纽带为基础建立的亚族裔身份以及团结一致的心态,是在新地方和边疆地区的移民最重要的一项组织原则。共同的方言、大家都熟悉的神和亲属关系都可以用来建立一个庙会,或是一个村庄会社,作为共同行动的由头。就像在台湾各地、东南沿海和岭南地区的情况一样,这样的认同深深地植根于各色人等之中,这时对其他方面的忠诚(比如,地方首领对当地秩序甚至对朝廷本身应尽的责任)可能就成为次要的了,这样很容易就会引起个别的甚至是四处蔓延的暴力冲突。华南和华中的客家人因有其独特的习俗和方言长期被人看作与众不同,作为回应他们养成了一种异乎寻常的团体意识。著名的太平天国起义是19世纪50年代中国东南一些皈依一种新基督教的客家人发起的,这一起义横扫了长江中游地区,占据了长江下游的城 市南京有十多年,预示着族性与宗教结合有着巨大的力量,这一力量差一点就终结了清王朝的寿命。

与此相同的结合还推动了清初的回民起义。苏菲主义是伊斯兰教中的一种大众改革教派,最早在15、16世纪传入中亚,传教者让游牧民和城镇居民改宗皈依。苏菲教经师在城里修建住宅,拥有土地和学校,管理供信徒留宿的客店,这些信徒边经商边传教。到清代,有影响的纳黑希班底(Naqshbandiyya)教派的几个神圣家族成员成为新疆境内商路

135

沿线城市中有势力的地方统治者。这种神秘的兄弟会组织注重宗教的和政治的行动,尊重圣贤经师的墓地。对立派系间的竞争导致 18 世纪 50 年代在新疆爆发了叛乱,使得清朝征服了这一地区。

在 18 世纪,一个新的苏菲教派——新教在中东传播开来。当新教在中国西北的穆斯林社区发展了信徒后,其信徒与旧教信徒为教义而关系紧张,双方尤其为"念主"的念功应该是出声还是默念争执不休。1781年,穆斯林对立派别间的暴力争端被清朝平息了下去,清政府逮捕后又处决了尚武的新教首领马明心。1784 年,清政府还镇压了目的是为马明心报仇的第二次起义,乾隆皇帝下令禁止这一新教派在中国传播,并对所有穆斯林采取了一种比较严厉的政策。

在 18 世纪还有另一种志在改朝换代的宗教信仰在发展,这就是中国土生土长的白莲教。近代样式的白莲教出现在 16 世纪,在后来的几个世纪中它继续发展信徒,主要是在华北活动,但不局限于这一地区。教派成员有自己的宝卷,崇拜一个叫无生老母的至尊女神。建立的教区原本是为虔诚的善男信女提供过一种近乎僧尼般的生活。在晚明,这些群体甚至还得到了精英们的照顾,人气很旺。但他们的宝卷中有对千年末世的允诺,有些信徒还要将其付之行动,这让明清两朝国家决定查禁 136 这一教派,因而在大多数时间内白莲教被迫转入地下。在有机会能建立公开机构的地方,如大运河沿岸的漕丁在 18 世纪初就沿河建造栖身的庙堂,在那里白莲教团体能以通常的方式活动,建造庙堂和客店,拜他们的神,为死者诵经,不声不响地吸纳信徒。不过一般来说,警觉的清朝国家会利用一切机会不让白莲教有公开活动的条件。

在这种情况下,教派团体内的组织原则是建立师徒间的联系,以形成跨越时间和空间的个人联系链(这也是苏菲教派采用的做法)。这种联系看起来是正统的,但这种宗教不正统,即使它能通过正常的联系方式(亲属、住地、职业)很容易就传播开来,在其成员和师父暴露出这一宗教的异端性质时作为应急举措还会让妇女了解内情。其团体由男女参加的很小的群体组成(通常是在城镇),他们聚在一起念诵经文,以修行积德。传教者会直接向那些不是现有社会群体成员的个人(比如新来的移民或是四处巡游的艺人)传教。给这些人一个联系网,教他们学会常用的教内行话,让他们有权利收钱,这一自发的宗教适应了建立一个更新、更灵活社会网络的需要,而这正是清代中叶的特点。

在 18 世纪期间,有一种略有些不同的传教方式很流行,这是山东西南地区单县前后好几个师父创造的。这里的教派称为八卦教,它们重视的是治病、习武、打坐和念咒(而不是念经)。它们主要向比较穷、很少进城、文化程度低的人传教。18 世纪后期在华北平原周围其影响在稳步增长。

时间一长,在信徒和非信徒之间,尤其是教派成员和国家之间关系越来越紧张。在 18 世纪 70 年代,白莲教在长江中游地区特别是汉江山区的移民中传播。含混的千年末世说已开始明确:无生老母会让她的虔诚孩子摆脱天启为惩罚不信者带来的混乱。有关弥勒(无生老母的使者)降临的谣言到处传播,在 18 世纪 90 年代,依靠师徒和共同信仰联系而各自分开的教派团体策划并发动了一场叛乱。地形不利以及政府缺乏效率(和珅在开始阶段负责这场战事)使得这场叛乱难以镇压且耗费甚巨。最后,虽然历经十年时间才镇压下去,这场起义仍然有着加强白莲教中其他教派千年末世说意识的作用。

虽然白莲教能使不同地区的个人集体行动,但就总体而言这一宗教在结构上是分裂而脆弱的。其他的起义(如 1774 年、1813 年和 1838 年的起义)失败的原因都是因为教派团体分散而不能克服内在的分裂,不能大规模地动员民众。

18 世纪后期,在东南沿海地区还出现了 种新的相当成功的社会组织:三合会。这些会党也是建立在以前就有的联系关系的基础之上——亲属关系、本土地域关系和雇主伙计关系。除这些约束外还有一些将会众联系在一起的特殊礼仪,人为地规定彼此的亲近关系,信徒们要尊崇

137

一个创会的师父,大家如兄弟般盟誓(这种做法在各社会阶层中常见,但在任何阶层中都不会有许多人这样做)。然而,在这些由各阶层参加的团体中魁首们利用这样的联系将会众组织起来。虽然这些会党相互间以暗语、共同的入会仪式和一个越来越周密的起源神话联系在一起,但实际上它们只是组织成自治的堂口。它们用过不少名字,用的最多是天地会,而各堂口间的联系通常(即使不是全部)由首领们进行。

18世纪80年代,三合会开始在台湾活跃起来,后又在帝国遥远的边疆地区活动,然后发展得很快,尤其是在中国南方的运输工人中更为活跃。在19世纪初岭南和东南沿海经济萧条的严酷竞争中,三合会有机会成为在中国及海外从事类似黑手党那样非法活动的强大歹徒团伙和保护其利益的组织者。它们在下层社会中称王称霸,不受正统精英的控制,并能适应时代的潮流,将会众们组织得很有效率。

第五章　地区社会

　　多数对中国社会的描述都侧重将中国当作一个整体。将其整体化更能反映全国的情况,当然重视这一点也就会忽视地区的差别。在关注上层精英社会时重视整体最有意义,因为说起来上层精英是依照共同的职业确定的,他们都在国家一级的高层活动。由省一级代表的行政界线有时也只能反映出由地理环境所确定的较有意义的边界;另外,中国的国家政策也很少会同等地对所有地区都有影响——怎么会这样呢? 施坚雅最近提出,中国应该以地理上宏观的"人区"(macroregion,*有人将之译为宏观区域——译者*)概念来研究,中国历史应该被分析为"一套互相纠结、层垒叠造的地方史和地区史"。① 他指出,将国家在功能上分解为相互联系的次一级单元,也就能确定大区的兴衰规律,使我们能更好地理解国家发展的趋势。

　　虽然这一大区的框架受到一些学者的批评,但我们发现施坚雅的体系对我们的论述还是很有用的,因为中国幅员辽阔、复杂多样,有必要进行系统的分解。我们要有选择地使用有关大区的术语,不采纳施坚雅的

---

① 施坚雅:《主席致辞:中国历史的结构》(Presidential Address: The Structure of Chinese History),《亚洲研究学报》,第 44 卷(1985 年)第 2 期,第 288 页。

一些观点(最明显的是他忽视地区间的活动),在原有的八大区域外增加台湾和满洲。不过,我们很喜欢他的中心论点,另外还要考察他提出的未经过验证的假说,即认为这些地区的社会意义和经济意义同样重要。

在后面部分,我们还要用"核心"和"边缘"这一对术语。施坚雅写道:每个大区"的特点是所有资源(在农业社会最重要的是耕地,当然还有人口和投资资本)都集中在中心地区,资源再逐渐向边缘消散"。① 我们所用的核心和边缘的概念(与施坚雅本人用的一样)不很精确,在各类中我们不列县级单位,但我们相信这对术语是极为有用的,对我们有启发,能让我们意识到在近代交通和通讯时代之前所处位置的极端重要性。位置的优势在于其能与外部世界沟通,而难以沟通的地区大多都比较穷,政治上软弱,文化上落后。对居民的生活而言一个地方是处于核心还是边缘差别很大。

对中国所进行的学术研究相当不平衡,有些地区被关注得过多。我们对像长江下游这样的地方非常了解,有关这些地方的材料丰富,而且它们在国家事务中也很重要,而对在政治上处于边缘的西北地区和作为边疆的满洲则了解较少。虽然近年来地方史已成为研究的热门,但其重点常是针对府县一级。我们想尽可能在此描绘一幅比较均衡的图景。

对清初及清中叶的中国社会从地区角度进行研究能让我们更加明了所要讨论的发展趋势和过程,使我们更深地理解通常整体历史的适用范围。我们希望能揭示这些地区中各自的社会结构有多大的差异,还要通过对一般进程的关注将一处发生的事用于理解在另一处发生的事。不管怎么说,这一做法目的是要让读者了解清帝国多元化的特点和巨大差异,明白我们所关注的全国性发展趋势有其极为独特的影响。就如同要了解西方的国别史就必须考虑整个欧洲的共同特点和发展趋势,这对

---

① 施坚雅:《19 世纪中国的地区城市化》(Regional Urbanization in Nineteenth Century China),载施坚雅编:《晚期中华帝国的城市》(*The City in Late Imperial China*)(斯坦福:斯坦福大学出版社,1977 年),第 216 页。

研究清帝国的历史学家自然也应有启示,所以我们认为,关注组成这一帝国的不同的文化和社会单元就能更好地了解中国历史,而不用去管施坚雅的大区是不是用作分析最有效用的单元。

我们先关注两个在文化、经济和政治上最重要的地区华北和长江下游,然后来考虑华中和华南,最后转向尚待发展的边疆地区。

华　北

华北大区主要是平原,其大部分由直隶、山东和河南几个省组成,三面为山地包围,东南的水网地带与长江下游毗邻基本可以沟通。华北与满洲和蒙古交界,是与北亚通商的大道;其战略地位加之作为帝国政治中心的作用必须驻重兵保护。这一地区的河流大多不能通航,主要的通航水道是连接北京和长江下游的大运河。虽然地势坦荡的平原常年容易遭受水旱灾害影响,但肥沃的土壤生产出了大量的小麦、小米和高粱,在缺粮时还能通过大运河运来补充。与比较富庶的平原地区不同,在华北的边缘地带南面有易受洪水袭击的淮北和山东、豫西和山西的落后山区。

1644 年华北迅速落入满人手里,但还要花费几十年时间才能完全恢复当地的秩序,修复晚明叛乱造成的损害,其中河南损害尤为严重。北京被指定为都城(在明代与南京并列为都城)使得华北在国内有着中心的地位,也使这一地区更加以北京为中心。朝廷的存在有着能够感觉到的影响,这些影响一般来说都是有益的:由朝廷出钱修建并维护道路、桥梁、宫殿、寺庙和猎场,皇帝对当地事务也特别关心。清廷抓紧维修大运河,到 1687 年它就又能通航,因而促进了沿河城镇商业的发展。在经济发展以及京城与帝国其他地区建立商业联系的同时,中央集权政府的官僚结构也得到了完善,而且北京还成为全国的一个文化中心。

在华北 18 世纪是一个和平的时期。康熙年间军队被大规模地调动去亚洲腹地对准噶尔作战,而在华北直到 1774 年爆发第一次白莲教起义前都很少有大的动乱。1780 年前人口增长迅速,促使人们向边疆地区移民,尤其是去满洲(在本章最后部分要较详细地谈到这一时期满洲的情况)。到 19 世纪初,人口增长缓慢下来,但政府难以控制住边缘地区引发了后来的危机。

141 　　在满人征服之后,旗人从东北大批进关对华北的影响最大;有许多旗人在北京安家,他们得到了从汉人那里没收的附近土地。华北成了除满洲外满人最集中的地方,旗人中大约有超过半数的人在这里居住,有些人作为运粮的漕丁驻扎在大运河沿岸。尽管满人最早是猎人和兵丁,但很快就成为中国城市化程度最高的族群。

　　因为所有旗人都是统治精英中的成员和皇帝的属民,因而皇室要保证他们有一份固定收入(也可以说是他们服兵役的酬劳),但他们不能自由迁移或从事其他职业。在 18 世纪期间,满人社会分层已很明显。少数亲王和皇族宗亲多少代人都生活奢靡,拥有权力。有些旗人成了成功的官员和学者,更多人从军当军官或是在内务府任职。而大多数人则生活贫困、负债累累,找不到活干;物价很快就超过了他们的禄米津贴,许多人丢弃土地进了城市。为此朝廷采取了许多措施,想尽办法让旗人的土地制度发挥作用,不断给予福利待遇,贷款,取消所欠债务,甚至允许其加入绿营兵(1745 年),让他们回满洲老家(18 世纪 40—50 年代)。尽管皇帝想隔离开满人社区,保留满文和满人的文化,并让满人随时能够出征,但许多满人已很快就与其族源传统日益生疏,融合到了周围的社会中。

　　在 1644 年前八旗中的大部分实际已由归入满人的汉人和蒙古人组成。1648 年,雍正皇帝的兄弟怡亲王在一份密札中写道,满人只占八旗兵的 16%,75% 是汉人,8.3% 是蒙古人。到 1723 年,蒙古人的比例还是那么多,汉人下降到 68%,满人增加到 23%。[①] 清初,来自辽东(满洲)的汉军旗人经常被任命当文官。皇家的包衣还可以当权势显赫的内务府高官。像满人一样,汉蒙旗人住在北京城内或是附近,他们很快就融入到当地居民之中。

其他亚洲腹地的民族也会来华北居住。热河的避暑山庄吸引了藏 142 族人、蒙古人和其他受到皇帝邀请的人来。在避暑山庄、北京以及这一地区其他地方的寺庙里有喇嘛。还有从中国的藩属国定期来北京的客人:有朝鲜人、琉球人、安南人、暹罗人、缅甸人、苏禄群岛人、从俄罗斯来的商队,甚至还偶尔有西方的使团。

回民经商很活跃,尤其是在北方和西部。城里的回民社区成员从事马帮和商队贸易、车队运输、屠宰和餐饮业。尽管一定程度上也部分融入了汉人社会,但这些回民都集中居住在清真寺周围自己的社区中;在北京,他们还住在人们不太喜欢住的城市郊区。在河南开封有一个大家知道的中国唯一的犹太人社区,1670 年时约有 500 人,即使在那时他们已没有什么社会权势,特征也不明显,但其社区仍以宗教会堂为中心。北京是除澳门外西方人居住的唯一合法住地,那里有康熙和乾隆请到宫中当画师和技师的耶稣会士、方济各会士和多明我会士,还有少数根据条约允许居留的俄罗斯传教士。

华北的绝大多数居民很自然都是汉人。因为在华北很少有地理和文化的障碍影响人员流动,所以在东面的山东半岛和西面的山西山区之间语言的差异就是一种口音的差异而不是方言。该地区居民的流动性看起来很强,亚族裔间的差别长久以来就不明显。因为在中国南方和东南地区存在的有很强竞争性的家族在这里不多见,所以为求职而外出流动就会更加关注联姻关系的重要性。

[①] 安双成:《顺康雍三朝丁额浅析》,《历史档案》,1983 年第 2 期,第 100—103 页,文中引北京第一历史档案馆藏一份满文报告。

143 　在华北有着来自其他地区人数特别多、种类特别繁杂的客居者,他们几乎全都集中在北京。这些人包括京官、参加全国三年一次考进士和顺天府考举人的士子、候补官员、商人和在水陆两路为京城服务的搬运工。经营地区间贸易最重要的商人来自西北,他们经营盐、植物油和烟草,还成了中央政府事实上的银行家。这些山西商人(在后面中国西北部分将更多地谈到)还对满洲的开放有帮助,并垄断了经张家口和北京与蒙古之间的贸易(用茶、布交换皮毛)。京城里的书画市场不用说是由来自长江下游的人经营的。在华北,内务府负责出口的官员控制着帝国各地的政府专卖生意,他们的足迹从遥远西部的乌鲁木齐直到南方的广州。

天津杨柳青年画《同庆丰收图》

　北京控制着整个帝国的资源,既输入货物也输入人,成了一个全国性的货栈:输入的货物有金、银、铜、珍珠、玉石、精美丝绸、瓷器、皮毛、贵重药材、画作、古玩,当然还有武器和粮食,全都流入京城。这些货物中许多是由朝廷将之重新流通,当作送给官员的礼品,发给旗人充作俸禄,还可作为皇帝出征和巡游的开销。直隶和山东的专卖盐业在海边有盐场,衙门设在天津。这一专卖利润丰厚足以让盐商过上奢华的生活,也使这里考中科举的人数仅次于长江下游地区。

清初在华北农业中最重要的变化是棉织业通过在纺织时采用"湿屋"的方法来适应干燥的北方气候。到18世纪,在棉织业生产中华北的核心地区已仅次于长江下游;1750年,棉花代替粮食在所有农业耕地中估计占到了20%—30%。在山东中部新开发的边缘地区,玻璃生产、采煤和养蚕业在山区发展起来。杨柳青(在直隶)和潍县(在山东)已是全国生产木刻印版年画的三个中心中的两个,木刻年画在17世纪以后很流行。山东半岛还对外输出大豆,并从与满洲和厦门不断增长的沿海贸易中获利。高粱酒生产也是一个分布广泛的地方产业。在1723年到1730年,仅直隶的一个府就给400多个酿酒作坊发了执照。① 18世纪后期,番薯已在沿海地区种植,而在淮河流域则开垦湿地,种植小麦和生长期短的水稻。

因为在北京有许多经商和治学的客居者,所以那里有不少地域性组织。1800年前至少有26个会馆,其中半数是晋商的;到1875年各种会馆已有387个,是中国城市中数量最多的。

有不少由皇帝资助的文化项目,编撰类书、字典、史书和书目,这使北京成为18世纪时一个能与长江下游媲美的文化中心。清初,重要的恩主中有不少是像康熙的兄弟豫亲王这样地位很高的富裕旗人,而汉人很快也开始发挥类似的作用。比如,朱筠在18世纪70年代曾数次担任学政一类职务,以他为主形成的学术团体对考据研究有重要意义,与皇帝的宠臣和珅建立的有所不同,但并非完全无关的网络在18世纪80到90年代期间在文武官员中就一直存在着。

对满人来说,八旗制度是主要的联系网络。尽管已经出现官僚化的

144

---

① 《宫中档》,台北:国立故宫博物院,雍正21533号。这个府是宣化府。

倾向,皇族亲王与八旗军队之间的个人联系也有所削弱,但八旗仍是居住和生产单位,世袭的牛录首领有控制旗民个人生活和职业生活的权力。家族的影响和地位在八旗内一直没有受到破坏,绵延恒久家族兴旺的富察氏就是个典型,这个家族连续五代都出了才能出众(偶尔也有名声不佳)的皇帝宠臣,从在多事的康熙朝初年为皇帝效力的米思翰(死于1675 年)到是乾隆皇帝最得力指挥将领的福康安(死于 1796 年)。旗人的社会流动主要通过内务府、皇帝侍卫、文武科举考试这些途径。

在北京有一个庞大的中央政府机构。不包括吏员,京城里至少有一万官员。这些官员中许多人(五等以下)官职可能是花钱买的,到 19 世纪(或许更早)外来的浙江绍兴师爷操纵着中央政府各部的官衙。整个来说,华北的八旗兵人数最多,在这一时期内务府机构不断扩大,是该地区经济活动的要角,它本身就是地主、放债人和中间商(在盐、米这些商品以及与东北进行贸易的)。官员们不断来京城,皇帝定期要到热河和其他地区去,还有许多供皇帝沟通信息的渠道,这一切使他能了解地方的情况。反过来,华北得到的政府拨款份额也比较多,用作平抑物价,维修水陆交通,地方防卫,不用说还有付给旗人和政府雇员的正常俸禄(在俸禄太少时就有必要发养廉银)。皇帝还拨大笔钱用于维护黄河和保持通往长江的水道大运河畅通,这些钱款有可能会造成那里的腐败和渎职现象(这一问题在 19 世纪初发展到特别严重的地步)。

在华北有三座圣山,是整个地区的进香之地。山东中部的泰山以及山西东北的恒山和五台山吸引皇帝和普通百姓来进香。五台山是朝拜文殊菩萨的中心,这里有不少来自亚洲腹地的香客,住着众多喇嘛。北京的白云观自称有权管理全真派的道士,而全真派是与江西天师派并列的道教门派。前面已谈到,北京是每年举行隆重皇室祭祀的地方,皇帝在城里巨大的保留区域(比如天坛)代表国家祭祀天地。在北京附近的山里还有两座清陵和一座明陵。

华北也是白莲教聚会的发源地,尽管这一教派的活动范围已超出了这个地区。白莲教通过师徒联系传播,经常会集中在某些家族群体中,其信徒遍布整个华北,既在城市而更多是在农村地区活动。该教派18世纪的发展与其采用鲁西南一带师父所用单纯打坐和强劲习武并重的方式有关,这使其在没有文化的人中影响扩大。不时会发生一般都难以成事的千年末世叛乱,官府随之也在不停地镇压。

华北的众多少数民族群体通常人数都不多,与其他地区相比族裔和亚族裔之间的暴力冲突不那么明显。在这个政府严密监督的地区,汉人和其他群体间寻常的争执不会上升为蔓延到整个地区的对抗。在社会精英中偶然也会爆发与科举有关的骚乱,尤其是顺天府乡试,因为这是向上流动的一条重要途径。在18世纪大部分时间里地方社会在总体上都能保持平静,但到18世纪70年代平静逐渐遭到破坏,这时在华北的核心地带爆发了几次小规模的白莲教起义,接着19世纪初的几十年中在南部边缘的淮河流域出现了武装走私,山上也有了土匪。

华北平原上典型的住区是小的核心乡村。北京附近的许多农民都 *146* 是旗人的佃户,要向内务府交租而不向地方官交税。这些地产真正的权力掌握在管家手中,他们大多是汉人,负责管理地产,寻找佃户或雇工,收租以及放贷。在华北收成因旱涝灾害和种地者的不断更换而不稳定,这有助于形成一个佃户相对较少(旗人地产除外)而使用雇佣劳动相对较多的社会。地主通常会参加他们地产的日常管理,也不会住在遥远的城市;在旗人的土地上经常有人欠租。除了旗人外,普通百姓的人员和职业的流动性都很强,土地所有关系也经常不定,垂直关系的组织结构脆弱。

华北是城市化程度较低的一个大区,最主要的城市是北京。这个京城至少有100万人,有其经过仔细规划带有象征寓意的布局,有被厚重围墙环绕的皇城区,在北城有占地广阔的旗人营地,还有多级政府机构。正如艾利森·德雷诺威(Alison Dray-Novey)所说,城里有政府设立的各种城市社会服务项目(济贫、扫雪、消防等)。城市北区主要是旗人居住,而作为主要商业区的南城中有大众喜爱的娱乐区,里面有酒肆、茶馆(1801 年仅徽商就开了两百家)、戏园和妓院。这一地区其他的重要城市包括位于大运河沿岸的天津、东昌和济宁,还有作为省会和地区中心城市的开封和济南。

在 18 世纪,来自华北的人在王朝建立的头几十年里在当官方面占据着优势,这使他们大大增强了自己对科举功名和官员职务的竞争力。但顺天的举人乡试吸引了全国的富人来参加,对当地考生特别不利。很快长江下游的文人在朝廷和京城都占了上风,在 18 世纪考中的进士数量上这是唯一一个能超过华北的地区。

在一般总是不甚出众的地方精英中山东的孔家是个明显的例外。孔子的后人已传了七十代,这个非常庞大的后裔群体 1700 年时已有十二支共一万多人,并实际在曲阜县受封了采邑。他们有广大的田产,控制了地方官职,还给他们增加科举考试学额,因而享有很高的社会地位。1684 年,康熙皇帝去曲阜巡访,他在孔庙里举行祭祀仪式,还听两个后裔讲授经典,并给其中的一人孔尚任封了官。由孔家管理的孔庙(1730 年由朝廷斥巨资修复)成了文人和皇帝的进香之地。孔家的地位只有皇室才有权取消。爱新觉罗后裔群体靠许多人供养,还有大批妇女和太监为他们服务,他们在京城占据了大片土地,甚至还有自己的私家军队。庆贺皇帝生辰和大婚的活动和为皇帝举行的葬礼对每年在北京举行的庆典是一种补充。

在这一地区文人生活和文化活动都集中在北京。琉璃厂的旧书古玩市场在 18 世纪达到高峰,满人和汉人在高官家中的文人雅聚和社交活动时见面。文人画的正统风格在宫廷中很流行,在皇宫官员们不仅能接触到皇家的艺术藏品,而且还能接触到西洋的新奇玩意(鼻烟壶和钟表)。满人对骑射的兴趣也在汉人中得到共鸣。戏曲有皇室的资助,还有大批旗人和客居的商人、官员爱看,使得北京成为来自全国各地戏班子向往的地方。在 18 世纪期间城里就有不少地方剧种很受欢迎。道光年间"京剧"的基础已经奠定,公共戏园数量的增加和人们热衷于看戏对此有很大助力。北京活跃的城市文化不顾儒家观念的阻碍和朝廷的禁令而产生出来。

精美的文化与政治和经济的力量也都集中在北京,而在整个地区分布不广;与此不同,长江下游的中心地位却是坚实地建立在一个更强大、更多样化的经济和繁华城市网的基础之上。在另一方面,华北作为京城的所在地,与帝国的大部分地区保持着完全是有来有往的双重交往。长江下游则是倾向于文化的输出而不是输入。

长江下游

长江下游大区囊括了苏南、浙北和皖南,是中国人传统称为江南的核心地区。长江流域平原的地势适宜于灌溉农业。长江三角洲地区覆盖着稠密的水道,运输费用低廉,并通过大运河与北方沟通,通过长江与西部相连,通过海路与整个东部沿海地区(以及海外)联系。位置和地形使长江下游在清代中国成为城市化程度最高、人口最稠密的地区。即使是其多山的西部和南部边缘地区发展水平也相对较高,皖南山区是全国有名的徽商的家乡。但由于在 18 世纪流民进入长江流域的山地定居,造成大片植被破坏,水土流失,引起长江三角洲地区遭洪水侵害。在 18 世纪 90 年代,官员们试图阻止山地农业的进一步扩展,但没有明显的效果。

长江下游是中国经济最发达的地区,17 世纪后期恢复得很快,尽管 17 世纪中期经济不景气,偶或还会发生对满人征服的反抗,1645 年这些反抗还引得进军的八旗兵对扬州、江阴和嘉定的百姓大肆屠杀。清朝实施法律,恢复秩序,压制佃户起事的企图,这对地主阶级有利。为了对付台湾的亲明抵抗势力,在 17 世纪 60 年代规定要将居民从海边迁走,而这一地区的宁波和其他沿海战略要地执行得很差。新统治者首要关心的是从这个富裕地区获得税收。这不是一件容易做的事,本书第一章中写到的 1661 年江南税案对此反映得很充分。到 17 世纪后期该地区经济得到恢复,开始了另一个向上发展的趋势。在长江下游的精英们帮助新统治者平息了三藩之乱后,他们得到了酬报,又有了机会可跻身于国家权力机构。

长江下游是一个老的开发已久的社会,居民主要由汉族组成。还有一些残余土著小群体尚存:有些贱民是越人的后代,只能当戏子、小贩、轿夫、码头苦力和小手艺人,女人只能当媒婆和接生婆。在南京有个不小的回民社区,那里在 14 世纪后期建了第一座清真寺,当地回民利用他们与中亚的联系买卖玉饰、毛毡和皮革制品。不过与其他地区相比,这些群体在社会中发挥的作用很小;长江下游地区也很少发生 18 世纪时实际在其他各个地区都常遇到的与族群有关的问题。晚明时在太湖流域和其他地方身份低下的奴仆数量不断增加,而到 18 世纪除了一些边远地区已全都消失了。

长江下游地区因其经济的优越地位和在文人文化中的领先水准对清朝来说显得特别重要。虽然这个繁荣的农业区域因其地形以栽种水稻为主,但我们也发现这里的棉织和丝织业很发达,位于太湖地区像盛泽镇这样的贸易集镇吸引了来自山西、山东和当地的客商。长江下游的城市对外输出粮食(该地区向京城运送漕粮,但生产的粮食还不足以供应京城人口所需),成了全国性的粮食和其他商品市场,远至长江上游、岭南以及华北和其他地方的货物在这里汇集流通。长江下游地区还向全帝国的精英供应极佳的上好消费品:绍兴黄酒、杭州绿茶、宜兴紫砂壶、歙砚、南京云锦和各种书籍。这一地区最有名的商人是安徽的徽商,他们在几百年前就开始建立其全国性的商业网,买卖木材、纸张和茶叶(他们家乡山区的特产),然后又做稻米、丝绸、瓷器生意,最重要的还有盐的生意。正如我们多次提到,徽州人既是商人也是文人,他们对 18 世纪文化有着巨大影响。

长江下游在市场上所占有的有利优势地位使其不仅实现了农业的商品化并形成了非常稠密的中心城市网络,而且还在全国的官场中占了上风。这一地区的家庭富有并在学术成就上有着悠久的传统,就有能力教育他们的儿子去参加选仕的科举考试,长江下游地区参加这类竞争的成功率要远远超过其他大区。该地区还是出官吏人才的地方,就不用去说师爷了。在清代出进士人数最多的九个府中有六个就在长江下游。考上状元的人中相当多是这一地区的人,来自绍兴的师爷和吏员遍布于京城和省级的官府中。在这一时期精英家庭开始从农村向城市迁移,这也反映在清代中科举者的分布上:1796—1820 年,太湖附近各县所出的举人中超过 80%来自城镇。

长江下游地区在清代经济中所拥有的中心地位使之在中央政府的各项收入中起了关键作用,它交的地税超过了总数的四分之一,因而受到来自北京的严密监督。除了绿营兵,在南京和镇江驻有八旗兵以守卫长江防线,在杭州的八旗兵则是为了海防。人口稠密、税收丰厚使其行政单位增加:雍正年间江苏有 12 个县被一分为二以便更好地监督,苏州是全国唯一设有三个县治的城市,1760 年后江苏是唯一有两个布政使的省份。需要多一些人手来处理这个经济发达地区的复杂而让官员伤脑筋的治理问题,尤其是征税。1728 年,雍正皇帝下令详细调查这个地区(实际是江苏、江西和安徽)拖欠钱粮的痼疾。调查者遇到衙门吏员和地方精英的顽强抵制,花了两年时间才完成调查工作。他们认为,在江苏拖欠的 1 000 万两中大约只有一半是由税吏失职造成的,其余是官员腐败的结果。但由于没有足够多的收税官员,又没有地方精英来协助管理税务,即使是雍正皇帝也不能顺利地在江南进行税务改革。

衙门设在扬州的两淮盐运使司在专卖盐业中的收入最丰;设在南京、杭州和苏州的皇家织造府雇了几百个工人为皇室织锦缎。汉人包衣被任命为织造和分布在长江、大运河沿岸税关的官员;他们为皇帝的腰包从商贸中弄到了大笔的钱,还时刻注意着官员的不轨活动和公众的不

150

满情绪。再者,在华北到长江下游的通道沿线还设立了三个大的额外的省一级政府机构,每个都有大批雇员(人数不断增加),花费大量预算。这些机构分别是漕运总督衙门、南河道总督衙门和东河道总督衙门。甚而就是在清初,这些机构就已是腐败和昏庸的渊薮之地,给朝廷带来了严重的问题。

长江下游还是皇帝外出游玩爱去的地方,也得到了皇上的某些惠顾:康熙皇帝曾六次南巡出访这里的大城市,他的孙子乾隆皇帝也是这样。康熙朝完成了一些大规模的水利工程,目的是要保证运河畅通、防洪排涝以及灌溉周围的土地,使这一地区受益颇多。而对盐商则要求他们捐出部分赚来的钱,用于地方水利、皇帝南巡、水旱灾害赈济甚至还有在帝国其他地方战事的开支。

包衣、官员和士兵对地方密切监视,但不一定就能将这极为复杂的社会严加控制。在长江下游地区发展出按照亲属、职业和地域的凝聚力建立的许多社会组织。虽然这一地区编的家谱比别的任何地区都多,但与东南沿海和岭南相比,该地区的家族组织并不太多。不过也有像桐城(在安徽)和绍兴(在浙江)这样的例外,它们都不在长江三角洲地区最富裕的地方。但对精英而言,亲属关系只是建立团体的众多理由中的一个。在晚明和清初,精英家庭迁往城镇有可能削弱亲属关系,许多精英家庭会以巧妙地安排大大限制他们对穷亲属应尽的义务,而去与别的已有地位的家庭扩大联姻。在中国的父系社会中,这样的姻亲关系难以被正式承认,但还是很有影响。

经济环境还会促使个人去选择社会组织不同的活动方式。徽商除了投资于族田外,他们还会在返乡后花费大笔款项用于公共工程开支:在一个地方,他们就在十年内出了1.4万多两白银用来修路、造桥、修庙和在道旁设立歇脚处。因为水道对农业和商业都至关重要,私人和公家为水利花费了大量精力,不同姓氏和背景的人合力进行这些工程。

这一地区的大城市吸引了许多客商,他们利用亲属和地域关系组织正式、非正式的群体以控制某个行业或是掌管某个码头。在 18 世纪,行会性质的公所数量增加,最终(在 19 世纪)作为城市市场上规模较大的团体取代了比较狭隘的会馆。例如,在苏州的 48 个以上的会馆中,62%以上是在 17 世纪后期至 18 世纪后期建立的,而清代苏州的公所中只有 13%是在这同一时期建立的,绝大多数是在 19 世纪建立的。各种以精英为主的组织得到了当局的容忍,还用它们来帮助管理城市,但正如我们在第二章中谈到的,工人要想以类似的方式建立组织遭到了激烈的反对。官员和商人都害怕经济利益者与宗教异端势力结合在一起有着爆发性的潜在力量,而宗教异端势力还结成邪教团体,就像 18 世纪大运河中的漕丁组织的罗教一样。到 19 世纪在精英的控制减弱时,这样的团体中才出现了真正的工人组织。

　　另外,国家还成功地压制住了想要干预朝政的文人团体。明朝东林党和复社(两个组织的骨干都出自长江下游地区)的先例就足以使满人要采取反对文人结党的政策。只允许官方建立的学术团体存在;对诗社和非正式的相互联系也能容忍,但独立的高层精英组织直至 19 世纪才发展起来。只要群体仍极为分散仅发挥特定的功用,以致个人的利益都分散在各种群体中,国家就会愿意采取自由放任的政策。值得注意的是,使得各省在科举考试中相互故对的行政界线却并不有利于地区的整合。方言的差异(长江三角洲居民讲吴语,北部居民讲官话,西南边缘地带居民讲安徽话)也使得精英们不能很方便地就结成同盟。

　　在长江下游的市场中有三个城市最重要。苏州在这一恢复时期人口增长得最快,最终到 19 世纪中叶达到 70 万,已成为全国的稻米交易和棉织与丝织业中心。苏州还代替了前明的首都南京成为这一地区的中心都市。杭州和南京(这两个城市过去很繁华)继续发挥着地区都市的作用。在城市排序中低于这三个城市的是扬州,它是大运河边上一个大的商业中心,盐业衙门所在地,也是徽商在全国经营网关键的一个点。孔尚任 1685 年住在扬州,据他说满人征服时曾被毁的这座城市那时已恢复了昔日的繁华,"无疑是那时中国最有活力的城市。"①宁波是 18 世纪兴旺的沿海和海外贸易中心,尤其是与日本的贸易。上海是当地的纺织中心,到 18 世纪已成为一个联系东北、华北与华中、华南市场从事大豆和粮食沙船贸易的大港口。上海的兴起是 19 世纪中期变化的一个先声,这一变化将使上海而不是老的长江下游城市在这一地区最终在全国地位显赫。

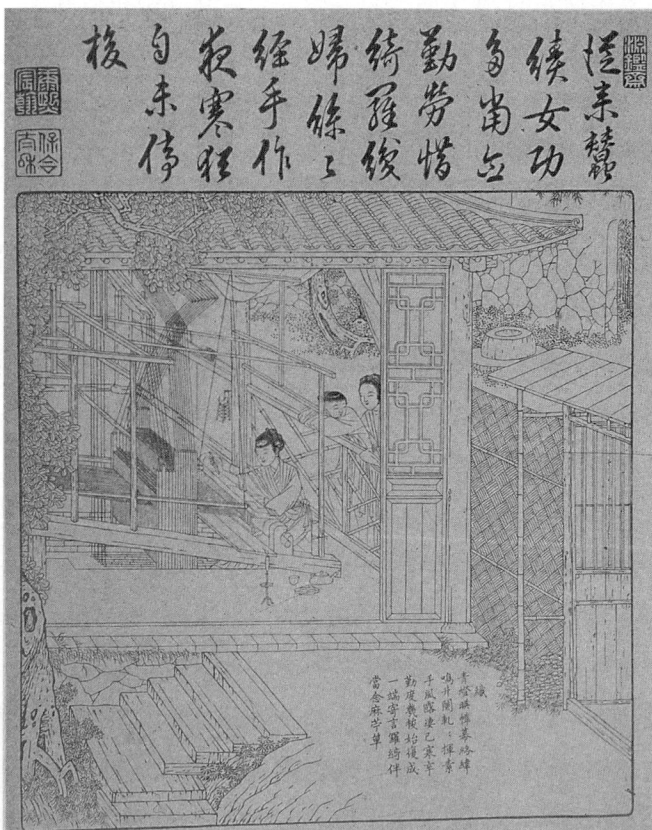

康熙年间的版画织布图

---

① 宣立敦(Richard Strassberg):《孔尚任的世界:清初中国的文学家》(*The World of K'ung Shang-jen, A Man of Letters in Early Ch'ing China*)(纽约:哥伦比亚大学出版社,1983 年),第 131—132 页。

在清初,长江下游的市场经济继续深深地渗透进农村。手工生产促进了太湖岸边苏州附近还有湖州和更南面嘉兴的丝织业辅助中心兴起,在这些地方周密的加工制度组织农家妇女从事丝织。有一个兴旺的输出稻米的市场对这个地区已非常重要。能与大市场沟通就意味着要鼓励农家通过生产手工艺品或是种植棉花、桑树这样的经济作物,还有养蚕来赚取额外的收入。家庭还可以把自己没事做的儿子送到城里干活。这种以市场为导向的环境孕育出了晚明和清代的农书,书中向人们解释如何才能找到获得最大利润的行当和土地使用方法。

像中国其他地方一样,这一地区的边缘地带在清代生产力也有提高。苏北的一些湿地得到疏浚并种上了冬小麦和新培育的生长期短的水稻,不过这些地方还继续受到淮河水系长年涝灾的侵害。邻近东南沿海和长江中游的山地接纳了新来的移民,到 18 世纪末出现了其他地区常见的水土流失问题。

因为对苏州、南京和杭州进行过很多研究,所以我们对其空间组织、社会构成和经济功能比较了解。这些城市位于中国经济最发达地区的核心地带,拥有最好的运输网,也是新兴的纺织业中心和高质量图书出版业的重镇,还为地区间的商业发挥了转手贸易的作用。像其他大城市一样,这些城市里都有大批来自本地和外地的客居者:徽州和福建的商人、宁波和陕西的票号商,还有从事手艺和专业服务的外来移民。这些城市的与众不同之处在于它们作为文人文化中心所起的作用。

假如北京已成为清代中叶皇家官修历史和学术著作的编撰地,那么长江下游的城市还仍是中国文人喜爱的家园。尤其老城区是出学者和闲散之士的地方,也吸引他们到来,这些人中有藏书家、印学术书的书坊老板、收藏家、艺术家、诗人和文学家。这样的文人团体产生了对书的需求,他们还为有文化的读者写书印书,并成为官府以外印书的主力。戏曲也繁荣起来,特别是在有很多商人的城市。在清代,苏州已成为昆曲的中心,在那里有各种戏园,富有的盐商也使扬州成了以演戏出名的城

市。徽商是在长江下游和其他地区之间传播戏曲的重要力量。这些城
市的酒肆、茶馆、客店和名妓在全国都很有名,城里富人宽敞的园林和别
墅被人广为仿建。

　　长江下游的学者(不管是在家乡还是在北京)实际在 18 世纪学术的
所有领域都居于领袖地位。丰富的藏书、学者在学界的合作以及来自这
一地区商业活动的财富支持了考证研究。但长江下游也是其他得势的
文人官员(如桐城派,这些人捍卫朱熹的宋学)的活动中心和许多完全放
弃了仕途的文人的家乡。在 18 世纪为功名和官职的竞争渐趋激烈时,
学界中人开始越来越多地谈论与正统文人价值观不合的看法。忠于明
朝不再是让人不愿出仕的主要动机,但在 17 世纪曾甚嚣尘上的其他一
些观点又流行起来。人们到处口耳相传还有小说中也写到了这样的批
评意见,认为当官有损人的正直,热衷于准备科举考试又阻碍了真正的
学术发展,而且科举还使有才智的人变蠢。

　　有些考不中科举的学者攻击那些有权势者的道德观念,还有些人则
退而去研究文学、书画和鉴赏。施国祁就是一个典型,他在 40 岁时放弃
了考举人,转而一边研究金代(12 和 13 世纪初统治中国北方)的学术,一
边管理他在湖州的棉花批发行。规定乡试学额的目的是不让长江下游
地区整个垄断官场,结果造成科举考试落榜的比例高,使得有文化的人
转而将自己的才智用于艺术和经商,而对学额分配的不满后来成为要求
进行官制改革的基础。

　　长江下游地区实际有每一种农村住区,从独立田庄到核心村落。
村庄比华北的大,还有为农民服务的店铺。在太湖南面的核心地区,
大村落聚集在水道附近,相隔只有几公里,而最大的住区则位于河流
的汇聚处。在更东面的三角洲地区,住户散布在人工开凿的运河两
岸。整个核心地区的地形非常平坦,田里不时会有墓地,还间或有几
座石桥。

　　虽然在这个租佃制盛行的地区有很大的地主,但土地还是多为

只有很少田产的人所占有。田产通常都很分散,佃户一般都要向不止一个地主租地。这些情况加上地主都不在本地管理,无疑削弱了地主的控制有利于佃户。在18世纪,有些地方还产生了一种被称为"一田二主"的永佃制,给了佃户地块的耕种权,有了不经田主同意就可分租或出卖这一权利的自由。佃户的这种优越地位部分是他们开垦并维护了上好水田的结果,也可能是反映了众多的在外地主难以监管他们的分散田产。佃户并不一定就是穷人,有些还是大规模经济作物的租地经营者。

在商业化程度如此高的地区,干活的安排已超越了约束着众多前近代农民的季节限制。农业和手工业生产的多样性和高强度使农民一年干到头。到城里找活干很方便,城市的繁荣也推动人们向城市迁移。这时已出现了地域间的联系,比如杭州的木匠和箍桶匠都是宁波人,苏州的屠户来自毗陵(今常州——译者),剃头匠来自无锡、句容和丹徒县,这表明在考虑客居何处时一定要注意原有的联系。

长江下游是中国佛教流行的核心地区,有许多在全国有名的大寺庙。正是在这一地区产生了晚明时由袾宏和尚领导的复兴佛教并使之大众化的运动。在18世纪期间,世俗佛教运动不断发展,白莲教类型的食素教派很风行,教徒们口念经咒,遵守寺庙的众多戒律,这证明了佛教仍很有势力并有着很强的适应性。这一地区最有名的进香地(吸引了许多外来者)是普陀山,这是浙江沿海宁波附近的一个岛,是供奉慈悲女神观音的圣地。普陀山位于沿海贸易的主要航线上,自唐代起水手和远航商人就来求观音让他们免遭风暴和海盗。到清代岛上已有100多座禅宗寺庙,有些还得到皇室的照顾。九华山是位于安徽长江南岸的一个地区进香圣地,离徽州不远,寺庙里供奉的是地藏王菩萨,他负责将人的灵魂由地狱引到西天。在秋天的进香时节,船只把孝子送到九华山来,求得盖有地藏王印戳的衣衫,以保证他们年迈的父母能逃脱地狱的折磨。对文人来说,安徽的黄山因明代的徽州画家而得名,成了一个旅游度假的胜地。

18 世纪在长江下游有两种主要的社会冲突。第一种是类似当时在中国东南和岭南地区(后面要详细谈到)常见的家族间的争斗。械斗指的就是这种集体的暴力,通常是为了争夺水源,在浙江东部发生的最多。在苏州这样的长江三角洲城市,那里新兴的手工业生产在一个行业就造就了大批的雇佣工人,劳动力市场流动不定,工匠和工人会为了工钱和组织起来的权利而与店主和雇主斗争。虽然这些冲突并不都是马克思主义史学家所说是阶级意识觉醒的反映,但无疑工人们是为了要改善自己的地位,增加一点工钱,店主和官员害怕这么多的工人会对法律和秩序造成威胁。在 17 世纪后期到 18 世纪的这些年中不时地在棉织、丝织、造纸和其他众多行业中会发生罢工和骚乱。

长江下游地区在清代初期和中叶地位突出,而到 19 世纪遇到了不少灾难。19 世纪 30 年代经济的衰退必然就使这一商品化程度最高的地区商业萎缩,走私和官府的索取使盐商的利润下降,同时大运河接近垮塌的状况使得客商不得不重新安排经商路线。考据学术不问政治的倾向开始遭到激烈的批评,其他地区更有号召力的学术受到欢迎。很快就发生了更糟的事,19 世纪中叶太平天国起义实际毁掉了江南学术的基础,给了其他地区与之竞争的商人以支持,还以牺牲被太平军占领城市的代价推动上海开始了大发展。

没有别的大区能与长江下游和华北在帝国内所具有的中心地位相比,就是 18 世纪时在国内发挥了重要作用的长江中游、东南沿海和岭南地区也不能与之相比。虽然长江中游的赣江流域早就很富裕,对中国的政治和文化界有重要影响,当地的精英与长江下游的精英情况差不多,但其他地区的发展则比较晚。在下面的内容中我们会看到长江中游地区精英对全国的影响,还会看到由于其相对的孤立以及边地骚乱问题带来的后果。虽然这些问题在前面两个大区不太典型,但对整个帝国而言却很有代表性。

长江中游

长江中游大区由 800 多公里长的长江水道加上长江的四条主要支流(汉江、沅江、湘江和赣江)的流域组成,包括九个省的部分地区。与前面谈到的那些大区不同,长江中游的一个特点是其又分为几个截然分明的分区。山脉实际环抱着分区的四周,将每条水系分开,使各个分区独自发展。

其中的一个分区是赣江流域,虽然施坚雅认为它是一个独立的大区,我们还是将其归入长江中游大区。位于江西的赣江流域有这样一些特点,它有自己的方言(与长江下游的方言相近),一直发挥着一个文化中心的作用(不过地位有所下降)。它有其兴旺的省际商业网,在北部的核心区域聚居着有权势的耆旧大族,而在南面和西面的边远山区有大批客家人居住。另一个重要的分区是汉江流域,它位于大区另一端,这里的山地(分布在湖北西北、陕西西南和四川东北)在白莲教起义时(1796—1805 年)成了官军最头疼的地方。实际上,这一大区的不少多山地区都是骚乱不宁的地方,整个 18 世纪汉人与土著苗民在湘西山区冲突不断,而将湘江和赣江流域分开的山区又是不停爆发土客冲突之地。而且,人们很容易就会越过这些大山,使得大区的边界无论是经济上还是文化上都很松。

长江中游的中心地位以及河流适宜于长途贸易通航的特点,使得这一地区与东西两个方向连通,给了它一种平衡的联合力量。赣江及其支流构成了中国南方不多见的南北方向的内地商路,沟通了长江与广州的联系。湘江是第二条连接华中和广东西江的南北向路线,而汉江水系深入中国,西北与中亚的商路相连。当然所有路线中最主要的还是长江自身;它流过整个区域,将货物和人从最西面的山区经过华中各地送到东面的长江三角洲。在清代中叶,汉口成为统一的大区经济中心,只有赣江流域不属于这一大区经济,它仍被归入沿江而下的长江下游市场。

这个地区在 17 世纪 40—70 年代遭到战火的破坏,而到 17 世纪末恢复经济就是大问题。对清政府来说首要的任务是要鼓励来此移民的人耕种被废弃的土地以恢复农业经济。在 18 世纪有大批移民来到长江和汉江流域的山区,地区经济得到恢复和发展,这里成为活跃的全国粮食市场的一部分。尽管 18 世纪末在核心区域出现了为控制水资源而起的冲突,在山区动武械斗和社会骚乱也越来越频繁,但这一地区总的经济状况仍在不断发展,直到出现道光年间的经济衰敝和随后的太平天国起义才被打断。

耕地数量的恢复和增加使许多新移民来到这一地区最好的土地上,但由于好的水田已不存在,就促使移民迁往边缘地带,前所未有的移民大潮涌向山区。有个叫施润章的地方官写道:“福建沿海多游民,江西多无人耕种之田……游民成群而至,露天而卧,于清冷薄雾中过活。”①有些人仿效少数民族,烧荒耕作,在肥沃的土地上种植玉米、土豆这样新的旱地作物,然后抛荒而去。其他移民则有其技术专长,从事开矿、伐木、造纸和别的山区行当。还发展出了售卖、输出这些经济作物的商业网,邻近地区需要劳力自然就会经常出现通往那些地方的山间小路。在自己的地区人满为患后,湖广(湖南和湖北)的农民又成为向长江上游移民的主力,而湖广和江西人还远至西南和岭南。

160　　移民中有许多是客家人。这个亚族裔的少数群体有自己独特的方言和习俗,他们在东南沿海、岭南和长江中游几个大区交界的地方安了家,这被梁肇庭称为是客家人“孵化期”(incubation period)的时期,他们产生了强烈的自我意识。客家人适应其住区人口增长的现实,并利用了邻近核心地带出现的新机会。他们有着在山区从事农业和手工业的技

---

① 转引自韦思谛(Stephen C. Averill):《高地上的革命:共产主义运动在江西省的兴起》(Revolution in the Highlands: The Rise of the Communist Movement in Jiangxi Province),博士论文,康奈尔大学,1982 年,第 11 页。

能,但在长江中游(处于湘江和赣江流域之间江西西部的山区除外)的开放社会中,他们倾向于放弃其原有各自不同的族性,将之都汇入到流民"游户"的海洋之中。在江西西部,客家人一般都处在两个对立的群体之间,一个是土籍汉人,另一个则是土著部落。就像在东南沿海地区一样,土客民之间不通婚,不在一起生活。也许是因为地方上的这种仇视情绪造成双方都很好斗:在17世纪后期和18世纪前期这些地方发生了几次流民起义。有些江西流民也积极参与,地方精英感到自己受到了威胁,因而在1731年作出规定,单独分出科举名额给那些在当地住满20年并有自己地产的考生。

这一地区移民的另一特点是因汉人深入少数民族区域而造成了冲突。瑶族住在湘南的山区,苗族住在西部与长江上游交界的地方。在山地,这些少数民族以从事刀耕火种的农业过活;在平地,他们从事旱地耕作。他们栽种各种粮食作物,在18世纪有些像玉米这样来自美洲新世界的作物在他们的经济生活中逐渐变得重要起来。他们种植棉花、蓝靛和树木,还开矿,打造铁制农具和兵器,制作精美银饰件,生产刺绣和扎染衣物。这些人的住地经常都围着木栅栏,一般都不大,是主要的社会单元。苗族历法中重要的活动是过春节,在满月时举行,人们在春节时擂鼓、跳舞、游乐,年青男女还可有性关系,他们只有在生了第一个孩子后才能在一起生活。族裔不同的群体一般不通婚,他们因住地高低、生存方式以及其他文化特点的差异而被分隔开来。

在这一社会中,小规模的争执和暴力一直存在。与西南地区的情况一样,汉人的进入以及改土归流的推行引起了麻烦,尽管官府做善事在那里兴办义学,还专门分配了科举名额。在整个18世纪冲突不时发生,1728—1730年在湖南西南爆发了与苗民的武装冲突,1795年在湘西又爆发了规模更大的冲突(一直是苗民生活区域的湘西甚至直到20世纪都有重兵驻扎,那里的凤凰县是以出军官闻名的)。

这一地区的核心地带尤其是湘江流域成为稻米的输出区使之需要管理水资源。长江与其支流的水位有着季节性变化,有可能突然变成汹涌的激流,结果整个大区的水文状况总是不稳定。当汉江、长江和洞庭湖同时出现高水位,地势低的平原就会立即受灾。只有长期投资于水利设施才能免受这样的灾害,在 18 世纪几乎整整一个世纪内,清朝国家花钱修了大量的防洪堤和水利工程。

长江中游的河流和灌溉系统由公私两方面一起来负责管理,而这一地区经济的成功发展就主要依靠种植水稻和水上交通。在这一地区核心地带冲积平原上生长的稻米成了该地区的主要输出产品,出售给长江下游和北京的居民。随着湖南稻米经济的发展,湘江上的港口还有湘潭和衡阳的米市也发展起来。到 18 世纪末,湘潭城外沿着湘江分布着约20 里长的码头和市场。位于汉江和长江交界处的汉口作为稻米和其他商品的集散中心获得了很大的发展。

在这一大区西北角汉江流域山区的移民使得沿江的商业也得到了发展。地方官积极鼓励在地势较低的汉江流域种棉花,这里出产的棉花被溯流而上运往西北地区,最终还运到蒙古。到 18 世纪后期,湖南出产的茶叶被用船经汉江运到恰克图卖给蒙古人和俄罗斯人。在这些山区为市场而开发的产品对这一地区的经济已极为重要。汉江流域山区出产的货物沿着江被运往汉口,这些货物有铁、纸、生漆、桐油、香菇和姜黄（用于加工烟草和香）。衡阳成为一个输出类似经济作物以及矿产品、木材、烟草、蓝靛和植物油的中心。

对外贸易对江西和赣江流域的财富也很重要。在长江上的一个大港口九江有朝廷管理的税关,这个税关是全帝国征收国内通行税最多的地方。在清初,福建西北出产的茶叶经江西通过忙碌的陆路向南运到广州。景德镇是江西东北靠近长江的瓷器生产中心,17 世纪 70 年代后已从原先的破坏中得到了大力恢复。在清初,朝廷和繁荣的国内市场都需要它的产品,欧洲人也急切地渴望中国的瓷器。新的釉下彩更加精美,景德镇的制瓷产业到 17 世纪后期生产达到高峰,每年出口到欧洲市场有几百万件。木材和原料的产量很高,成品用船经九江运往国内市场,通过赣江水系被运往广州。

长江中游的城市和生产中心自然就吸引了来自其他大区做各种生意的商人。盐是由以扬州为基地的两淮盐商运来的;盐商还控制了部分长江上的船运业,因为运盐的船队要化四个月时间溯流到达汉口,回程时可以搭载粮食到长江三角洲。稻米市场主要被长江下游的商人控制,茶叶市场被浙江和徽州商人控制,票号业务及与中亚的贸易被山陕商人控制。到 18 世纪末对外贸易中的鸦片和茶叶生意增长,这时广州商人开始在汉口占了上风。

虽然长江中游的商人在进入长江三角洲的市场上只获得有限的成功,但他们在自己的地区和邻近正在发展的地区地位很稳固。湖北麻城的"黄帮"垄断了汉江流域的棉花贸易,江西商人(他们的会馆供奉一个被神化的 4 世纪时的南昌人)专门从事四川的盐、云南的茶叶和木材生意(他们从长江上游和西南地区以及自己本地得到货物以满足不断增长的需要)。江西人好像还经营管理湘西的纺织业。

在该地区三个最大的城市(南昌、长沙和汉口)中,汉口作为长江中游的中心城市崛起。汉口很快就成为稻米、盐、铜、茶叶和其他商品的大转运点,按照清初一本商家便览的说法,汉口"是整个帝国中汇集、出售 *163* 商品最大的港口"。[①] 城里的人口也随之增加,其中很多是男性客居者,18 世纪中叶人口是 20 万,而到 1800 年已达到 100 万。

在城市居民中,随着会馆组织的不断增加地域联系得到加强。清初时汉口只有一个会馆,而到 18 世纪末已有 26 个(以后更多)。随着城市

---

① 罗威廉(William T. Rowe):《汉口:一个中国城市的商业与社会,1796—1889 年》(*Hankow: Commerce and Society in a Chinese City, 1796—1889*)(斯坦福:斯坦福大学出版社,1984 年),第 23 页。书中对汉口的情况有详细的介绍。

清代外销画表现制瓷生产中出窑的过程

经济的发展,这些会馆开始让位于目的在于垄断整个行业的组织。汉口的米市行会建立于 1678 年,后来一直存在到 20 世纪,这是早期囊括来自不同地区商家的行会组织的一个典型。规模不小的会馆在城里有不少产业,它们修桥铺路,资助救火队,花钱建渡口,办学校。福利安排、文化活动甚至还有城市的防卫在很大程度上都要依靠商界的财力和领导。五月五日的赛龙舟组织了城市的对抗赛,大家从观赛中获得乐趣。正如罗威廉的著作所说,汉口的发展表明,那些特定的、非官方的组织开始更广泛地吸收成员,"关注范围更广的城市社区",介入城市管理。

长江中游也有长江下游出现的那种新型的工业冲突,但这里的工人建立自己的组织不太成功。景德镇的瓷器作坊不再采用明朝的那种依靠强制劳役的制度,到 18 世纪 40 年代那里已有二三百家窑厂,雇用了大约十万名工人。这个庞大的工业中心产量高,劳动分工专业性强,季节性雇工多,在 18 世纪中叶爆发了好几次罢工。一次是为便于将瓷器运上船的包装工举行的,他们要求增加肉的定量;另一次是在 18 世纪 90

年代要求官窑恢复传统的付工钱方式,由付价值比较低的碎银恢复为付银锭。两次罢工都被官府迅速镇压,据说包装工后来干活时在肚子上扎条白布带就是为了纪念他们被杀的一个领袖。①

与华北地区不同,官府对长江中游的控制较松,商业中心也像行政中心一样重要。这一地区只有一个八旗驻地,绿营兵的数量也比较少。湖南甚至直到 1723 年才有巡抚。汉口尽管是个经济中心,但它只是属于附近汉阳官员管辖的镇级官员治地。湖南的省会长沙是湘江上的一个商业中心,但在 18 世纪它却不是省内最大的米市,上游的港口湘潭才是最大的米市。江西的省会南昌位于赣江江边,它既是行政首府又是主要的转口贸易城市,但其附近的景德镇却是个没有行政地位的主要工业城市。国家对省际的粮食贸易非常关注,而该地区在粮食贸易中起了关键作用。正如王国斌(Bin Wong)所言,国家要尽力为这一贸易创造一个稳定、有序的环境。与此类似,政府官员还出面组织修筑堤坝,管理灌溉系统。与其他地方的情况一样,18 世纪总的趋势是,地方精英开始从国家手中接过水利和粮仓管理这些事务的管理权。

除了赣北外,在学术声望上长江中游不能与华北和长江下游相抗衡。江西在元代和明初是中国主要的学术中心,在进士的绝对数量上仅次于浙江和江苏。江西商人积极经营从事北京的图书生意,在康熙至道光年间江西编的地方志超过别的任何一个省,在 18 世纪 70 年代编撰《四库全书》时江西的藏书贡献很大,这一切都证明这一地区参与了全国的学术活动。与此不同的是,湖南直到 1723 年才有自己的举人考试,在湖广 18 世纪的经济繁荣只是缓慢地推进学术。到 18 世纪末,长沙岳麓书院的山长才与后来当官的像严如熠这样的学生一起关注经世致用之学。至 19 世纪湖南学术和政治上的辉煌时代终于到来,诸如贺长龄、陶澍和魏源(和后来的曾国藩)这些本地人成为在全国政治中有影响的

①刘永成:《论清代雇佣劳动》,《历史研究》,1962 年第 4 期,第 110 页。

领袖。

长江中游的城市精英文化反映了不同的商人群体居于主导地位的变化。像在其他地方(尤其是在汉口)的情况一样,晋商和徽商在各地建造会馆和寺庙,举办诗社和宴会,开办戏园。曾一度红火的江西弋阳腔已长时间不流行了,但到18世纪汉口成了梆子剧(得名于用来按节拍敲击的响板梆子)演出的中心,这种戏是由其来自西北的商家恩主带来的。这些商人的地位接着在19世纪中叶又被来自湖南、宁波和广州的商人所代替,他们成了文化上的主导群体。

长江中游地区有好几个宗教圣地。最有名的可能是龙虎山,它位于江西东部三个府交界处的两座峰是张天师的家乡,张家是道教真一派地位显赫的世袭首领。11世纪时就给他们家封了地,传承了五代之后又封₁₆₆了更多的地,天师有着大量出租的土地、官府出钱为他雇的人手,他还能从出售香符中得到收入,有权发放官方认可的道士证明,甚至还有任命天庭中大小神灵的权力。湖北北部的武当山在15世纪得到了皇帝的各种照顾,一直是重要的进香圣地。

在长江中游发展中的城市和乡村住区中存在着不同演变阶段的家庭,从客居的单身男子到要开始新生活的小家庭,再到在稳定的社区中建立的固定的大家庭,各种形式都有。例如,在江西到18世纪末大部分增加的人口都被吸收进了大家庭。如同中国的其他地方一样,大部分移民都要依靠其乡土的联系和经济上的特长来在新社会中立足,但这里与东南沿海地区不同而与长江上游一样,没有明显地出现亚族裔的认同。

各种超出亲属和地域关系的会党开始产生出来,还发展到了城市以外的地方。在国家力量通常都很脆弱的边地,这样的联系不是由精英而是由社会中的其他势力来进行的,这些人多数都藐视政府权威。到18世纪末,由于中央政府对整个边缘地带控制不严,使得这些新组织和武装团伙为所欲为。兴起于东南沿海的三合会通过运输工和移民向西发展。在汉江流域另一个会党占了上风,情况更为严重。

在跨越了省界森林茂密的山区,移民、土匪和有势力的地方豪强依靠职业和地域联系建立了新的住区。边地的情形使得必须建立地方武装。从邻近的四川贩私盐可以获利,需要现钱可以造伪币,出于安全的需要促使保镖行当产生,这一切都是非法的行为。由于这里没有历史悠久得到功名的家族,武装团伙的首领就作为山区的精英应运而生。18世纪70年代,被称为"过路匪"的匪帮(可能是客家人)很活跃。然后到80、90年代,在汉江流域山区许多人参加了白莲教,有了统一的信仰和组织。人口的增长和地方经济的发展使得政府开始严密监视边地,官员们发现167并试图去镇压白莲教派。由此引发了一场一直延续到19世纪初的武装起义,需要不断用兵,结果大大地消耗了朝廷的财力。

国家还遇到难以维护水利设施的困难,而该地区的经济要依赖这些设施才能顺利发展。比如,在湖南垦区扩大、人口增加导致洞庭湖受到蚕食,农民筑堤围去部分湖岸以在肥沃的淤泥中种庄稼。围堤的规模越来越大,但政府无法阻止不断的蚕食,随着这极为重要的蓄水湖盆范围减少,水位的微妙平衡就遭到破坏。汉江地区和其他山区的发展也有同样的破坏作用。为了在山坡上种新的谷物,移民们砍去地表的树木,光秃秃的山很快就造成严重的水土流失。河流中满是淤泥,洪水经常泛滥。水位变化的转折点是湖北1788年的大洪水:长江有二十多处溃堤,洪水在江中泛滥,上游直至绵阳,下游到达汉口,使得汉江倒流将洪灾扩及上游。长江和汉江的水灾在以后还不时爆发。

长江中游出现的边地问题在东南沿海和岭南地区也常出现,在那里到处都有激烈的亚族裔争斗和发展成熟并具有防御能力的家族组织。另一方面,这些沿海地区还可直接与东南亚和欧洲进行海上贸易。让我们先来看看东南沿海地区。

东南沿海

18世纪初东南沿海的地区经济正处于低潮。沿海居民受到明末经济衰败以及 17 世纪 60 年代迁海令的不利影响,后来对海上贸易的禁令又给贸易一个沉重的打击。沿海的泉州和漳州两个府在 40 年的争斗中多次易手,先是满人与郑成功(国姓爷)领导的忠于明朝的军队争斗,后来是满人与三藩之间的争斗。虽然再也没能恢复其对外贸易的主导地位,但由于得益于台湾的发展以及与东南亚经济关系的大发展,1683 年之后东南沿海的经济还是有了明显的复苏,并在 18 世纪大大地发展起来。

　　这一地区由几条从武夷山向东流经福建、浙南和粤东入海的河流形成的谷地组成。山脉隔绝了这些河谷,形成四个大的区域性流域:瓯江流域,其三角洲以温州(在浙江)为主;闽江流域,福州是其三角洲城市,也是该地区的都市;九龙江流域,包括漳州和泉州;韩江流域,其三角洲城市是广东的潮州。这些港口城市都有长期从事跨区域沿海和海上贸易的历史,它们是东南沿海地区的开放口岸,与整个东亚边缘地带的外国人进行联系。其繁荣与被山地环绕的内地的贫困形成了鲜明的对比。因为这个大区又被南北向的大山从正中分开,其内地就面对着朝向长江下游、中游和岭南的内陆,其界线也比人们根据地形所能想象的要更灵活。

　　尽管有来自广州和宁波的竞争,这个地区的港口仍继续被当作重要的转运点,商人控制了与沿海地区和东南亚的贸易。在 16 世纪后期,大约就已有 7 000 福建商人每年到马尼拉去接从新世界来的商船,他们最终还在那里建立了自己的社区。来自东南沿海(和岭南)的中国人沿着贸易路线在暹罗、巴达维亚、马六甲和苏门答腊安家;当英国人于 19 世纪初夺取了新加坡后,用中国人的资金和来自这两个大区的劳力在那里开采了锡矿。清朝不时欲限制海外商路扩展的做法受到了阻碍,一是因为难以控制,二是连官方也承认这一地区"有一半人口要靠航海维持生计"。① 在 18 世纪,不断有人外迁去其他大区和东南亚。由于耕地有限,

---

① 　傅乐淑(Fu Lo-shu):《中西关系史料编年(1644—1820 年)》[*A Documentary Chronicle of Sino-Western Relation (1644—1820)*](Tucson:University of Arizona Press, 1966),第 193 页。

这一地区的人口压力继续使人们去从事渔业和商业,到 18 世纪 80 年代随着政府对沿海失去控制,从事这两个行业的人很容易就变为海盗。19 世纪初鸦片输入的兴盛维持着当地的经济,但到 19 世纪 20 年代这个依赖海外贸易生存的地区已深深地感受到不景气的影响。 169

在东南沿海地区居住着一些少数民族和讲各种不同方言的汉人。武夷山是畬族的家乡,畬族是与刀耕火种的瑶族有关的一个土著群体的余部。还可以在沿海地区找到少数有着类似来源的疍户船民。畬族和疍民都已完全被汉文化同化。在晚明和清代畬族从福建北部山区迁移到浙江南部,有些人甚至向北迁得更远到了长江下游的山区。在这些山区,他们清整土地,只要有水可用就修梯田,种植水稻、茶叶和蘑菇。他们种的大宗作物是土豆。或许他们的迁移是对客家人在同一时期侵入他们家园的一种反应。这两个群体肯定相互影响很深,使得他们有着相似的习俗,最明显的是允许妇女下田干活,不裹脚。

在汉人中可以按语言分为五个大的分区:瓯江地区人讲吴语,福州地区人讲福州话(闽北话),九龙江流域人讲闽南话,潮州人讲潮州话,客家话是西南边缘地带内地山区的主要方言。东南沿海的亚族裔划分并不排外,但客家人和其他汉人之间关系最为紧张。正如我们前面所说,这个地位不高的早期移民群体住在该地区边缘山区,主要种植茶叶和蓝靛,从事伐木、烧木炭、开矿和采石这样的行业。客家人的服饰、习俗、职业和语言与众不同,并受到邻近居民的轻视,他们无论在什么地方都处于一种边缘的地位。我们已经提到,在清初他们离开自己居住的人满为患的山区,向西推进进入长江中游,向西南进入岭南的河流三角洲,向东越过海峡进入台湾。

东南地区沿海的平原每年种两季,而边缘的内地每年种一季。稻米是大宗作物,与输往最富裕地区的诸如甘蔗和烟草这样的经济作物相互竞争。由于水田有限,种植的商品经济作物越来越多,加之要驻扎大量军队,使得东南沿海成为稻米供应不足的地区。这里的常平仓储存额是

整个帝国最高的。因而在 18 世纪不得不从台湾、长江下游和东南亚输
入粮食,使这一地区更加依赖海上贸易。当棉花的种植被像甘蔗这样的
作物代替了时,这个大区开始从北面输入原棉以供当地加工。从东南亚
由人们熟悉的路线引进的新世界的粮食作物早在 16 世纪就被该地区接
纳,对边缘山区的发展做出了贡献,番薯加入了芋艿、竹笋和鱼的行列成
为当地饮食的组成部分。该大区还有在 18 世纪中叶向中国大陆引进了
鸦片的不好名声,鸦片最早也是在东南亚的客居者发现的,后来通过国
内的贸易网传布到各地。到 18 世纪末吸食纯烟土已非常流行,东南沿
海的商人从这一非法贸易中获得不少利润。

   一些当地的出产在国内也很有市场。福建西北提供的木材使建宁
府在明代成为一个有名的印刷业中心,邻近地区的纸商是该地区第一批
在北京建立会馆(建于 1739 年)的商人。在厦门附近的德化窑生产纯白
的瓷佛像和瓷制礼仪用品,欧洲人称为"中国白"。在晚明和清初这些瓷
器广为行销于国内外,到 18 世纪初达到了它技术上的高峰。

   福建西北武夷山出产的茶叶也是一种有名的出口商品(英语中"茶"
的发音就来自厦门话)。随着大众的口味由茶末和茶饼转向茶的叶片,
在明代福建茶的主导地位已让位于长江下游出产的龙井茶和松萝茶,但
在 18 世纪福建茶还继续用船通过汉口运往中亚,同时它还是出口到西
方的发酵红茶的主要产地(茶在 17 世纪 50 年代开始在英国向公众出
售)。在 1719—1762 年之间茶的产量增加了 6 倍。1760—1771 年间,从
广州用船装运出口的茶叶大约有 48%原产地是福建,到 1800 年这个数
字上升到 69%。茶叶的需求促进了福建西北地区的经济发展,但该地区
与外界隔绝的特点使得它不能对整个大的地区产生比较广泛的经济影
响。而茶叶贸易的繁荣转而对长江下游相邻地区的地方经济有益,吸引
流动的客商来福建,并在江西东北形成了一个大的茶叶市场。最终在 19
世纪,陆路的贸易路线被沿水路通往按条约开放的福州港的贸易路线所
代替。

自 17 世纪中叶地区经济的衰落有所复苏后,厦门成为泉州和漳州 *171*
两地的中心,这个繁忙的港口每年要有几千艘船前来停泊。有个学者称
"(在 1786 年)它成为南方最繁忙的港口"。① 福建商人不仅在联系东南
亚和华中、华北的沿海贸易中重新发挥了他们的周转作用,而且这些客
居商人还控制了正在发展的与台湾之间的稻米、糖、丝和木材贸易。虽
然广州在 1757 年得到了与西方贸易的垄断权,宁波得到了与日本贸易
的垄断权,但客居在这两个港口的福建商人还是参与了这一有利可图的
生意。在 18 世纪后期和 19 世纪前期,有几个出名的公行商人家族实际
就是福建人,其中最有名的有潘家(潘启官)和伍家(伍浩官)。这些公行
商人的头面人物用他们卖茶叶给西方人得来的剩余资金投资于在福建
西北山区的茶叶生产。在 18 世纪后期,福建人仍在日本、朝鲜和东南亚
的华人社区中占据主导地位。

东南沿海的商人开办贸易公司和批发企业,并积极从事船运业。
为了避免在海上运输银锭,他们改善了信贷制度。比如,厦门的商人
越过汹涌的大海去台湾,他们每年只与岛上的客户结一次账。与台湾
的贸易买卖经常不能平衡,这就促使专门的汇款机构发展起来以便资
金流动。这些经营活动无疑对 19 世纪台湾复杂的契约习惯法的演变
有很大作用(后面要专门涉及台湾)。甚至在福建西北和南部的内地
乡村,福建人也设计出了复杂的市场机制通过合作组织来租用驮畜,
合用牲口。

福建在反清复明活动中所起的作用使得清朝在那里驻有重兵。省
会福州驻有 3 000 八旗兵,他们是沿海防卫力量的一部分。1767 年福建
(包括台湾)驻扎的绿营兵是任何单独一省中数量最多的(有 6.6 万人),
所需费用也最多。这些常备军在 18 世纪大动干戈只是为了镇压台湾的

---

① 引自吴振强:《贸易与社会:中国沿海的厦门商业网 1683—1735 年》(*Trade and Society:The Amoy Network on the China Coast 1683—1735*)(新加坡:新加坡大学出版社,1983 年),第 6 页。

叛乱,有 18 世纪 20 和 80 年代的两次叛乱,还有在 90 年代打击蔡牵及其沿海海盗舰队的行动。

官方一直认为东南沿海是一个很难控制的地区,而 18 世纪的发展趋势也证实了这一判断。强势的合作组织压制住了阶级冲突,但又扩大了建立在地域、亲属和族性基础上的对抗。与岭南地区的情况一样,东南沿海地区也以有特别强的家族势力而闻名。这些家族拥有共同的财产,想要控制乡村,甚至还要控制市场区域,地方精英依靠家族势力为了权力和地位相互竞争。家族内部经常是层次极为分明,被那些较为富裕、受过较好教育的男子控制。在这里人们非常认真地关注风水,为建筑择址以便能在土中触及其原始的能量搏动,在中国南方有些地方盛行二次葬(挖出尸体,清理骨骸后重新埋葬),促使富裕的家庭和家族在为求福看风水上相互竞争。而那些没有一个强大家族保护和支持的人就必须编造家谱,并以联合的方式形成亲属群体,这证明了为在地方扩大权势采用这种社会组织的有效性。其他人依靠合伙的财产和社区寺庙的组织结构。在 18 世纪,这种将垂直组织变为对立集团的趋势加强了,就像伴随着激烈竞争而来的暴力所起的作用一样。

在这个逐渐更加封闭、竞争性更强的社会中,并非明媒正娶的童养媳极为普遍。这淡化了姻亲关系,还不用付彩礼。因为新娘是从儿时就在自己的丈夫家长大,所以通常影响家庭和睦的婆媳紧张关系会松弛下来。

东南沿海的社会还产生出一种在清代出现的新型的主要社会组织:三合会类型的会党。这些独特的会党组织最早于 18 世纪 60 年代后期出现在漳州府,到 80 年代台湾的林爽文起义时才为官府所知,很快就在运输工和商人中发展起来。到 19 世纪初,三合会已传播到长江下游和岭南地区,会众们从事走私、敲诈、当海盗和抢劫这些非法活动,越来越成为让官府头疼的问题。

福建的地形使得该地区的核心地带人口高度密集,城市化程度高。

实际上,东南地区在 19 世纪中叶是三个城市化程度最高的大区之一。福州是北部沿海的主要城市,潮州是南部的主要城市,它的兴起繁荣部分得益于与东南亚进行的稻米贸易,在 1767 年有个潮州人还成了暹罗国王。福建的城市里住着许多地主,他们离开乡村来到城市,利用这里的文化便利并得到了安全。

福建在明代按人均计算是出进士最多的地方,到 18 世纪已下滑到第八位。文化传统、商业财富和家族对准备应试的支持无疑都对东南沿海地区有利,但漳州和泉州学术地位的衰落使福州成为主要的文化中心。这个地区的学者对长江下游时行的考据学术不感兴趣。1707 年建立的鳌峰书院就以遵循严格的正统经典而闻名。像广东和湖南一样,东南沿海到 19 世纪已开始崇尚新的思想流派。在全国范围内大家都知道这个地方的人方言难懂,雍正皇帝曾说,"来觐见之各级官员人等,惟闽粤人方音过重,我等难晓其意。"①皇帝下令建立正音书院(是康熙年间这方面努力的继续)以改善福建人和广东人的官话,但没有取得什么效果。

福建的城市也不能不受当时社会朋党之弊的影响。城市精英中派别的对抗造成了永久的裂痕。例如,在泉州为了祭祀土地神依地域不同就形成了两个对立的群体,甚至一直到 20 世纪他们都有着不同的礼仪,举行不同的庆典,在清初为祭祀活动有两个集团还发生了争执,一派支持施琅(台湾的平定者),另一派支持翰林学士傅鸿基(Fu Hongji,此处原文似有误,当时傅姓任翰林学士者为傅达礼和傅继祖——译者)。精英们还要求为表彰家族成员的功德建造壮观的牌坊,以此来争显其权势,福建在 17 和 18 世纪还以没有生育的寡妇堂而皇之地公开自杀而闻名。她们以殉夫来表示贞节,让人感到既敬又畏。

崎岖的山地和相隔不远的村庄点缀着这个地区的乡间景色,表明这

---

① Peter Y. Ng:《新平之地:香港地区汉文地名指南》(*New Peace County: A Chinese Gazetteer of the Hong Kong Region*)(香港:香港大学出版社,1983 年),第 74 页。

里的土地利用率很高。与地主不在乡间的情况相应的是实行永佃制,有着多层次的土地所有权。与永佃制和固定地租并存的还有一些当地服劳役和半仆役依附关系的残余。不过与晚明和 19 世纪初的混乱状况不同,在 18 世纪几乎没有大规模的抗租风潮。地主和佃户的关系仍比较克制,与比较严重的跨越了阶级分野的家族和族裔对抗相比就显得不太突出。

随着许多农村地区都建立了武装,在 18 世纪村庄修有围墙的情况极为常见。在福建西北部,受到包围的客家人从康熙年间开始修建多层的圆形或长方形住房,有防御用的外墙,许多户人家住在一起,里面有牲口棚和工作间,"就像整个村子都修在一座楼房里,里面还有公用的大堂、祠堂以及其他房屋。"①

有围墙的村庄和客家人的土楼说明这里的社会关系紧张,进而导致械斗,最早的械斗是 18 世纪初发生在闽南的沿海地区。家族的或是社区的庙堂会动员家族中较穷的男丁组成武装团伙,并用公共财产所得资助械斗,在祠堂或是寺庙中策划如何打斗。较弱的群体联合起来对抗较强的群体,依照同姓或是地域组合为基础建立的复杂联盟演变为暴力的对抗。地方官不知道在所谓良民甚至地方精英都参与这些争斗时应该怎么做,很容易就会受影响而对这些事闭目不见。19 世纪时械斗在这些地方流行,被当作是当时这一地区所经历的"闭塞时期"的标志。不过,这样的冲突最初是在移民范围不断扩大为新资源争夺不已时出现的。

官员们在该地区的核心地带难以完全控制住精英,而在边缘地带问题就更为严重。就像在帝国的其他边地一样,这里的居民不在官方的社会、文化和政治控制范围内。在那里流民为求生存辛苦劳作:一些人从事伐木,获得了永佃的地位("一山二主"制);其他人种植麻、蓝靛,或是

① 安德鲁·博伊德(Andrew Boyd):《中国建筑与城市规划,公元前 1500 年—公元 1911 年》(Chinese Architecture and Town Planning, 1500B.C.—A.D.1911)(芝加哥:芝加哥大学出版社,1962 年),第 103 页。

在那些需要临时雇劳力的山区行业中当季节工,茶、烟草和造纸这些行业还需要大量的运输工人。在 18 世纪后期三合会组织的发展以及这些人吸食鸦片成风,反映了在该地区他们要求加强社会凝聚力以及政府控制无力的现实。到 18 世纪末肆虐这一地区的劫掠行为在海上也带来了同样的问题,在那里当地人熟悉海边的港湾(以及风向、水位)使得官府的水师处于劣势。

移民们还带来了他们的神灵。在帝国中有一个最有影响的神来自 *175*

福建客家人的土楼

这一地区:妈祖天后。妈祖最早产生于福建的莆田,作为一个神她代表着本地对东南沿海客商的忠诚。这一崇拜与海上运输有着密切的联系,因为天后保佑船只免遭各种灾难侵袭。其他大区中主要城市里的天后庙经常是由福建商人资助和建造的,不过在岭南她也很有影响,是由离开家乡的广东商人资助的。清朝朝廷注意到她有着广泛的影响,所以在1737年将妈祖纳入了官方祭祀的神谱之中。

176   福建还是一个重要的佛教中心,有许多古老、富裕的寺庙。其中最有名的寺庙是福州附近鼓山的涌泉寺,始建于10世纪。清代大众宗教也在这里传播开来。晚明时由林兆恩在福建沿海地区传布的三一教或许就为这样的信仰奠定了基础。各种尊晚明人罗清为教主的教派从浙江传到福建,这些教派既重视宗教经文又重视其实践,在城市和乡村都发展了信徒。

正如我们曾谈到的那样,东南沿海地区与其南面邻近的岭南地区一样,都有一些同样的社会组织和社会问题。这两个地区的地方上都有强大的家族势力和桀骜不驯的传统(从朝廷的角度来看)。这两个地区有大量人口外流,相互之间还为海外贸易相互竞争,它们关注更多的是大海而不是北京。直到19世纪这两个地区的客商才成为在全国文化上和经济上有影响的群体。

岭 南

就像东南沿海地区一样,岭南地区也曾忠于明王朝的事业并为此而遭难。1646年朱聿镈试图想建立政府而很快被满人扼杀,虽然朱由榔坚持的时间长一点,但也不比他的前辈有多成功,忠于他的由广东学者组成的朝廷也同样垮台。1650年,广州的民众抵抗满人军队围攻达十个月之久,满人在攻下城后进行了报复,大肆劫掠,杀了约七万人。17世纪60年代迁海令的执行是对珠江三角洲地区有影响的大事。但朝代的更替对岭南地区既有害也有利。沿海和对外贸易恢复,1757 年广州被指定为与欧洲人进行贸易的唯一港口。特许的公行商人从这一有利可图但也有危险(公行破产是屡见不鲜的事)的贸易中获利丰厚,直到鸦片战争及其后签订的南京条约(1842 年)开放了其他贸易港口时才停止,很快就使岭南经济萧条。但在 18 世纪,会突然爆发使乡村社会骚扰不宁的大规模家族和族裔械斗要到以后才会出现,当时的岭南地区还享受着繁荣之福。

岭南大区包括广西和广东(减去最东面的三个部分)两个省,由三条河的流域组成,每个流域之间被山脉和高原分开。广东和广西之间则被一座从海边横亘穿过广西的山脉隔开。广西与外界所有的贸易活动都是沿河进入广东,或是向北进入湖南。

岭南的市场、经济和社会深受其方位与水系的影响。广西很少有城市位于郁江及其支流两岸,这条河呈东西向横越流经这个省的山区。岭南作为一个整体以广州为主,这座城市正好横跨在三条流向海的可通航河流的交汇处:西江,其支流将珠江三角洲与湖南的湘江和广西的边疆地区连接起来;北江,最终流向连接岭南和长江中游的山口;东江,深深地切入了广东的东北部。岭南处于清帝国最南端的这一位置使之成为海上贸易的一个大港口,而它与北京相距遥远以及其土著与亚族裔汉人群体的复杂混合使其文化独特,有时还难以控制。当地温和的气候能够一年种三季水稻,在淤泥中产量也很高,尤其是在从广州向南流入海的珠江三角洲地区。在呈带状分布在山地较为偏远的河谷农业产量都比较低,使得繁荣的三角洲与该大区的其他地方对比十分明显。

岭南地区的居民有着异质的多样性特点,是"壮族(傣族)、瑶族和从北面来的汉人两千年相互混合的结果,而那些汉人本身也是混杂的"。[①]

---

① 哈罗德·威恩斯(Harold Wiens):《中国走向热带》(*China's March Toward the Tropics*)(Hamden, Conn. : Shoe String Press, 1954),第 269 页。

土生土长的傣人(壮族和黎族，*此处对少数民族族别的说法似与通常看法不同——译者*)是在平原和谷地从事农耕的居民，他们或是已被汉人同化，或是被迫向南进入海南岛，或是向西进入广西。瑶族原本居住在长江下游和东南沿海的边缘地带，后受汉人移民影响转而向南，又从东向西横越过广东。到清初他们已聚居于广西西部。在那里，像其他少数民族一样，他们住在山上，从事刀耕火种的农业，基本上与汉人不相往来。在精力充沛的雍正皇帝统治期间，采取了措施让汉人移居广西对土著居民实行同化政策，包括实行改土归流，还开办学校向土著孩子教授汉字和汉人的价值观。

18世纪的迁移使这一地区的族裔关系更加复杂。虽然有些广东农民受到长江下游和中游的机会吸引去了那里，但也还是有许多新移民来到广东。最让人注意的新移民是身份低下的客家人。我们已经说过，在17世纪客家人离开东南沿海山区，在广东东部和富裕的珠江三角洲定居下来，在那里因当地人的敌视，他们的族性意识增强。在三角洲地区，客家人成了广东人家族占有土地的佃户。到18世纪中叶，三角洲地区的社会中有主要当农民的客家人和广东人，以及有土著血统的疍户船民，他们被邻人当作贱民，专门从事捕鱼和船运业，还有在城里经商的回民。北部和西部的边缘地带也接纳了许多新移民。客家农民大规模地流入河谷地区，还有另一个部落群体苗族因在湘西受到汉人的军事压力而迁来。方言差别明显是大家公认的事实(在现代的岭南还有六大方言存在)。实际上，方言不同是岭南社会一个明显的特征，比如独特的粤语就将那块地方与帝国的其他地方区分开来，而并不理会雍正皇帝为在文人中推行官话所做的努力。

岭南社会有着高度发展的结构和复杂的社会组织。三角洲地区是自我意识极强的父系家族堡垒，有少数家族能将其居住地的开基始祖追溯到宋代，但大多数只能追溯到明代和清初。在这种竞争的环境中，家族成了一种工具，群体可以借此为政治和经济的主导地位而斗争，强者可以借此征服弱者。17世纪后期和18世纪的和平与繁荣推动了为争夺土地、集市控制权和在地方影响力的竞争。有地位的家族都争着去开垦被称为"沙田"的荒地,因为可以有三年免税而得益,用来养鱼和种水稻获利丰厚。有权势的家族一般都有自己的私人武装,他们修桥铺路,控制着自己家村庄周围的区域。在明代后期,他们已能实行其永佃制度。在那里佃户实际处于被奴役地位,以屈从的世袭身份住在周围的村子里。成功就有人模仿,看来在清代这种家族组织以及在其他地方属于精英专有的附属物(祠堂、家谱、豪华墓地),在岭南比在中国的大多数地方都更容易被人接受。 *179*

风水在珠江三角洲这一竞争激烈的社会中特别有用,以此作为非人力所能控制解释成败的一种方式。二次葬的做法使人们很关心墓地的组合和位置,因此风水又被用作是消除对立的武器,认为是某个参与竞争的家庭、村庄或家族的运气好。从葬俗中还可看出即使是关系密切的群体(如兄弟或表兄弟)内部关系也紧张,反映出的道德观念是人人只为自己。

寺庙和神祠既是社会的联合力量也是社会的分裂力量。崇拜像天后这样的民间女神可以被有权势的家族用来作为对周围村庄行使权力的一种象征。在一些有不同姓氏人家的村庄,同姓群体间的敌对会造成无法举行全村人参加的活动;生活就围绕着各个后裔群体的活动进行,住区按姓氏分开,相互间很少通婚。而其他的村庄有几个地位大致相仿的家族,它们往往会强调社区的团结,共同出钱资助庙宇和社区的崇拜活动。当然就是在这种情况下,个人也会对他们的传承世系非常在意,这将他们与外界的一些社区联系在一起。家族模式的影响还可在其他地方也看到,如在各方面对家族公产和家族机构的依靠,还有出钱用于社区的公共用坝。

有权势的家族都在乡村,它们要想维护其权力就必须长期居住在农村。而在中心地点的等级关系中,地方性的家族被地位更高的家族所合并,后者有着将一些分支家族联合在一起的公共财产,它们经常是在集镇,但有时会分布到几个县的范围。到清代后期,作为正式机构范围不断扩大这一长期发展趋势的反映,在广州主要的亲属联系组织不再是家族,而是宗族,这是以同姓的后裔为基础组织起来的,宗族以其机制化的基础为城里的文人服务,采取共同的行动,帮助参加科举考试的生员。在珠江三角洲的"四县"地区,出现了新的社会习俗(如嗣子的买卖),这是移民长期客居策略的一种反映。

180 　在那些未被有权势家族牢牢控制的地区,就要以其他的东西为基础来建立联盟。在18世纪那些给广东人当佃户的客家人刚开始与他们的地主关系很融洽,甚至大家就住在同一个村子里。当客家农民富裕起来后,他们就开始买地。广东佃户和客家地主的冲突以及客家佃户和广东地主的冲突,将群体分为敌对的阵营,每个阵营都开始建立单一族性的村庄,还建了围墙用作防御(在东南沿海客家人的房屋和村庄都按照多层楼房的样式建造)。暴力冲突大量出现,在刑部档案中就记录了许多起罪案。但在18世纪还很少有按照阶级划分举行集体的、有组织的反对高地租和地主非法举措的行动。实际上,群体间的冲突都与不同的姓和不同的族性社区有关。最终,这些冲突在19世纪50年代爆发,在西江地区演变为大规模的、持续性的暴力冲突。

讲粤语的船民(其邻人称他们为疍户)除了大家庭外很少有亲属间的联系,也没有任何形式的家族组织。他们没有土地,整个在船上生活,经常聚集在"船寨"中,从事捕鱼和水上运输。船民们把某种鱼看作是神圣的,以这种和那种方式将自己与其住在陆地上的邻人保持距离。尽管他们有共同的方言,而且雍正皇帝也要他们作为普通人登记落籍,但广东人继续将他们看作是一个单独的、地位低下的族性群体。

珠江三角洲和岭南的其他地方在经济和社会两方面差距很明显。一年两熟甚至三熟的稻作农业在水田地区尤其是珠江三角洲推行,与核心村庄和强势家族的状况很适应。在以养蚕为主的地方,那里村落分散,大家族很少。在海南和沿海地区,为捕鱼和贸易相互竞争,水上运输将相距遥远的人联系在一起。

在大区的边界地带不被人注意的山区耕作,情况与其他的边地山区类似,尤其是与相邻的长江中游地区情况差不多。在那里客家人和壮人争夺数量不多的谷地,移民们和瑶民、苗民一起在山上耕种。来自粤西的矿工在邻近的越南客居。单身男子在采矿和烧炭的行业中找活计,他们在一起过着如同军营般的生活,还组织了自己的会党组织。其他社会的边缘人则自找出路,加入了匪帮,这些匪帮被排挤出珠江三角洲,而在三角洲地区有权势的家族拥有强制力并与组织得更好的秘密会社合作。由于没有固定的收入,这些山区匪帮的组成就很不稳定,其成员总是在不断变化。

三角洲地区和山区的差别还延伸到了家庭生活方面。只有三角洲地区的沃土才能生产出足够维系大家庭的财富(虽然丝织业也给了从事生产的妇女以难得的自由),而在边缘山区谋生的男子更有可能会不结婚,因为他们付不起财礼钱。三角洲的土地与大家庭形式匹配,而山地和会党就起了代替家庭的作用。客家妇女不裹脚,下田干活,所以她们也有权力和影响。山区社会相对的平等与三角洲地区复杂的社会分层形成了鲜明的对比,在三角洲地区社会底层的人包括被卖为妓妾的妇女,还有被卖作童养媳和给富人家当丫鬟的女孩。男子也会被出卖,最常见的是卖给没孩子的人家当继承人。清初在广东还存在着实际是奴隶的男仆。主人对这些奴隶的所有权可以世代承袭(虽然最初是买来的),这看来主要是在有权势的农村家庭流行的一种生活方式。

岭南地区的财富部分是靠生产供销售的商品获得的,这里的商业、手工业和农业都很发达。广州有名的水果荔枝和龙眼晒干后被运到华北的市场上出售。佛山是岭南一个主要的手工业中心,生产的铁罐和铁锅有着很大的市场,到18世纪末这里的制铁业一直处于高峰时期。沿海的盐池向贵州和岭南供盐。水果、甘蔗、烟草和蓝靛代替了稻米和棉花,因为从广西和东南亚低价就能进到稻米,从长江下游和(在18世纪末)印度也能买到棉花。

有好几百年岭南都是对外的一个周转地,到清代中叶当地获得的财富很大程度上要归功于不断发展的对外贸易。葡萄牙人在广州下游的澳门建立了不大的定居点,自16世纪以来这里就吸引了西方人到来。但广州很容易就在经济的重要性上超过了澳门。在18世纪期间,出口到西方的商品增加了近五倍,这促进了整个岭南地区的手工业发展,使得当地的特许商人(有些实际是福建人)获益。这个地区非常适应消费者需求的变化。三角洲地区在1637年向阿姆斯特丹和长崎出口了300多万磅糖,而在18世纪则卖糖给印度。丝绸是出口到东南亚的传统商品,清初英属东印度公司新的需求推动了丝织业的发展,而养鱼业又成了三角洲地区顺德县的专门产业。福建武夷山产的茶是大宗贸易货物,在18世纪后期代替丝绸成为主要出口商品;茶叶贸易给广州提供了加工和包装的就业机会,也给该地区的运输工人提供了就业机会。随着欧洲人越来越喜爱中国瓷器,广州人试着在供出口的碗盘上绘出外国的场景,不过在19世纪欧洲的瓷器生产技术改进后这一需求有所衰减。外国人为这些出口货物付出的主要是来自新世界的香料和墨西哥的银元,墨西哥银元通过广州流入中国,促进了投资和发展。

皇帝在对外贸易中的代表是海关监督,西方人称之为Hoppo(户部)。他是由内务府任命的,每年负责将关税的"积余"部分直接送交皇帝的私人财库。1720年被授予对外贸易垄断权的公行商人很快就能获利。朝廷还想进一步得到他们的资财,希望他们拿出大笔的"报效"用于防卫和其他公共用度,这与两淮盐商的做法类似。到18世纪末,所谓"广州体系"开始崩溃:两边的私家商人对中国和英国的垄断权提出挑战,鸦片开始代替白银作为支付丝绸和茶叶费用的方式,沿海地区的火药味也越来越浓。

广州人是最早在平常的生活方式上受西方文化一些影响的人,他们通过偶尔来的欧洲使臣还有商人和水手有所了解,这些商人和水手一般都被隔绝在城外(到 1771 年英国人才开始在广州过冬),但可以在当地的商店里买到许多西式的物品(家具、瓷器、饰件)。虽然东南亚的华人移民社区以前大多是由来自东南沿海的客居者建立的,但国内的混乱以及在 1842 年香港岛被割给英国,使得在 19 世纪珠江三角洲成为一个向海外移民的主要来源。

到 19 世纪 20 年代,从印度进口鸦片数量的增加导致白银的净外流,这对该地区和整个帝国都有非常不利的影响,但对从事合法贸易的商人并不一定有害。此外,官方的勒索也并不能阻碍珠江三角洲从合法贸易的巨大发展中获得经济利益,1833 年东印度公司的垄断权被废除后贸易有了很大发展。例如,到 1836—1837 年贸易季节结束时,与五年前实行垄断时的最后一个贸易季节相比,广州的出口额增加到 181%,进口额增加到 164%。[①]

在岭南所有的道路都通往广州,这是该地区最大的城市、市场和文化中心,广东省的省会,在 18 世纪它的人口估计在 60 万—80 万之间。附近的佛山人口约为 20 万,像其他几个经济中心一样它反常的只是个镇级行政单位。得自对外贸易的财富使城里经商的精英能过上奢侈的生活,他们修建了让西方人赞叹不已的家宅和园林。他们在北京、汉口和其他地方建造会馆,让广东的商人和文人能了解其他地区城市精英的文化。客居在广州的商人把他们家乡的戏班子吸引来广州,在经济兴旺的 1791 年,有 44 个巡游的戏班子来广州演出。18 世纪的繁荣给开办书院以新的动力,书院数量大增。虽然就总体而言在 18 世纪岭南出的进士并不多,但广州的两个郊县番禺和南海在清代是书院办得不错的地方。其他的教育机构都聚集在大河沿岸的城镇中。比较落后的广西只

---

① 马士(Hosea B. Morse):《中华帝国对外关系史》(*The International Relation of the Chinese Empire*)(1910 年;重印本,台北:世界书局,1966 年),第 1 卷,第 168 页。

分配到很少的举人名额,就像在其他的边疆地区一样,少数民族得到的名额使得当地人很少有机会能在全国范围当官。1820 年阮元在广州创办了学海堂书院,倡导 19 世纪初流行的经世致用之学,标志着该地区的重要性大大增加。

城市社会中掺杂有各种组织,包括会馆和 18 世纪末出现的秘密结社。与其他任何地方都一样,18 世纪珠江三角洲所处的环境使人们本能地为财富和权力而竞争到了极为复杂的程度。到 19 世纪初,原本起源于东南沿海的三合会将对外贸易中的各种边缘人都组织起来,这些人有兑钱商、大班、码头工、小店主、衙门走卒、吏员和黑社会犯罪分子。三合会控制了卖淫、赌博和保镖这些行业。因此,在广州的权力是由国家、商人和这些社会成员共同分享。

有利可图的对外贸易以及广东与明朝残余势力的关系使得政府很注意这个地区。广州被认为是清代沿海防线一个重要的点,驻有一队水师和一支八旗兵。到 1820 年,广东省已是帝国内驻军花费最多的地方之一。与其他边境地区的军队不一样,在 18 世纪广东的军队很少受命去参加军事行动。1788 年,清朝发动了一次不成功的远征去安南(越南北部),要想推翻一个篡位的政权。部分是因为这次失败,也因为沿海贸易的扩展使走私成了沿海居民的一种生活方式,广东的货物托运者在 18 世纪末越来越多地受到海盗袭扰。以陆上为基地的保镖勒索行业植根于已分裂的社会之中,买卖盐和鸦片的厚利以及来自越南的帮助使小股匪徒聚集为大舰队,这样历练不足的清朝水师就难以将其清除。与亚洲内陆的边疆地区一样,那些自命不凡的外国人突破了对他们的限制,在贸易和掠取之间实际是难分彼此。同当时其他边缘地区差不多,沿海地区也会由此导致军事的对抗。当然遇到的这些麻烦先是只有少数人不受控制,后随之在 19 世纪 40 年代爆发了与西方国家舰船的战事,这不仅对岭南而且对全国都有影响。还有到 19 世纪 40 年代,广东商人已移居英属海峡殖民地,投资于马来西亚的锡矿和种植园,在家乡招募工人。

1819 年建城的新加坡成为商人、会馆和秘密社会海外网上一个重要的点。

西北大区与帝国其他的边端相距遥远,它也与对外贸易密切相关,但亚洲内陆边疆地区的穷困与岭南地区的繁荣对比极为明显,这说明在哥伦布远航以后整个社会开始关注海上贸易,积极地与正在发展的世界经济联系在一起。

中国西北

中国西北地区长期以来就是与中亚(在更早时与印度及欧洲)进行对外贸易的主要陆上通道,其处于草原边缘的战略位置不可避免地使之与贸易、朝贡和战争联系在一起。明末清初,在这一人口稀少、出产粮食 *185* 不多的地区出了叛乱的李自成,战火兵事一直不断。在 18 世纪,这里常被作为对中亚用兵的基地,为确保边疆的安全打开了面向西面地区的通道,时有朝贡使团陆续经过那里来北京。每隔一段时间在这一地区及附近都会有少数民族发动起义,一直延续(越到后来越成功)到 19 世纪。贸易或许比农业更容易给这里带来繁荣,尤其是在 1760—1820 年期间更是如此,但与中国其他地方相比,有可能该地区从清代中叶的和平与繁荣中得益要少。

西北大区由山西西部、陕西、甘肃和河西走廊中的绿洲组成。河西走廊跨越黄河上游,是该地区的主要通道。这一地区的东面和南面由山脉与帝国的其他部分分开。狭窄的地区核心地带曾是以前几个王朝繁荣的家园,包括渭河和汾河流域,延伸到西安和太原两个城市之间区域的东南边缘。因为黄河除了很短的几段都不能通航,费用很高的陆上交通限制了大多数地方的贸易机会。货物必须用骆驼、大车、驮畜和人力运输,在春夏时节的雨季道路上满是深深的凹槽,泥泞不堪。昂贵的运输费用以及在生长季节气候不佳,半干旱气候经常造成旱灾,因而农业产量不高,使得西北地区的人口密度成为整个帝国中最低的地方之一。实际上,艰难的交通状况将这一地区在文化、社会和经济诸方面隔绝了开来。

与整个清帝国的情形一样,这个大区的居民在民族、宗教和语言上差别很大,但混合的情况与前面谈到的那些地区又很不一样。在沙漠周边的北部边缘地带居住的是蒙古族,他们都是牧民,(自 16 世纪以来逐渐开始)信奉西藏的喇嘛教。放牧农耕并行的藏族住在甘肃西南与南部的高原草场和林间谷地,这里邻近青海(蒙语为"库库诺尔",Kokonor)。汉人都集中在城市以及东面和南面的河谷;他们中有少数是"乐户",直到 1727 年都被看作是贱民。在陕西和甘肃有大量较有影响的回民,他们是元朝甚至更早移民的后代。1781 年西安城里有七座清真寺和几千回民,在兰州和河州城有比这更大的回民社区。到 19 世纪后期回民占到甘肃总人口的三分之一。他们很适应汉族的文化,用汉人的姓,讲汉语,穿汉人衣服,但住在分开的村庄中,有自己同族的邻里,他们追随自己的宗教领袖,不吃猪肉。回民因有自己专门的职业而更显得特立独行:他们主要从事牲畜养殖,在骆驼、驴马运输行业占有主导地位,并在与中亚的商队贸易中很活跃。另一个分支群体是讲突厥语的撒拉族穆斯林,他们实际已控制了黄河上游的筏渡运输。

正是由汉族、回族、蒙古族和藏族在这一地区混合在一起,使其社会带有其独有的特点。因为方言、习俗尤其是宗教信仰不同使得内部不团结,这让清朝能够使它们相互争斗;每个群体可以站在国家一边反对其邻人。清朝在甘肃、青海和西藏的部落中实行世袭首领的土司制度。满人皇帝把让各民族分开的做法解释成是对帝国内所有民族公正仁慈政策成功实施的标志,18 世纪汉人官员对回民比较严厉,这时雍正和乾隆皇帝就(像在其他事上一样)相应地主张采取克制和自由放任的政策。汉化的过程经历了一个很长的时期,到 20 世纪初西方人走访这一地区时已非常明显,与别的地方一样伴随这一过程在这里不时又会爆发械斗和暴力冲突。

地理环境和技术条件的限制阻碍了在西北边疆亚洲内陆进行农业耕作。结果,这一地区没有遇到清中叶在中国其他地方都出现的新的移民浪潮。政府于18世纪20和30年代在陕西和宁夏的黄河上修建并扩建灌溉工程,以此促进农业发展,但在18世纪陕西和甘肃登记交税的田亩数并没有增加。有些人实际上还离开了这个地区到汉江流域、满洲甚至蒙古和中亚去寻求更好的机会。该地区粮食不足,主要出产羊毛、皮革、皮毛、羊绒和牲畜,但到19世纪在甘肃牧场上放养的马匹数量已经超过了朝廷的需要。在渭河流域种植棉花,当地生产的盐销售到本地区和外地市场,俄罗斯商人大量收购这里的野生大黄。山西的汾酒和甘肃 *187* 的烟叶因其质优而在全国闻名。

西北地区还以长途贸易形式输出人力资源而闻名,这种贸易是该地区与帝国之间最重要的联系。清初地位显赫的晋商在明代参与的就是官方的边境贸易。他们还进入了两淮的盐业市场,向北方驻军供应粮食换来允许他们到指定区域卖盐的盐引。在清代正是建立在这样的基础之上,晋商建立了一个庞大的商业网。他们在蒙古就住在寺庙和牧民的营帐附近,建造商站和店铺,在贸易不平衡使得蒙古人负债时他们就成了当地人仇视的目标。他们在打开满洲市场上同样也很活跃,还是在恰克图与西伯利亚和俄罗斯做生意的主要中间商。作为中国穆斯林的东干人也是商人,他们向西离开了这个地区,先到达新疆北部,然后到塔里木盆地中的绿洲,这里是与浩罕、布哈拉、帕米尔、阿富汗和印度经商的主要周转地。还有来自西北地区(和长江下游)的其他商人也来到这里,他们运来茶叶、丝绸、银锭、香料和药材出售,将当地的丝、牲畜和(在1773年内务府的专卖权被取消后)有名的叶尔羌玉带回内地。

西北商人自然在他们自己地区的长途贸易中占着主导地位,将兰州(甘肃的主要城市中心)的羊毛、药材和矿石用船顺流而下运到西安。随着清代中叶这个地区的发展,他们还将贸易扩展到邻近的汉江流域,并利用食盐专卖中的漏洞进入四川和西南。他们很快在华北的大部分跨区域贸易中也居有主导地位(在全国范围也只有徽州商人能与之抗衡),山陕商人在北京也是重要角色。从碑刻集中可以反映出晋商在京城修建了许多早期的会馆,他们在18世纪形成了最大的一个商帮,专门从事染料、烟草、桐油、金属、纸张、布匹、毛毡和其他商品生意。在北京的大部分晋商都来自山西省南部汾河下游沿岸的平阳府。来自上游较远处太原地区的山西布商发现清初无论是私家商人还是官府都有汇兑钱款的需要,于是他们开始主要从事钱庄业务。到19世纪,山西的钱庄已建立了全国的网络,通过现有的路线一直伸展到内蒙古、满洲和中亚。

　　西北的行政官员在清初及清中叶大部分时间关心的都是西面的战事,还有与之相关的交通和供应问题(甘肃的驿站数目超过任何其他省份)。有大量的军队就必须要管理和供应:在六座城市里驻有八旗重兵,还有大量绿营兵驻军,在1685年几乎有五分之一的兵力驻扎在山西、陕西和甘肃。

　　省里的官员因要管理中亚大片新的领土又增添了负担。17世纪后期和18世纪前期,在三个皇帝统治时进行的战事到1723年达到了顶峰,这时以准噶尔为基地的厄鲁特(卡尔梅克)帝国被剿灭,幅员辽阔的青海也被置于清帝国的统治范围。为制止蒙古势力的扩张,清军到达拉萨,这里是喇嘛教黄教的中心,黄教在蒙古人和藏族人中很有影响。满人还在18世纪中叶出面制止了穆斯林的一场分离主义运动,1759年归并了天山南北两侧直至巴尔喀什湖的土地,将之命名为"新疆"。

　　为了统治新疆,清朝开始将地方的领导层也纳入一个松散的官僚结构。朝廷驻当地的代表任命主要商路沿线绿洲城镇的穆斯林官员,由他们负责管理其所在的社区。在库车、阿克苏和于阗,权力也就落在当地官员和宗教领袖手中。官员们都得到了俸禄,另外还有赏赐的土地和作为礼物的奴隶,宗教领袖也从赠送的土地中得到收入。像蒙古旗人首领一样,当地在哈密和吐鲁番的部落首领还被清廷授以封号,进入了清朝的贵族行列。在穆斯林游牧民族中,哈萨克人和柯尔克孜人在帝国边疆外的草原上转场放牧,对他们采用了一种类似于在整个北部边疆实行的朝贡制度;清廷想要限制他们的贸易特权和流动,但没有多少效果。

《皇清职贡图卷》中的蒙古厄鲁特人

松散的政治机构要靠部署大量军队来作后盾。新疆驻军的总数在1万至2.3万人之间,在塔里木盆地的绿洲城镇中修建了分开的要塞以安置八旗官兵。在新疆东部,这些八旗兵还得到绿营兵的补充,而绿营官兵都是来自陕西和甘肃的汉人。清廷将这些士兵变为永久性军屯开垦者,由此减轻了供养这样庞大军队的负担,并促进了对这一新的且不完全友好地区的开发。 *189*

政府还允许来自西北的汉族和维吾尔族在新疆北部的哈密和吐鲁番定居。新疆还成为安置中国内地来的流放犯合适的地方,这些人被赏 *190*

赐给当地的穆斯林首领,或是被送到矿里干活,为国家提供所需的金属。在建立了新秩序后相对和平的时期,贸易被加以规范,人口和耕地都在增加。位于准噶尔东端的乌鲁木齐是一个行政中心,同时也是1757年设立的内务府作坊所在地,出售御用织造府生产的布。在塔里木盆地西端、准噶尔南面,除了喀什噶尔的绿洲和市镇之外还有叶尔羌,这是个商业中心,买卖玉石的大市场。再向西行,在费尔干纳的谷地中有浩罕,它是喀什噶尔的一个藩属,也是来塔里木盆地城镇经商的实力雄厚的商人的家乡。虽然新疆在清朝控制下有了很大发展,但与中国内地不断发展的边缘地带相比,它所登记的纳税家庭数目还很少。政府在新疆的开支一直是超过收入,这就要求北京每年都要给予大量补助。管理这一地区军队的重担就由陕西和甘肃的行政官员来承担。

西北大区距离粮食充足的市场距离遥远,这就需要在一年中以及干旱时要有储备粮以保证粮食供应,因而管理好各地的粮仓就是政府的一项特别重要的任务。然而就是在18世纪后期清政府筹集粮食最有效率的时候,西北地区(尤其是甘肃)要想有足够的储备也很难。山西巡抚诺岷为解决该省的亏空所做的努力,使得雍正皇帝在18世纪20年代将火耗固定了下来并在全国推行"养廉银",但西北地区仍继续需要给予固定的补助。政府要想获取该地区商人的钱财靠出售捐班功名以筹集粮食,其最为人所知的结果是甘肃的官员竟集体舞弊欺诈,1781年事情败露。在这个案子中有50多名官员被判死刑(后被减刑),这是皇帝宠臣和珅通达仕途中的一件大事。

在这一地区,国家给予民族和宗教的少数群体有相当大的自由。清廷虽然很在意不让达赖喇嘛和班禅喇嘛在蒙古人中得到不应有的政治权力,但鼓励建造喇嘛教寺庙,比如位于甘肃和青海边缘地区的拉卜楞寺和塔尔寺(都建于1709年,1723年重建),这对城市化以及改变游牧生活方式有影响。少数民族在当地建立的组织得到了容忍(为何不能容忍呢?),而只要这些群体仍能保持忠诚、遵守法律就行。回民一直有在清真寺周围组织其大部分社区生活的自由,这些组织活动还是在其有很大影响的宗教领袖指导下进行的。回民们有去圣墓朝觐的习俗,苏菲派经师四处巡游,而且回民长于经商和运输,这些都有助于他们建立通往中亚和中国主要大城市的长途交通网。在 18 世纪,中亚内部的宗教争端造成伊犁地区两个对立的神圣家族的冲突,这些家族的联系网沿着商路一直延伸到中东。甚至那些惹麻烦的(从清廷的角度来看)神圣苏菲家族能好几代人都一直有其权威和影响,波及从叶尔羌到甘肃甚广的地区。产生于中亚的宗教运动很快就传播到西北大区,正如我们在第四章中所谈到的,到 18 世纪后期和 19 世纪随之就爆发了冲突。

西北不是一个有着强大家族势力的地区,虽然偶尔也会有兴旺的家系,一代代地出官员和有功名的人。就以介休(在山西)的范家为例,他家是做边关贸易的商人,顺治年间就为内务府当官商。他们也做出回报,为康熙皇帝的几场战事从自己的腰包中拿钱提供军事上的帮助,转而就得到奖赏,被授予爵位、官职,让他们去做有利可图的生意,从事盐、铜、木材和对外贸易的买卖。尽管得到皇帝惠顾也会有赚有赔,但范家直到 18 世纪后期还牢牢地控制着自己的地位。不过,汉人的与回民的商业网最接近的是位于帝国各大城市的晋商的会馆,这种组织将同一地域的不同商人都召集在一起,他们之间相互通婚,有着合作伙伴关系。尽管这些商人的保护神关帝(3 世纪时被神化的武士关羽,他是山西解州人)被清朝皇帝提升到新的高度,并在 1725 年被纳入皇家的神谱,但对关帝的崇拜已远远超出了晋商的范围,分布在全国的关帝庙之间并没有组织的联系。

除了宁夏和位于草原边缘的姊妹城归化和绥远(今呼和浩特)外,该大区的大部分城市都在地区的核心区域和联系中亚与西安和北京的商路线上。人口较为密集的城市与这一地区特有的孤立定居点形成了巨大的反差。

西安在 19 世纪 40 年代人口数约为 30 万人,它是该地区的都市和文

192

化中心。尽管这座城市曾是帝国的首都,有着辉煌的过去,以前这一地区的贵族家庭地位十分显赫,但这时西北地区的精英在全国的文人文化中发挥的作用不大。这里很少有书院,该地区在清代所从事的学术项目中其作用可忽略不计。有些商人对文人文化有所涉猎,许多人则一点也不关心。这一大区尤其没有出多少获得科举功名者。因为有经商获得的财富,山西在 18 世纪全国的进士排名中勉强能名列第六,而陕西和甘肃要差得多。实际上,在 1702 年按省分配进士名额之前,甘肃在清代没有出一个进士。

西北地区对清代的城市文化做出了比较突出的贡献。平阳府的商人像其他地方的商人一样,推动了本地戏曲传统的发展,随着其商业网的扩展,更多的人有机会欣赏到他们家乡的梆子戏。西安在 18 世纪成为秦(该地区旧称)腔的演出中心;18 世纪 70 年代城里有 36 家戏班子(与北京一样多),或许还可以称得上是公共戏院发展的先驱。这种带点吵闹、直露的表演在汉口已经开始流行,1779 年这一剧种靠一位女演员非常出色的表演被介绍到了京城。结果,这种地方戏甚至在势利的官员和来自长江下游的文人中也很受欢迎。

农村的生活完全不一样,游牧和定居的生活方式截然不同,不同民族的文化差别也很大。住在黄土高原上的汉人种植冬小麦和小米作为他们的主要作物,他们住在由厚实黄土中挖出的窑洞里,这显然是要适应半干旱气候条件下缺乏树木的现实。尽管农民的窑洞会很简单,但地主的窑洞就有可能很精致,有院落,甚至还有独立的房屋。回民和汉人的生活方式与蒙古人和游牧的藏人从事的畜牧经济大不一样,畜牧经济以养羊为主,游牧民住在帐篷里,靠肉食和乳制品当主食。甘肃西南的藏民从事农业,主要种燕麦和大麦,住在风格独特的木屋里。

西北地区民族的组成还进一步反映在宗教崇拜的差异上。到过山西的人曾记述道,那里流行一种树崇拜,无疑这与更系统的崇拜有关,每个村子都尊崇某棵树,向它求祷希望能免除病灾。几座对中国人有重要意义的用来朝圣的山也在这一地区:有山西的恒山(在大同附近),陕西的华山(靠近黄河进入平原处),还有五台山,它对藏族、蒙古族和汉族来说都是一座圣山。五台山位于靠近华北地区的太行山脉,北方各地都有来这里进香的各类游客,他们所经的固定路线有助于将这两个地区合在一起。

我们曾经说过,与中亚绿洲王国的接触将伊斯兰教的新思潮带入了中国。18世纪时穆斯林社区中传来了一种改革的苏菲派运动,这一教派在18世纪80年代引起了巨大的震动,最终是在19世纪促使西北回民起义的重要因素。新教的创立者马明心是甘肃人,他曾在1761年去访问中东和中亚的宗教中心,回来后就开始批评中国的穆斯林组织。马明心的信徒大多是撒拉族,他们住在甘肃西部和循化镇。他的教义在一些问题上对已有的宗教领导直接进行了挑战,这些问题诸如口诵安拉以及由穆斯林上层地主控制的墓地集会的权力。穆斯林新教和旧教之间的关系更加紧张,在1781年演变为暴力冲突。当然政府随之介入,逮捕了马明心,最终在他的信徒要想劫狱时杀了他。1784年已被成功控制住的局面遭到破坏,这一年又一个新教宗教领袖发动起义,目的是要为马明心被杀复仇。清廷在镇压了这次起义后,决定禁止新教传播,并想约束整个穆斯林的传教活动,尤其是从中亚传来的教派。苏菲教派转为地下活动,一直到19世纪还存在。

长江上游

长江上游大区包括四川东部三分之二的范围,南面到贵州和云南相邻的山区,北面到甘肃,它位于帝国的西部边缘,比其他任何边缘地区都 *194* 更容易被纳入全国经济之中。该地区核心地带的成都平原有着良好的气候和丰富的资源,汉人很早就在这里定居。核心地带南部靠近重庆的地方发展比较慢,但它得益于长江低廉的水上运输,长江穿越了四川东

《平定金川图册》中描绘当地碉楼林立的景象

南部三分之二的地区。生态环境限制了汉人进入西面的青藏高原,虽然还是不断有一些进出西藏的军事和商业往来。

17世纪时长江上游在地区发展上处于低谷。明末张献忠起义军以及后来的吴三桂叛乱对四川破坏严重,1680年以后由于政府鼓励重新开垦被抛荒的土地出现了一个恢复和发展的时期。先是核心区域后是边缘地带接纳了大批新移民,18世纪经济的景气一直延续到19世纪。长江上游还是唯一没有受到19世纪中叶那场大灾难影响的地区。

为了削弱藏族、蒙古族和喇嘛教的势力以及稳定亚洲内陆边疆,满人在18世纪20和90年代两次途径长江上游发动了对中亚的远征。雍正想要用武力割去部落的领地,结果在与西南地区交界的地方遭到大规模的反抗。乾隆皇帝或许是受到他获得的其他"武功"的激励,对西部边缘地区的部落采取了进攻的态势,在18世纪40和70年代发动了两场耗时甚久、花费巨大的军事行动。这两场被称为金川之役的战事仅第一次就出动了4万士兵,用掉7 000多万两白银。18世纪90年代,为了镇压长江上游东北汉江流域的白莲教叛乱,不仅需要出动正规军,还要动员地方团练。在所有这些例子中,政府军事行动的费用或许更多是靠对百姓非正规的勒索来开支的。每次征战都使边缘地区的社会火药味更浓。

沿着这个大区西部边缘居住的部落大多是藏人。康巴人住在四川省的边远地区,他们都是信奉喇嘛教的牧民、农夫和商人,有着极为严格的社会结构。他们的饮食是典型藏人的:食用奶和羊肉,还有与盐、茶和奶酪混在一起的糌粑(烘烤的青稞粉)。因为藏人在 1720 年出兵进攻, ¹⁹⁵ 他们的一些领地被并入了四川,册封了几百个新土司。18 世纪 70 年代成都西北金川地区的嘉绒部族最终被征服。朝廷没有像通常那样没收他们的土地,而是把他们登记入册作为军事性质的屯垦者和团练武装,归入清军中调遣(在台湾也曾这样做)。总之,汉人对西部边疆的渗透因地形崎岖以及这些部落的凶悍而受到阻碍。

在明末叛乱中丧身的人集中在该地区的核心地带。清初因为有良田可占而且交通又便利所以有许多移民从众多不同的地方来到这里。一个穷人可以当纤夫沿着长江往西走,在从山岩中开出的崎岖小道上拖着船向上游走。最早的移民来自附近的湖广和陕西,但数量最多的还是来自长江中游,包括江西和东南边缘人口拥挤的客家人生活地区。根据各种材料断定移民中湖北人最多。湖北东部麻城的商人主要从事区域间的棉花生意,早在前几个世纪这里就已有相当多的移民去了四川,到18 世纪这种连锁的对外移民在以较慢的速度继续进行。为了从事区域间的贸易全国各地的商人都来到这里:江西人重新控制了漆、皮革、胶和药材贸易,陕西人从事食盐专卖。

长江上游的城市中有不少来自西北的回民,像别的地方一样他们通常也在经商。在成都驻有少数满人,1717 年在城里一块特定的飞地建立了一个八旗兵营。一些天主教教士秘密地住在这一地区,他们发展的教徒可能有几千户人家,甚至在成都城外有一个小的基督教墓地。该地区对普通人很有吸引力的一个地方是成都西南的峨眉山。山上供奉的是普贤菩萨,据说他是骑着白象从印度来的,这座 3 300 米高的山还容纳了各种本土的崇拜。在晚明峨眉山得到了丰厚的资助,成为从西面和西南来的汉人、藏人和其他部落民的进香之地。这样一个大家共有的场所可能有助于促进该地区的认同。

196　　长江上游是"天府之国",主要出产都是农产品。18 世纪前期在册的田亩数大为增加;修建了灌溉系统,整修了梯田,耕地延伸到沱江和长江的河谷。生产的小麦还有稻米数量之多以致该大区能输出粮食到西藏和稻米不足的长江下游。在邻近汉江流域的东北部种植了玉米和土豆,在这里的山地还发展出山区的手工业(造纸、伐木、炼铁)。区域内的移民在 19 世纪初到达高潮,促进了农业经济的进一步商品化。生产了丝、棉花、染料、菜油和甘蔗,还有成都的烟草和绵州的大曲酒。

　　正如保罗·史密斯(Paul Smith)所说,长江沿岸贸易的增长得到云南和贵州开放的推动,同时又促进了地区核心地带沱江和重庆区域的发展。颇有价值的云南铜被用船向北运到长江,四川东南的泸州府成为一个大转运中心。在这同一地区又深又窄的卤井出产盐,其数量和质量都足以卖到西南地区和长江中游。这项食盐专卖是由山陕商人出资经营的,他们雇用了成百上千的人力和驮畜。重庆开始兴旺发达,它的繁荣是靠商业的推动以及农业增长的保障。这还反映在这座城市的崛起上,在 18 世纪获得进士功名的人数超过了该省的其他地区。

　　除了将稻米卖给长江流域的商人外,该地区还对外输出丝和织锦、铜、木材、药材、红花油和妇女,妇女卖给人家当丫鬟和妾。该大区西部边界雅安府的砖茶几乎全被用船运往亚洲内陆。茶的生产和运送全被几百个特许商人操纵,砖茶(将茶叶蒸透、锤打、压制而成)是由脚夫大捆地从高山上运来的。与西藏关系稳定,故而允许一个税官代表达赖喇嘛在川西的打箭炉征收贸易税,康巴商人用毛毡、羊毛、皮革和皮毛交换茶,这也属于喇嘛专卖的一部分。

　　在清代统治的头一个世纪,官僚机构最高层对四川的行政权时而归在陕西的总督管辖,时而又不归他管辖。只是到 1760 年才固定了一个独立的总督职位。这一关键官僚层的缺失或许说明省级政府的管理明显缺乏效率,因而也就需要地位独立的精英来做事。地方政府的力量一般都不强,难以适应人口增长的局面。18 世纪初,大量府县职位空缺,政 府的功能就由地方组织和长期任职的衙门吏役承担。不过由于战事频仍,在雍正年间设立了地域广大的雅安府以管理西部辽阔的山区,其范围超出了明代疆域的界限。

因而也就不奇怪,在 1727—1730 年雍正皇帝想要进行迫切需要的土地丈量时,地方精英(尽管他们不如长江下游的精英那样有势力)就发起了汹涌的抗议浪潮,并成功地迫使官员让步。与此类似还有一件事,1755 年有个新巡抚来到成都,他看到湖广移民建的一座庙不祥地挡住了他衙署的光线,于是不加思考就下令拆掉一部分。立刻就发生了公开的骚乱,让他改变了主意,还同意赔偿这座庙所受的损失。

18 世纪时在成都由皇帝个人任命的满人将军统率着大量军队,这些将军还经常更换,这使官府和民众的关系容易恶化。18 世纪中叶,为了保障边疆的安全花费了巨额开支,这也就成为定例,即使是在乾隆统治末期掌权的和珅及其党羽也不能减少,他们中有不少人曾率领军队进入四川。

虽然像其他地区一样,存在着众多的族裔和亚族裔少数群体会在这一地区的边缘地带造成社会分裂,甚至会出现武力冲突,但奇怪的是在长江上游的城市中不同亚族裔的移民和客居者却并不相互敌视。商人群体早期合作的例子是康熙年间他们在重庆成立了八省会馆,这是四川城市精英出现的标志。在这一地区情况较为独特的是,地域组织不仅以城市也以农村为基础,其创建者既有商人也有迁移的农民。现有的研究还不能让我们弄清,在清初由移民建造的众多本社区庙宇是否如 19 世纪那样是由大的合伙地主控制。或许 17 世纪对地区核心地带所造成的破坏以及这里资源相对的丰富使大多数新来者处于一个比较平等的地位。

科举名额较丰有利于那些有抱负的学者,但只能让他们进入全国精
英的中间阶层,四川在进士的排名中名次相对比较低。如果编地方史也
可算数,那么后来就可说是对 18 世纪的发展有所弥补:1796—1850 年四
川在编地方志方面在全国的排名从第八位上升到第一位。多次的军事
征战或许也就使从军成为一条向上爬的同样有希望的出路,就以杨遇春
的经历为例,1779 年他是重庆的一个武举人,开始时只是个未得到任命
的军官,在福康安麾下出征到过帝国的许多地方,后来升为一名将军,被
授予侯爵的世袭爵位。

据施坚雅介绍,19 世纪中叶长江上游是中国城市化程度最低的地区
之一。当时的大城市是成都,它以前就是省会和主要的城市,还有重庆,
它是与西南地区和长江流域进行贸易的起点,也是个正在发展的商业中
心,人口从只有 10 万增加到 30 万。该地区的文化受客居商人的影响很
深,尤其是来自中国西北的商人。

该地区边缘地带的社会发展很快但不稳定,在这里社会冲突极为
常见,因而也就出现了新的社会组织。争夺土地,人口流动,因地形造
成的孤立状况,来自武装部落民的威胁,与政府的权威隔膜,还有存在
着像客家人那样的群体,他们惯于械斗,所有这一切使得亚族裔的差
异保留了下来,封闭的社区长久存在,以及采用暴力来解决冲突。早
在 1740 年,被称为过路匪(可能是客家人)的帮派就成了职业土匪,游
荡人户数量的增加造成了贩私盐、造伪币和抢劫现象严重。长江上游
的政府和地方精英都想控制住局面,但不太成功。正如我们已经提到
的,在 18 世纪 70 和 80 年代,千年末世的预言和一个灵活的白莲教组
织结构从长江中游传播到了东部边缘的汉江流域山区,形成了能够动
员大批人的组织网络,在 18 世纪末爆发了叛乱。在 19 世纪,三合会组
织发展到了长江上游,导致哥老会这样的会党出现,哥老会在晚清的
四川发挥了重要作用。

尽管长江上游地区与长江流经的其他地区有着密切的经济联系，但它与帝国不太发达地区的关系还是要超过与长江下游和华北地区的关系。我们曾提到，长江上游商业的扩展直接与对南部的开发密切相关。正是在清代，在帝国西南角的云南和贵州省出现了一个新的大区，而这个地区还基本未被融入东部城市中心的高雅文化之中。

中国西南

西南大区（施坚雅称为云贵大区）的构成是"五个不大的、相当自治的中心区域系统的叠加……相互间只有非常松散的联系"[①]，包括云南和贵州的重要水系和四川南部的一片土地。这一地区的社会受地形影响很大，靠近东南亚和西藏。当地的河流一般都不能通航，大部分运输要靠人力或是驮畜沿着陡峭、狭窄的小路运送。高山造成了部落民居住的小块飞地，他们的文化各不相同，这种环境不利于移民。与其他边疆地区类似，对外贸易和防卫在当地经济中起了重要的作用。有从缅甸和老挝来的朝贡使团定期会路经云南，与西藏和东南亚之间的茶叶和丝绸贸易利润丰厚。很少有来自东南亚的军事威胁，尽管偶尔也会将云南作为出征缅甸和西藏的出发地。

在明代西南地区有移民来定居，到1600年将其稀疏的人口增加了一倍达到500万人。清朝占领这一地区花费了很长时间。明代起义军的残部在17世纪50年代还控制着这一区域，给明王朝最后的小朝廷提供了庇护。正是原先的明将吴三桂在1657年为清朝夺取了西南地区。他的士兵大多是安徽、湖广人，就在这里定居下来，但他们耗费的大量钱粮是从北京拨来的。吴三桂在1673年发动叛乱，在"三藩之乱"期间西南地区成了战场。在1681年清朝重新建立了其权威后，云南和贵州最

---

① 施坚雅：《19世纪中国的地区城市化》，载施坚雅编：《晚期中华帝国的城市》，第241页。

终由听命于北京的官员管辖。后来的和平局面一直维持到 18 世纪 20 年代,在这期间该地区从朝代更替的混乱中恢复过来,开始了新的发展过程。到 1700 年,人口恢复到 16 世纪的水平,在 18 世纪和 19 世纪前期继续增长。19 世纪 50 年代回民起义造成的破坏使得该地区在清代的发展落到了最低点。

正是靠政府的政策将西南地区推入了全国经济的轨道。皇帝在 18 世纪 20 年代关注这一地区是因为要铸铜币以跟上不断增加的白银进口,以使货币体系保持平衡。吴三桂就曾大力开采过铜矿,1705 年铜矿开采被重新安排作为专卖货物,但在 1723 年从日本进口铜的生意中断,这是清朝甚为依赖的物资,这种情况促使雍正皇帝开始在西南地区以新的规模开发富有的矿藏。由官商合办,官府监督,商人投资经营,西南地区铜的开采量急剧上升,从 18 世纪 20 年代初的每年不到 100 万斤增加到 18 世纪的大部分年份每年平均 1 000 万斤。在 1700—1850 年期间,西南地区铜的产量大约是世界产量的五分之一。除了铜还开始开采银、煤、铁、朱砂、锌和铅,只是规模比较小。18 世纪 60 年代以后,以现有技术能够开采的矿藏开始耗竭。产量慢慢下降(贵州的矿虽然开得晚,但耗竭得比云南的还要快),到 19 世纪初,产量又回到 18 世纪 20 年代的水平。在开采铜矿的同时在当地还铸铜钱,这是为繁荣经济所需。为了把铜钱和矿石运出去,出现了统一的跨区域的商路,尤其是从云南的昆明向北进入四川,然后再顺长江而下的路线,还有从贵阳到长江中游或是到岭南的路线,在那里用铜来换银,也可转而投入到四川的经济市场中去。

然而,最重要的是采矿的发展使得有大批移民迁来。据李中清(James Lee)估计,1700 年时的四五百万人到 1800 年翻了一番,总数为 1 100万,1850 年时到达 2 000 万人。贵州的人口开始就比较多,在 18 世纪前期增长得比较快,而在 1800 年前后云南的人口增长到了顶峰。这样快的人口增长主要集中在地区的核心区域。因为良田不多,就业机会都集中在城市或其附近,许多移民最终就留在城市地区生活。像贵阳和昆明这样的城市人口有 10 万,据说大理的人口在 1750 年超过了 30 万。因此,在城镇中生活的人口比例就特别高(1830 年可能为 10%)。由不同的移民社区传统混合而成的城市文化就成为 19 世纪出现的地区文化的基础。在地区核心区域的谷地和城镇出现的这种文化变化,慢慢地传到邻近人口稀少的山区。

201

部落民占到西南地区人口的一半左右,包括许多不同的族裔和亚族裔群体,这些群体形成了联系紧密、互相敌视的社会,彼此间很少通婚。土著的华南民族、与西部有着文化联系的藏族和在宗教和文化上与东南亚有关联的傣族,所有这些民族合在一起使得西南地区比其他任何大区都有着更为明显的文化多样性。对这众多族裔群体来说,18 世纪是一个震荡不已的时期,迫使他们要为汉人的到来进行自我调整。

在 18 世纪前,倮倮人[也称为彝族或诺苏(Nosu)]主要生活在西部、南部和北部边缘地带的山区。在语言和文化上他们与藏人有关,他们社会的特点是有着高度的阶级分层。作为统治者的黑彝占据着山上高高的设防营盘,他们靠打猎、放牧为生。在明清期间他们的权力还因其被任命为世袭的土司得到加强。在与长江上游交界处的凉山地区,有个统治家族得到 48 个部落的敬贡。从属的白彝交纳贡品,他们中间实际也有不是彝族的人,生活在较低的地方,主要从事农耕。黑彝和白彝之间不许通婚,几乎不可能出现向上的社会流动,黑彝的统治地位是靠传统和占上风的武力支持的。倮倮人的基本社会单位是父系群体,每个群体都有自己的居住区域,他们经常与别的宗族械斗,时间延续会长达好几代人。黑彝和白彝都有自己的奴隶,有些是被抓来的汉人。根据粗略的估计,黑彝可能占到人口的 2%—7%,白彝为 50%—90%,奴隶是 1%—50%。

清朝大力开矿以及鼓励人口迁入造成新来的汉人和土著部落民之间发生冲突,这种情况在别的地区也有。顺治和康熙年间,政府在这里主要是为了赢得少数民族的忠诚和恢复秩序,但雍正的"改土归流"政策引发了叛乱,那些部落首领不让废除他们的世袭职位。从 1726—1728 年,总督鄂尔泰镇压了西南地区的苗族和其他民族发动的一连串起义。在 30 年代新的部落抵抗也遭到清军严厉的镇压。

202 　乾隆统治时政府的政策转为不多加干预,愿意给那些仍实行土司制度的部落更多的自由。而省里的官员则通过越来越复杂的规定和不断加强官员的控制来慢慢蚕食部落的势力范围。到 18 世纪末又爆发了新一轮部落起义。1775 年在云南、四川交界的地方爆发了倮倮人和掸人 (Shan)的起义,1795 年在与长江中游交界处爆发了一次大规模的苗民起义,情况非常严重。这些起义都是因汉人新近蚕食山区的部落土地引起的,核心地带人满为患使得移民向边缘地区迁移。

少数民族地区和边缘地带总的来说都是暴力冲突严重,而且与外部世界相对比较隔绝。因为政府会维持部落士兵的供应并会调他们去参加西南地区之外的作战,所以一直到 19 世纪当地社会的武装就总是由官府出钱来维持。这里的边疆地区开始缓慢地与西南地区发展中的核心区域接触,而核心区域的社会属于商品化的城市社会,有它自己的一点文化,相对比较开放。直到 18 世纪 20 年代在叛乱遭到镇压之后,一些部落群体开始逐渐被汉化。不断发展的商业经济给他们提供了就业机会,可以当运输工、矿工和娼妓,许多人还落到负债贫困的境地。未开化的部落藏在深山,暂时还未受到汉人推进的影响。

虽然城市生活是比较开放、豁达的,但汉人住区仍在地域上各成格局,族性上也有差异。汉人移民大部分来自邻近的三个大区:长江上游、长江中游和岭南。他们中有些人当矿工,其他人种田。住区的首领主要都是来做生意的客商。我们前面已经说过,山陕商人已经控制了四川的盐井和西南各地销售网之间的盐业专卖。江西商人主宰了云南南部的木材生意和茶叶贸易,他们还在西南整个大区各地开设客栈。来自湖广、四川、福建、广州和徽州的商人每个都有其地区的专门生意。从所造的庙来判断,18世纪最重要的移民群体来自江西和湖南。在云南还有大量回民,他们积极从事与中亚的贸易。汉人和回民之间关系紧张,这表现在19世纪时暴力冲突加剧,在19世纪的头十年中冲突开始出现,而到1855年爆发了一场给当地造成严重破坏的叛乱。

与别的地方一样,农业的发展也受到政府政策的推动,鼓励人们改 203

《云南通志》中反映少数民族生活的插图

良种子和灌溉,增加种植经济作物。土司土地上的永佃制很有吸引力,税征收得很少,这促使移民向边缘地区迁移,而地方官只要固定的税额征到就不会去管没有登记的土地。新土地的开垦在征税农田的数字上也有反映,贵州从 1685 年的 95.9 万亩增加到 1812 年的 276 万亩,云南在同一时期从 648 万亩增加到 931 万亩。按照李中清的说法,19 世纪初实际的田亩是登记总数的几倍,该地区的数目在 4 000 万至 6 000 万亩之间。

对该大区经济更重要的是贸易和手工业,其发展也得到政府官员的鼓励,当然也可从中获得税收。云南西部的大理府有个敬拜观音的庙会集市很出名,吸引了别的地区甚至国外的商人到这里来。云南南部普洱府出产的茶由官府专卖,成了重要的出口商品。在 1737 年贵州遵义府开始出现丝织业,当时有个官员从他老家山东引进了养野生柞蚕的技术。遵义是该地区核心地带最发达的城市,在开采朱砂和铁矿、造纸以及木材出口这些方面也是领先的。附近的茅台镇正好处于贵阳和四川之间的陆上通道,盐也在这里装船外运,山西的盐商推动了当地酒业的发展。从山西最有名的酒产地汾州来的酿酒师与当地的酿酒师傅合作,生产出一种烈酒,到 18 世纪末这种酒已很有名,酿酒规模也很快扩大。①

当然最重要的产业还是采矿。矿区的规模大小不一,因为开矿需要木材、驮畜、脚夫、燃料和食物,矿工也需要住房和娱乐,这就产生了许多附属的行业。虽然采矿在用钱上有风险,容易受经济盛衰变化的影响,但许多移民的住区规模已很大能经得起矿区衰落的打击。矿工的生活危险而又艰苦,坑道塌方、瓦斯泄漏、突然失火这些事在狭窄、潮湿、黑暗、空气不足的坑道中常会发生。但是在这里能得以谋生,许多人找得到活干,所以人们成群结队从一个矿到另一个矿去。在这一时期的西南地区矿工是汉人移民的典型形象,他们四处漂游,单身一人,过着城市

---

① 贵州省工商业联合会编:《贵州茅台酒志》,《工商史料》,1980 年第 1 期,第 98—117 页。

生活。

　　为了推动部落民的汉化,省里的官员为他们拨出专门的科举名额, 　204
出钱资助社区建设并兴办义学。有个清朝官员陈宏谋就相当注意提高
百姓的文化水准,在 18 世纪 30 年代担任云南布政使时,他特别关心苗
民的教育,办了 650 多所学校。各地设立粮仓以作军粮供应、赈灾以及
平抑物价之用,19 世纪西南地区考科举的情况还很不错。但是,官员的
道德水准显然不高,该地区的地方官以素质低、缺乏监督而名声不佳。
该地区驻有 8 万多绿营兵,与不多的人口数相比是很高的。许多人早就
来了,驻扎在遥远的军事屯垦营地,土地取自少数民族部落,他们还娶当
地妇女为妻。与别的地方不同的是,西南地区没有满人驻防兵。

　　在西南地区最重要的高层社会组织是那些由政府和客商管理的组
织,因为要过些时候一定规模的地方精英才会产生。在当地创办了学
校,还确定较富裕的省级乡试名额,这里 10 个人就能考中一个,而在长
江下游 20 个人才能考中一个,这就缓慢地造就出了一个开始能将该地
区凝聚在一起的精英阶层。获得功名的家庭与其人口相比比率很高,是
华北或是长江下游的 2—3 倍,但关键的进士人数西南地区却很少(在
1662—1796 年是所有地区中人数最少的)。

　　一个家庭只要有足够的土地或是成功的事业就会有向上流动的良好前
景,但即使是那些获得了科举功名的人也难以进入全国官僚精英的最高层。
遵照皇帝诏令建的书院也没有成为真正学术活动的中心,那些关心文人的重
要人物不愿意来这块蛮荒之地任职。学者洪亮吉(长江下游人)的反应可能
就是个典型,他在 18 世纪 90 年代从得风气之先的东部来到贵州,他说,一般
的当地人可以从他身上穿的蓑衣以及为他赶蛇的随从就能认出。①

　　西南地区只有几个重要的寺庙,大多是明代或是更早时建的,其中

---

① 曼素恩(Susan Mann Jones):《洪亮吉(1764—1809 年):对中国 18 世纪晚期政治问题的认识
　　与表述》[Hung Liang-chi (1764—1809)]: The Perception and Articulation of Political
　　Problems in Late Eighteenth-Century China,博士论文,斯坦福大学,1982 年,第 105 页。

最著名的可能是大理附近鸡足山的寺庙。这些寺庙十有八九是最早的合伙地主建的,但还难以弄清它们在文化上的影响。佛寺的和尚不仅要与掸人地区的小乘佛教徒(代表了东南亚的佛教传统)和西部地区的藏族喇嘛竞争,而且还要与各种基督教教士和部落民中的萨满巫师(他们驱邪治病的本领似乎对汉人移民也有用)竞争。

除了已经提到的一些特点,有现有的研究状况不能告诉我们很多有关东南地区汉人的家庭结构和生活的情况:他们的居住群落不大,人口以男性客居者为主。因为存在着这样多的部落群体,还有着各种非汉人的生活习俗(叔娶寡嫂、母系后代、对婚前性行为的宽容态度等等),很可能其社会的差异性要超过其他任何大区。人们的双向交往使得有些汉人成为像俫俌这样部落的奴隶,而更多的少数民族男女则成为城镇中汉人的奴隶、奴仆和性伙伴。

西南地区虽然与更发达的地区比显得落后,但与其他边疆地区比则人口要多一些,可能也更富一些。在 1800 年前后云南和贵州有 1 100 万人,与之相比满洲当时的人口是 250 万,台湾约为 100 万,新疆无疑会更少。在已将新疆作为西北地区的一部分做过介绍后,现在让我们再来探讨较晚发展的地区满洲和台湾。

满　洲

满洲大致可以当作是华北大区一个正在发展的边缘地区,在 18 世纪它是由长城外的几个地区组成的,辽河的东部和西部,越过柳条沟直到吉林,更远处到达黑龙江。辽河平原有着便利的水运条件和肥沃的土地,已经成为人口密集的核心区域。辽东半岛的顶端与山东只有 100 公里远,这样幸运的海上沟通将东北地区与整个中国沿海联系在一起。北面靠近朝鲜、俄罗斯领土,西面邻近蒙古大地,使得安全成为政府需要优先考虑的问题。

东北是满人部落的老家,17 世纪前期是清朝皇室始祖努尔哈赤巩固其统治的时期,当时这一地区政争不已,战火不熄。辽河平原的汉人居民对满人的成功极为关键,到 1644 年时他们已占到八旗人口的多数。²⁰⁶在完成征服之后,许多旗人迁入中国内地,直到 1668 年才采取措施限制汉人移民进入满洲,并作为清朝正在实行的隔离满人以保持其文化和尚武精神政策的组成部分。后来,只是在华北遇到灾荒的年份朝廷才允许直隶、山东和山西的人移居满洲。但这一禁令不能阻止人们从海上迁居满洲,1747 年对沿海贸易的限制最终全被废除了。实际上 18 世纪时由于汉人的迁入,人口明显在增长但不太稳定,耕地也在扩大。

这些移民沿河而上,离开辽河平原。汉人的渗透促进了一定程度的城市化和商品化,甚至在遥远北方的渔猎、游牧部落中也是如此。随着汉人的四处分散新的行政单位倍增。自 1600 年以来,俄罗斯人越过了北亚开始与中国接触,他们要求通商的愿望最终通过一系列条约被规范化,1689 年在尼布楚签订条约,1728 年又在恰克图签订条约。在一个多世纪的时间里清政府不再觉得安全受到来自东北的威胁。在后来 19 世纪完全取消对移民的限制之前满洲的发展仍然不快,直到取消了限制才使得人口急剧增长,该地区成为中国一个主要的工业和农业区,引起了俄罗斯和日本的贪婪觊觎。

在 17 世纪,东北的居民大部分不是游牧的蒙古人,就是以定居为主的通古斯部落,满人就是部落中的一支。清朝在比较发达的地区采用八旗制度把这些民族组织起来,而在边远的吉林和黑龙江地域则采用土司制度分化并控制这些部落。黑龙江的索伦部落像其他边疆部落一样,是作为随时待命的军事单位负其特殊的劳役。18 世纪时全部八旗兵中有17% 驻扎在满洲。这里的社会像征服前的社会一样阶层分明:有首领、普通士兵及其家庭和奴隶。在满人中后裔都按照父系计算,父系群体作为身份的持有者存在下来。不过最重要的群体或许是牛录,原先是清廷用在亲属群体中的一种八旗行政单位,后来成为决定诸如婚姻、居住、工

作以及许多日常生活内容的场所。萨满是部落社会的宗教职业人员,他
们继续从事占卜、驱邪和送葬这些事情。喇嘛教在东北地区传播,尤其
是在蒙古人中更活跃,清朝还予以资助。康熙是由他的祖母带大的,他
祖母原先是蒙古公主,康熙是清朝统治者中第一个表现出个人对喇嘛教
有兴趣的人。在这里以及与亚洲内陆交界处,清朝出钱资助建造关帝
庙,关帝是八旗军官的保护神,并被看作是与藏蒙民族的传奇英雄格萨
尔王齐名的人。

1661 年在东北未编为八旗的只有 5 577 丁,纳税的土地近 6.1 万
亩。到 1820 年,登记的人口已上升到约 250 万人(70% 在辽河平原,
22% 在吉林,7% 在黑龙江),登记的土地为 670 万亩(54% 在辽河平原,
23% 在吉林,22% 在黑龙江)。这一增加在绝对数字上要超过受限制少
得多的台湾汉人移民区的增长,这说明一则清朝对人口迁移的控制有所
松动,二则或许是受到华北人口的压力更大。来满洲的移民主要出自山
东,其次是直隶和山西。

满洲的许多自然资源成为清代地区间贸易的重要商品。有些是价
值高昂的奢侈品,由内务府通过垄断贸易买卖:有人参、紫貂、狐皮、鼬
皮、水貂、珍珠和黄金。而农产品也被长途贩运。到 18 世纪中叶,满洲
向长江下游输出小麦、豆饼肥料和棉花。来自华北尤其是山东蓬莱地区
的商人控制了这一地区的贸易。可以断言与牧民和其他部落的贸易则
由山陕商人经营,他们以茶和纺织品换取皮毛和林产品。

东北登记田亩数的剧增说明农业经济有了发展。这里气候寒冷,但土
地肥沃不需要肥料;大麦、大豆、高粱、小米和小麦是主要的作物。有许多
迹象表明,酿酒业发展特别快,对农村经济的商品化有很大贡献。酿酒师
成了重要的投资者,据说在 1725 年仅盛京一地就有 1 000 家卖酒的店。

东北地区的社会以其不受管束的边疆特点而闻名。有些移民是被终
身流放的罪犯,1735 年这样的人有 10 万。大多数移民都是单身男子,他们
结成小群游荡,并通过采参、取珠、淘金、捕猎和收集皮毛来增加自己的收

入。这些移民还带来了赌博、嫖娼、信仰大众宗教和吃中国菜这些生活习惯。1618 年被努尔哈赤攻占的盛京到 18 世纪已成为该地区的主要城市，还被那些在关内居住的旗人当作避暑地。与文化影响显而易见的北京相比，东北的文化水准是很低的。尽管皇帝一再提倡传统方式的价值，但在盛京任职的满人官员还是会感到自己被排斥在文明之外。北面河岸上的商站和堡垒成为像锦州这样城镇的核心部分，这些城镇都位于通往北京、吉林的吉林城和宁古塔以及黑龙江的齐齐哈尔的道路附近。这些中心城市还对向满人部落传播城市生活和汉人文化起了推动作用。

对满人来说，八旗的这套等级制度是他们获得名望、财富甚至离开满洲的主要阶梯。虽然大多数人从未离开过这一地区，但有些人作为预备队随同大队出征入关，有少数人还借此机会得以出人头地。额勒登保是个来自吉林的军士，他在 18 世纪 60 和 70 年代的缅甸和四川之役中表现出自己的才能。最后他成了皇帝的侍卫，获得过许多荣誉头衔，虽然不能读写汉文但作为一名军事指挥官而仕途通达。

东北地区的精英可能都是富裕的旗人地主(包括辽东汉人)的亲戚，这些旗人本人则住在北京。1662—1796 年这一地区只出了 53 名进士，仅比甘肃多，但只达到与它排名挨近的省份贵州的四分之一。这一数字几乎被长江下游任何一个重要的都市化的府超过不少。

像满洲一样，在清代台湾也被来自人口过于拥挤地区的移民垦殖，被最为接近地融入邻近的地区，但直到 20 世纪它才成为帝国比较重要的一部分。

台　湾

虽然与大陆之间被 90 海里汹涌的大海隔开，但台湾还是东南沿海地区的东部边疆。岛中心的高山上住着猎头部落，在 18 世纪限制了汉人的移居，但岛屿西部沿海有所发展的核心区域则通过海上贸易与福建 ²⁰⁹

紧紧地联系在一起。台湾所处居于东亚边缘的位置使这座岛在早期就经常与外界联系,与北方的日本、南方的菲律宾,还有在 16 世纪出现在这里海上的西方商人联系。

在 17 世纪,台湾南部的荷兰军队赶走了北面的西班牙人,后来他们自己也被忠于明朝的郑成功的军队驱逐。当郑成功的军队占领台湾时,他们不仅鼓励汉人前来移居,而且还(更重要地)将这座岛作为与大陆、东南亚和日本通商网上的组成部分。1683 年以后,朝廷先是有点勉强地将台湾并入帝国,后来因为这座岛上的稻米生产很重要以及它与东南沿海的贸易而改变了态度。到 1700 年清朝在岛上建立了行政管理机构,从厦门(在福建)来的商人进一步开发岛上的资源并使之市场化。移民持续不断,即使在 1732 年前一直被禁止,此后到 18 世纪 60 年代也还在对移民进行限制,但效果不佳。

1683 年时台湾的原住民大约有 10 万人,来自约 17 个语言族群,所有都属于马来—波利尼西亚支系。那些住在西部平原沿线村庄的原住民种一些小米和水稻,捕猎成群的野鹿,野鹿的皮、角和肉并卖到外面。剽悍的部落住在岛中心高山上的小块住区中,经常相互争战。他们猎头的习俗以及所用的毒箭使得外人不敢入侵。

在整个 18 世纪汉人的人口一直在增加,从 1683 年的约 10 万增加到 210 一个世纪后的接近 100 万。起初移民大多是单身男子,但到 18 世纪中叶正常的人口增长弥补了移民的缺憾。根据 20 世纪的情况来看,移民中约 45% 来自泉州,35% 来自漳州(这两个地方都在福建),16%(许多是客家人)来自广东东北的三个府,少数人来自福建北部。这个岛就这样整个被来自东南沿海的汉人移居落户。

大陆对鹿产品、稻米、糖和木材的市场需求使得商人们来到台湾。村庄、市场和城市都发展了起来。台湾府(台南)人口不到 5 万,是 18 世纪最大的城市和最重要的港口。鹿港和艋舺(台北)名列其次,但直到 18 世纪后期才修建了城墙。像其他遥远的边疆地区一样,城市的高雅文化在这里几乎不存在,拥有功名的精英出现得很缓慢,商人和官员(尤其是武官)成为社会的主角。刚开始是用布和烟草与部落民进行易货贸易,但因对外贸易白银流入,经济很快就被货币化。尽管商业已很重要,但政府却很少卷入。

因为台湾有着富饶的沿海平原,所以移民总是要来。虽然最早的移民居住地是西南面,靠近台湾府,但到 18 世纪中叶岛的北端开始发展起来。一个富裕的个人或是一群合伙者会得到一大片土地的所有权,他们就去找来佃户,由佃户灌溉并开垦土地以交换永佃权。这些佃户经常会再把地分租出去,这样就出现了一种多重土地权的制度。与别的地方一样,多层的"大租、小租"制度使得土地大量开垦,在扩展的时期对佃户有利。这里与少数民族的关系不像中国西南地区那样紧张,部分原因是汉人直到 19 世纪才开始大规模地向高山上推进。

正如约翰·谢泼德(John Shepherd)所说,那些生活在平原上的原住民已被部分同化,他们就必须负担清代国家规定的税收和劳役,而政府为了保护这一财政来源对原住民比较仁慈,而这种情况在其他边疆地区是见不到的,在那些地方朝廷有理由要更积极地支持汉人迁入。在 18 世纪讨论决策时,大家认为汉人不受限制的扩张导致冲突,破坏了对部落民采取隔绝和保护措施而形成的秩序;在台湾(在满洲也是如此),这种意见占了上风。到 18 世纪 60 年代,野鹿已被杀尽,占着部落土地的移民就必须向原住民交"大租"以交换永佃的地位。原住民成了地主,就像旗人一样。18 世纪末当地方控制的问题更为迫切时,有越来越多的人愿意去地方团练服役。小规模的部落起义时有发生,但都没有达到汉人对付汉人那样暴力的程度。

在台湾,开始时的垦荒和后来的公众暴力都不是有权势的家族组织的,而是那些靠其他纽带联系的群体或是在与邻人争夺中互助结伙的人组织的。相同的地域、社区的庙宇以及同一个姓都是建立组织很寻常的基础,在一个 20% 的人不是姓陈就是姓林的社会中同姓最为便利。来自

《台湾风俗图》中有关清朝官员对当地实行有效管理的画页

同一个地区(在那里差别已规定得很明确)不同的亚族裔群体同时向台湾移民会造成冲突不断。在泉州人控制了沿海城市或许还控制了山区后,两场由漳州人领导的起义爆发。

台湾社会的军事化首先受到 1721 年朱一贵起义的影响,朱一贵自称是明朝皇室后裔,攻占了岛上的首府,当时的客家移民伙计帮派(已习惯于动武)组成一支 1.3 万人的团练武装与朱一贵交战。在战事平定后建了一座祠堂以祭祀战死的团练兵勇,这座祠堂就成为客家社区联盟的活动中心,一直到 20 世纪都时常要举行活动。18 世纪 80 年代的林爽文起义是因官府处决漳州的一个赌博杀人犯引起的。起兵造反的林爽文是漳州人,他是台湾北部天地会的首领;泉州人又一次与官兵并肩作战。

林爽文领导的反抗波及全岛,来自七省的军队花了一年多时间才把它镇压下去,结果使得政府忧心忡忡,社会也带有军事化的特点。

对 18 世纪的研究使我们能比对别的地方更详细地了解到当地的宗教组织。我们知道各个阶层的移民包括官员几乎立刻就开始建庙宇,这些庙宇成为社区活动的中心。1720 年在台湾府有八座佛寺、上百座供奉二十二个不同神的庙宇,在乡间还有一大批数目不详供奉不被承认的无名神灵的祠堂,这些神灵被人称为"王爷",每条街上都有土地庙。五个主要神灵的信徒广布于不同的亚族裔群体中,他们是观音、妈祖和关帝,²¹²还有与比较特定的信徒有关的神,比如保生大帝,他是泉州同安县人的保护神。通过对某个现有庙宇分香的方法来建供奉这些神灵的新庙,这样做就产生出了不同等级的分支庙宇,以此将社区相互联系在一起,并形成了朝拜进香以及军事结盟的网络。

地区与国家

在前面部分,我们试图描述 18 世纪社会产生的特定环境,无论是物质上的还是文化上的。我们着重强调的是中国的多元和差异,以说明反映帝国各大区特点的各类社会组织和社会问题。这种分析注重的是人们生活的不同历史和环境状况,既强调差异性也强调相似性。不过在将这些地区进行了较为系统的相互对比之后,更重要的是要对其进行整体的理解。我们或许可以先简单地从一些数字概念谈起。

表 3 显示出鸦片战争爆发后不久(正处于我们研究时段的外缘)各大区总面积、人口和人口密度的巨大差异。就人口而言,人口密度最大和最小地区的比率是 15∶1。就面积而言,最小的大区长江下游不到最大的大区华北和西北的三分之一,但人口密度是华北的两倍多,西北的九倍多。长江下游还是帝国中城市化程度最高的地区。如果我们用国民生产总值来显示各地区出产的数字,肯定就能反映出它们之间的差距

更大。因而有必要知道,帝国被分为 18 个省(还有我们所说的大区)表面的均等实际掩盖了其面积和资源的极不均等。

表3 　　　　　　　中国大区:地区、估计人口和人口密度,1843 年

大区	面积(平方公里)	人口(百万)	密度(每平方公里人数)
华北	746 470	112	150
长江下游	192 740	67	348
长江中游	699 700	84	120
东南沿海	190 710	26	136
岭南*	424 900	29	68
中国西北**	771 300	29	38
长江上游	423 950	47	111
中国西南	470 570	11	23
满洲	1 230 000	3***	2
台湾	36 000	1	28
总数	5 186 340	409	79

材料来源:施坚雅:《19 世纪中国的地区城市化》,载施坚雅编:《晚期中华帝国的城市》,第 213 页。满洲的人口数字见德怀特·珀金斯(Dwight H. Perkins):《中国的农业发展,1368—1968 年》(*Agriculture Development in China*,*1368—1968*)(Chicago:Aldine, 1969),第 212 页表 5。面积数据见王业键:《中国地图》(*Atlas of China*)(New York:McCraw-Hill, 1973),第 261 页。

*包括海南。

**不包括新疆。

***1851 年的人口。

施坚雅的著作中还提到,到 19 世纪中叶中国的地区城市化有着不同的类型。有些地区尤其是沿海地区在经济和文化方面是高度城市化的:有长江下游、东南沿海和岭南。而长江上游、满洲和台湾这些新开发的边疆地区有充足的耕地,城市化的程度最低。有些地区(长江下游、东南沿海)已有许多有相当规模重要的城市,其他地区则是以单一的都市(北京、广州、盛京)为主。政府的活动、运输的技术、

环境的有利以及人口的密度,这一切都影响到城市的规模和地位。我们已注意到,人口和经济活动(对内和对外)的变化使得一些城镇衰落,而另一些则兴旺发达。虽然官员、商人、学者和农民的交往有助于城市同质文化的形成,但个人对城市的感受还更多是依靠他们生活的那个大区。

与此类似,虽然我们强调清初中国边疆地区所经历的共同的过程,但还要很好地了解到这些边疆地区各自有何差异。最有前景的边疆地区(台湾、满洲)的耕地辽阔,容易耕种,也便于灌溉;而最困难的地区(西南、新疆)则有高峻的山岭和广袤的沙漠。就是以现代技术来看,西藏和新疆在今天垦殖也很艰难。在帝国偏远的前哨,不同的生态类型以及有着不同文化的部落民创造出了千差万别的混合文化。 *214*

不过,对大区所作的这些比较既掩盖了各大区内部的相似之处,也掩盖了其间的巨大差异。每个地区说起来人口和资源的分布极不平均。例如,表3中反映出岭南的人口密度相对较低,这是该大区人口密集的珠江三角洲以外的情况:在该地区平均人口密度与人口最密集地方的比率是1∶20。成都平原的各县与长江上游边缘地带的比率与此类似但差距没有这么大(1∶9)。① 此外,如果认为这些作为整体的大区其内部的同一性一定会大于超越大区界线的亲和力也是错误的。那些住在边缘地带的人通常与住在山区居民的共同性要比住在河下游遥远城市里的人多得多。在边地,明显的差异和内在的紧张关系是以族性、阶级和地位为基础的,而这些基础又是与共同的经济网络和共同的文化(包括方言)共存的。

共同的族性构建了其在全国范围的联系。一幅有关客家人住地的地图会跨越东南沿海、岭南、长江中游和长江上游这些大区的边界。人

---

① 葛德生(George B. Cressey):《中国地理的基础:土地与其人民概览》(*China's Geographic Foundations: A Survey of the Land and Its People*)(New York: McGraw-Hill, 1934),第362、317页。

们可以认为,客家人中延续着的联系形成了在整个帝国范围内重要的社会交往网(当然,会馆和其他地域组织也构建了跨越地区界线的社会交往网)。尽管满人在以多种方式被汉化,但18世纪时在中国各战略城市驻防的旗人仍坚守甚至还强化他们的民族意识。就在18世纪满人的萨满传说和口传历史被记录下来(并逐步完善),先前口传的家族史也被记录成文。与此类似,回民也在整个帝国分散在汉人居住的城镇中。他们强烈的民族和宗教认同感具体影响到他们生活的每个方面,从日常琐事到对职业和住地的选择,而且还不断受到回民商人在全国流动的强化。

地区内外的差异都有其类似的过程而显得错综复杂,但它们又因全国经济形成的长期发展趋势而有所弱化,全国经济不再仅买卖像玉石和人参这样的奢侈品,而且还买卖普通人需要的大宗产品。粮食、原棉、棉布、生丝、丝织品、茶和盐或许是大众市场上最重要(以贸易的数量来看)的商品,大量地跨越了大区的界线进行交易。有些商品如盐有长期贸易的历史,而其他商品如稻米只是在16世纪以后经济繁荣时才开始成为长途贸易的主要商品。粮食(稻米和诸如小麦这样的旱地谷物)是清初全国市场上数量最大的单项商品。

王业键要我们注意18世纪时在帝国范围内货物和从业人员跨越大区边界流动,还要我们注意在大城市粮食市场上价格不断接近的趋势。政府经常采用将从发达地区得到的税收收入转到欠发达地区的办法来在地区间重新分配剩余的东西:在18世纪西南、西北和长江上游经常接受政府的这种补贴。此外正如我们多次谈到的,18世纪又是一个人员大流动的时期。一般来说,农民离开比较发达、人口比较密集的地区,如长江下游、东南沿海、华北、长江中游部分地区和岭南东部,到西面和北面的地方去,去汉江的灌区、长江上游、西南地区和遭到破坏的两湖地区,还去满洲和东面的台湾。

除了政府的补贴和移民外,还有来自长江下游和其他发达地区的货物(主要是棉织品)输入,主要是通过跨越大区边界的船运输入。作为交换,欠发达地区在 18 世纪向发达地区的城市中心输出粮食;大豆和小麦由满洲运往天津和上海。铜和其他贵金属是西南地区对全国经济的贡献。王业键这样总结了这种交换关系:"发达地区向欠发达地区提供人力、资金和技术,而欠发达地区在发展过程中向对方提供食物和原材料。"①他还提出,在此期间像满洲和四川这样经济上取得了成功的地区开始越来越多地向中央政府纳税,使得地区间的平衡出现变化。与这些变化同样也很重要的是在 19 和 20 世纪新精英层的文化和社会地位上升。

因此,18 世纪各大区的发展是一个更宽泛的交换背景的组成部分,它是政府所为,也是商人和农民移民所为。虽然国家的部分还不是特别大,但在这一时期它已地位稳固有其影响,对各地区经济的运行极为关键。 *216*

再者,文化整合的连续过程加强了商人的网络和交换的模式。私人和公众的活动、贸易、官僚机制和礼仪这一切都将各大区相互联系在一起,还将大区与更大的实体清帝国联系在一起。所以清代社会并非只是一个互不相关的社区的松散联合。在前面各章中探讨的文化的扩散和标准化不仅受到经济交换的推动,还受到政府政策和一个真正全国精英活动的促进。因为政治单元经常会打乱经济的联系,所以省和大区都不会因得到其百姓的效忠而发展成为国家的一个强大对手。国家会分解为各地区组合单位的可能性逐渐被将帝国连在一起的多股纽带所衰减,而这正是清初和清中叶的一项有重要意义的遗产。

① 王业键:《中华帝国的土地税》,第 89 页。

第六章　18 世纪的遗产

人们一般都认为,18 世纪是清代势力达到鼎盛的时期,而在这一世纪末出现的社会、经济和政治问题也标志着王朝漫长崩溃过程的开始。到 1911 年清王朝终于彻底崩溃,这时民族主义运动迫使皇室的第十位皇帝退位以对共和制的政府有利。中国传统历史学家已习惯于将过去的历史看作是皇室的兴衰,他们会用所谓王朝循环来解释清朝与前朝不断由盛转衰的过程。这些循环在每一阶段都是由类似的因素造成的,围绕着统治者的活动进行:有魄力的开国皇帝创造了一个经济和政治强盛的时期,然后领导不力,用度过多,接着又因赋税增加和政治腐败造成管理的瘫痪,引发农民起义。在 1800 年有大量证据表明过去的一个世纪已出现王朝衰落的迹象。18 世纪 90 年代镇压苗民和白莲教起义的战事说明政府已开始变得这样脆弱:皇帝的宠臣把持朝政,挥霍无度,腐败成风;地方政府缺乏效率,压制苛严,军事上也无法控制局势。富人生活奢靡,不负责任,而同时穷人则生活在贫困之中。由此来看,通往 1911 年的道路已很明确。

现代历史学家认为乾隆朝后期正好印证了这些看法,但他们在考虑了王朝和国家的状况后又指出,其起因还有并非单纯局限于政治方面的其他问题：人口的增长、知识界的冷漠以及外国的帝国主义。人口的不断增长看来不仅使精英的不满情绪更加强烈，破坏了行政管理的结构以 ²¹⁸及造成民众骚乱，而且还更普遍地损耗了自然资源和现有的技术条件。据一位历史学家的说法，这是"一种近乎依照前现代方式所能达到极限程度运作的制度"。①

　　具体来说，有些学者将土地短缺、百姓赋税负担增加、农民转变为农业雇工以及尤其是在南方土地集中到少数地主手中归为造成 19 世纪衰落的重要因素。18 世纪学术考证的风尚在 19 世纪初因被认为缺乏道德责任感而受到谴责，而现代历史学家又将之当作是文化僵化的众多例证之一，与这一时期技术的停滞同时出现。最后，外国的入侵也是从 18 世纪开始的，这时广州的垄断贸易制度开始失灵，鸦片贸易使得民众疏远，而外来入侵最终使中国在 19 世纪 40 年代败在了英国人手中。鸦片贸易改变了出超的平衡对中国不利，造成白银外流，铜钱贬值，对国内经济有不良影响。因而，19 世纪衰退的众多根源看来早在前一个世纪就已深深地植下了。

　　不用去将 1911 年帝国制度的终结看作清史中最重要的终结标志，也不用根据其与王朝（通常被认为是好的）兴盛的关联来评判事件和条件，对我们而言看来更有意义的是要考虑 18 世纪在中国历史上的地位，以关注这一时期的长时段发展。这些发展很少是在 1644 年开始，或是在 1911 年结束，每个发展都有其复杂的结果，不能简单地将之作为王朝兴衰的表征。毋庸置疑，清朝的皇帝开始变得更加软弱，国库也更空虚，官员和军队更无效能，因此我们就先从政府谈起，在政府中许多传统的程序确实仍在起作用，但我们另外还要考虑范围更广的社会发展趋势。

---

① 伊懋可：《中国往昔的范型》，第 309 页。

王朝的衰落？

帝国的机制长期以来就是研究王朝衰落的学者关注的焦点,他们似乎很有根据地声称,清朝皇帝开始时是强悍的开国君王,而在末期则是无能的弱者。按照这一观点,18世纪的三位皇帝都显示出了卓越的领导才能,通常大家认为乾隆是这三位伟大君王的最后一位。然而如果我们注意到,有些个人即使不当皇帝也能实际行使皇帝的权力,那么就可以看到,清朝开始时还是比较动荡的,而19世纪的衰落也并非那样突兀而单向。清朝末年恢复的摄政制就是采纳了满人早期的做法,恭亲王和慈禧太后作为摄政者所表现出的活力肯定要超过前面几位皇帝(嘉庆、道光和咸丰)。此外,在王朝开始和终结之间满人统治期间有一个漫长的满汉在政府中合作的时期(一直延续到晚清)。汉人在朝廷中获得了很大的权力,因而他们忠于清朝政权;长江下游的精英在官僚层地位显赫,他们保证了这一时期的稳定和延续,可能弥补了皇帝的不足。

清代国家的财政力量也经历了一个由盛到衰的变化过程。18世纪是清朝国家收入盈余的时期:国库充实,内库丰盈,这不仅是和平、繁荣的结果,也是雍正统治时加强控制各省汇缴赋税的结果。不过,无疑在1713年税收体系受到固定丁额这一慷慨举措的削弱,使得征收到的赋税不到全国生产总额的5%,以致财政基础薄弱不能满足一个庞大的近代政府或是工业化变革所需。

清代的钱囊可能在乾隆年间最为充实:1736年有2 400万两盈余,而到1786年数额增至三倍。有盈余政府就能同意免去受灾地区的税收钱粮,不去计较拖欠,并在军事行动中大量花费。由盈余转为亏欠是在18世纪最后一些年出现的。比如,出征新疆花费了2 300万两,讨伐四川金川叛乱的花费三倍于此数目。到18世纪90年代白莲教叛乱时,朝廷不得不动用储备以供国内军事活动所需,自征战以来第一次出现费用不足的情况。这场征战据说花费了一亿两白银,比中央政府一年的收入还多约30％。财政不足继续困扰着政府,到19世纪更为严重,1840年后包括对外巨额赔款在内新的负担数量不断增加,而北京政府能够掌握的收入来源却没有变化。新的过境商业税(称为厘金)给各省带来了新的财源,但却不能从根本上改变中央政府财政匮乏的状况。到1900年,中国政府从全国生产中实际得到的收入已少于1753年。从这一角度来看,18世纪末是一个关键的转折点。

清代的常备军随着时间流逝变得越来越不能打仗,但这一恶化尚在情理之中,因为他们毕竟维持了一个半世纪的国内和平。问题是汉人绿营兵的情况或许比八旗兵更糟。虽然历史学家经常声称,入关的满人军队在18世纪初开始衰落,到1800年已不堪一用,但实际上在这一时期他们仍在边境地区正常作战,而且在对付白莲教叛乱的游击战中显得并不比汉人军队差。

但作战的模式在变化,在边疆地区,传统的游牧对手越来越转向定居生活,而从海上又来了没有想到的威胁;在中国内部,外国的枪炮开始逐渐代替骑马射箭和用长矛的步兵,曾经令人生畏的清代军事上的优势慢慢丧失。到19世纪初,越来越多的农民歹徒拥有武装,有时甚至还有火枪,骑着马,许多住区建起了围墙,有地方团练保卫。当军队经费不足、训练很差时,要想维持住数量不断增加更为尚武的百姓的秩序就变得日益困难,中央政府对军事力量的控制一再被削弱。在转向依靠由地方精英和省级官员领导的更有效率的团练和地方军队之后,清王朝经受了19世纪中叶叛乱者震撼整个帝国的挑战而幸存下来,但它也为民国时期的军阀割据开了方便之门。

我们还可以在18世纪期间看到行政瘫痪的最初迹象。当然,清代国家一开始就受到要解决许多棘手问题以及要负担庞大维持费用的困扰,在这一时期行政机构承受了经常出现的崩溃和部分复苏的循环过程。但在1800年以后正常的更新就很少出现,清朝政府很少有什么部门在 1850 年时能像 1750 年时那样有效率。因而就只能称这一过程是一种王朝衰落的形式。不过为了理解这一失败,我们必须考察其不同的组成部分,因为它部分是崩溃,部分是不能付起新的责任,还有部分是有意将国家的功能转到私人群体方面。清朝国家与社会和经济不相适应的困难越来越大,也越来越复杂,所以我们必须从更宽广的方面来理解。

增长与复杂性

正如我们经常提到,清代经济在规模和复杂程度两方面的增长肯定增加了清朝治理的难度。自宋代以来就已出现了发展得很好的商业经济的基础,清初时在农业的商品化、地区和分区的专业分工、区域间和对外贸易的扩展以及随之而来的信贷机构的发展这些方面都有稳定的增长。

随着经济的商品化,货币和市场关系的力量也在增长。在前文中我们曾谈到反映了这一钱财关系的一些主要方面:契约租佃制代替了奴役劳动,在农村和城市中劳动力市场的发展,在精英家庭中兼顾做官和经商的前途;经商和从事学术两者之间的流动性;坦然采纳合适的生活方式已成有地位的标志;规定的身份等级和社会实际之间存在着不协调的现象。清代的文人和官员为了追求更高的回报,完全不顾传统投资于商业、当铺和城市的地产,而用于学校和慈善事业的款项同样也经常来自非农业的投资。

货币交易还成为政府关心的主要内容。清初,税收改革继续向用白银支付的方向发展,这一趋势在晚明时就已开始了。除了在整个清朝大量征收的漕粮之外,清朝的财政事务都已逐渐货币化。虽然科举功名和官职的买卖可以被当作清朝衰败的明证,但这一做法也明确地表明在清代社会中钱财有着巨大的能量。官职和功名的买卖也有着不用改变其特点而扩大清代精英的积极影响。科举制度与其作为基础的正统课程在精英中创造了共同的价值观和期望,即使这些价值观中有些已被放弃,但新群体被纳入文人中还是可以看作是社会再生产过程的一种进展。

尽管对这一论点还缺乏有力支持的证据,但我们仍可设想,这一钱财关系会更普遍地影响清代人们的行为举止:礼物就像关系一样变得更加个人化。不仅赋税要用现钱交纳,而且用现钱贿赂当佣金这时在政府各级都已司空见惯,从衙门看门人收的费用到和珅向犯罪官员收的罚金制度。所有这些都属于孔飞力和曼素恩所说"地方行政功能的商品化"。①

经济增长有许多积极的影响,正如我们在本书中谈到的,许多社会变化都源于 18 世纪的繁荣。增长促进了文化的整合,市场使乡村的农民与他们村子之外的世界建立了密切的联系,将规范从城市带到了村庄。不过,更多地参与到一个更广阔的经济体系中去也会造成另一后果:商品化还意味着自给能力的丧失;专门种植经济作物将农民置于他不能控制的市场力量的掌握之中,既增加了成功也增加了失败的可能。

卷入货币经济之中就很容易受通货膨胀和经济萧条浪潮的影响。18 世纪是正好处于 17 世纪的萧条和道光年之间的一个略有通货膨胀的时期。王业键对粮价情况做过分析,他指出清代中叶粮价在慢慢上升,在 1780 年、1816—1817 年和 19 世纪 30 年代初达到高峰。虽然其他商品的价格数据数量还不足以说明这一情况有其普遍性,但现在人们都认为,在 18 世纪价格涨了一倍,而这一通货膨胀很容易就被经济状况消化了。与此类似,在同一时期与银相比铜价的上升一般来说也有积极意义:对农民来说这降低了税收的花费,提高了粮食的销售价,并创造了一个鼓励投资的环境。对具体农民情况是这样,自然对地方和整个帝国情况也是如此。清朝在 18 世纪卷入世界经济对其有益。

清代经济的发展也造成了很严重的控制问题,引起了罗威廉称为

① 曼素恩(Susan M. Jones)、孔飞力(Philip A. Kuhn):《王朝循环与反叛的根源》(Dynastic Decline and the Roots of Rebellion),载费正清(J. K. Fairbank)编:《剑桥中国史》(The Cambridge History of China)(剑桥大学出版社,1978 年),第 10 卷,第 113 页。

"商业私人化"的现象。罗威廉提到政府越来越缺乏掌控能力,甚至都不
能管理它实行专卖的货物,但这一过程有其更广泛的影响。在采矿和制
造业、茶叶和盐的生产、国内贸易和对外贸易这些方面,长期的发展趋势
是脱离垄断专卖。清代国家从未能调和两种传统观念的差异,一种是让
国家发挥适当的经济功能,而另一种认为国家在经济调控中越来越缺乏
能力,此外国家又不能对其在经济中发挥的作用有新的看法。直到清朝
末期,它还是更愿意在变化中保持稳定,而不是去促进发展。

　　随着经济的发展,人口也在增长。人口增长经常被当作是影响清王
朝的几乎所有灾难的根源,即使其施加压力的机制人们仍不清楚。中国
人口众多,稳定增长,但增长率在 1800 年前后实际到达高峰,而在此之
后增长速度一般是在放慢,正好是在严重的马尔萨斯自然灾难造成损失
之前。再者,对此就像在其他问题上一样,重要的是不要将其在全国范
围笼统对待。人口在不同的地区增长率也不一样,此外在有些地方是属
于自然增长,而在别的地方则属于外来移民迁入,对社会机构有不同的
影响。人口外迁是解决人口过密的一种常用的方法,在 18 世纪大多数
时间也是一种有效的方法。直到清朝后期,我们在中国人口最密集的长
江下游地区没有发现不受控制的社会骚乱。实际上,在 1800 年前主要
是大区的边缘而不是核心地区变得无法管理。

　　确实在 18 世纪的多数时间人口的增长是繁荣的一种反映,当然也
是对繁荣的一种贡献。人口增加推动了国内的移民垦殖、技术推广和产
量的最大化,使得帝国有可能大大地扩展其疆土。正是社会机构、政府
和对付更多人口的经济缺乏效能,使得有更多人带有危险的倾向而不是
成为力量的源泉。也可能正是由于市民数量的净增长,使得如果不发生
沟通技术的革命性变化,政府的治理任务就越来越难以完成。

　　随着帝国的扩大,显示出更加多元化,问题也更复杂,对行政管理的
要求也在增加。不管遭到什么样的失败,清朝对这些要求还是做出了反
应,它不是放弃而是在完善、扩大并延伸其政府管理。对从明代继承下

来的机构进行了彻底的改革。一般来说,皇帝尽管是东方专制君主的象
征,但在清代他的权力可能已被削弱,并非是因其身居高位个人无能,而
是因政府扩大以及更有效率的官僚机构的发展。军机处、廷奏制度和政 ²²⁴
府官吏制度的完善对包括皇帝在内任何单独个人的权力都有全面的制
约作用。

约翰·瓦特(John Watt)称"清代行政机构善于记录的特点……可
能是其最明显的官僚机构特征"[1],大量档案(只是原件的一小部分)保存
下来证明各级政府的案头和保留记录的工作之重。长期官僚化的过程
受到雍正年改革的推动,扩展到了曾是高度个人化的满人组织之中,继
续向已有的趋势发展,以压制选拔官员过程中的特权势力。沟通条件的
改善使得官僚化得以实现,(在现有的技术范围内)以更大的效率将不断
扩大的疆土联系在一起。清帝国不仅人口多,疆域也大。在新的被征服
或拓展的土地及居民被纳入中央任命的文官管辖时,对处理记录、裁判
争端、特许和征税这些事宜改进的举措也被介绍进来。

至少从宋代开始中华帝国的行政机构规模可能就在稳步地扩大,这
反映了国家力量增强的趋势。清朝继续并加快了这一发展趋势。在明
代行政机构的基础上,满人增加了理藩院、八旗军队、内务府以及东河道
总督署、河道总督和漕运总督署这些机构。京城里的官员队伍可能也
在扩大,尤其是在六部和其他中央机构任职的吏员人数不断增加。在边
疆地区设立了新的省级行政单位,而在核心地区行政机构的加强只能与
之部分相当。这一加强过程提高了许多机构的行政级别,还增加了官吏
数量。朝廷甚至还允许政府在县这一级向下作一些延伸,任命县丞和主
簿(在1812年数量大致相等),还有典吏(他们与村庄之间建立了一种准
官方的联系)。在清代随着省级行政机构的完善,巡抚尤其是总督地位

---

① 约翰·瓦特(John Watt):《衙门和城市的行政管理》(The Yamen and Urban
　Administration),载施坚雅致编:《晚期中华帝国的城市》,第377页。

的吸引力和重要性都在增加。值得注意的是,在 19 世纪中叶前为了镇压大规模的叛乱权力转移到省一级,这就使中国的八个总督掌握了巨大的权力。

再者,还出现了不属于文官系统正式规定之外的职位。随着事务越来越复杂,越来越专业化,私人的师爷、随从、吏员和跑腿人在 18 和 19 世纪扩展到了国家的官职之中。在每一级政府,不管是在北京还是在各省,获得功名正式任命的官员都在幕僚的帮助下处理日常事务,而这些人没有受过正规教育和训练,他们是通过非正式的世袭权利、照顾以及行贿这些方式获得了职位。清朝的军队和武举制度也不总是像文官和科举制度那样守通行的规矩,而且 19 世纪新建的团练和军队也给私人关系的活动开了新的天地。

像商品化的情况一样,官僚规范的扩展威胁到了中国社会根深蒂固的排他性的特点。比如,虽然官僚机制希望遏制政府中的个人关系,但公私考虑两者间的不和谐肯定还在官员的生活中存在。与经济的私人化相对应确实出现了这样一种趋势,不顾公谊而追求私利。或许是反映了他们的忧虑,清代的知识分子很关注对公私责任之间关系的反思和重新界定。在其晚明前辈著作的基础上,他们重申人欲的价值,因而扩展并强化了私人领域。有必要注意的是,父权制的中国家庭仍有其很强的独特性和唯一性,不受外在权威的影响。实际上,清代的法律和官僚体制的规定显然一直不如家庭的主张那么重要。

尽管清朝很想将正式的官僚系统再伸展到县级以下,但对镇和乡村的治理仍控制在很想管事的地方领袖手中,主要还都是公共事务而不是私人事务。清朝为什么不能将国家机构再往下伸展呢?当然对此我们无法弄得很清楚,但许多文人相信(尤其是在 19 世纪他们受其尊敬的前辈影响),由地方精英私人处理公共事务要比国家出面更好。一种更现实的看法是从帝国的规模和复杂角度来考虑的,如果要想再加延伸将会事务繁忙,花费巨大,或许政府会扩展到无法管理的地步。因而两个关键的限制因素是钱和控制的问题。

为了提供一个更大官僚机构的财政所需,清代国家必须加重税收以增加收入,既对迅速发展的商业部门收税,也对大量未登记的农田收税。清代的统治者对将其权力侵入精英们控制的这些纠缠不清的领域难以定夺,或许连试一下都担心后果严重,因而什么也不敢去做。此外,即使他们有了这一新的收入,但也不清楚现有的交通条件是否能支撑得起一个规模更大、更有效率的政府。就人口和土地两项而言,1800年的中国相当于1980年美国的情况,总之这是个不容易解决的问题。确实有人认为,只有革命才能将国家从其与地方精英的共生关系中解脱出来,才有可能重构一个为现代政府提供财政来源的税收基础,造就有助于发展的新态势。

在考虑全国性的问题和过程时,我们不能不去注意各个特定地区不同的情形。正如第五章有关大区的部分所反映的,谈论"中国"整体普遍的情况经常是误导。王朝循环以及政治、社会和经济控制的问题在不同的时候都会出现,并随着环境有很大变化。

与衰落有关晚清社会出了不少问题,行政管理不到位,社会发生冲突,经济出现混乱,这些问题不同的时间在不同的地区出现。在18世纪,我们主要在长江中游和东南沿海发现有这些问题;而在诸如长江下游这样的其他地区却很少出现这些问题。19世纪时有更多大区遇到了这些困难,到这时一些地区循环的衰落阶段才真正同时出现。

我们更应该注意的是,某些类型的衰落实际是先与地区的边缘而非核心部分有关,这几乎是18世纪独有的现象。正是在这些边缘地区,尤其是在华南和华中新拓展的山区出现了混乱和反叛,这些情况并不是因国家崩溃造成的,而是因为政府和精英不能将新的人口和地域纳入正常轨道造成的。在处理因人口增长以及经济状况更为复杂的问题时,国家官僚遇到的问题在边缘与核心区域完全不同。直到晚清在核心区域权力的崩溃和下移才成为严重的问题。

在边缘地带,移民迁入使人口迅速增长,官员的素质一般都低于职位的要求,饱受困扰的地方官很难在当地找到盟友。刚被纳入帝国不久的少数民族首领经常会被用来帮助管理其本族人的事务,但他们很少受过主流的汉人思想文化教化,因而他们对国家的忠诚不可靠,很有可能会成为异端势力的领袖。在新移民中,那些未受过经典教育的人领导了一些不正统连合法性也成问题的组织。这些组织会变得很强大,填补了因政府缺乏效率而造成的真空。武装的家族、成伙的走私客和移民工人的帮派是对边缘地区政府有代表性的补充。在清代国家不能完全(甚至不能维持)控制军队时,这种情况在 1800 年就已先在某些地区的边缘地带出现,这时破坏活动就会转变为叛乱。1796—1804 年的白莲教起义经常被人当作是清朝发展的转折点,就出现在边疆地区,这里的发展相对比较自由,对政府加强地方行政管理以及镇压非正统教派的举措进行了反抗。

对 19 世纪初骚乱的情况做个归纳有助于深入了解这一点,还有助于说明 18 和 19 世纪之间的延续。正如表 4 中所反映的,1795—1840 年期间十五次大规模的国内骚乱中有八次发生在少数民族地区,还有四次发生在边疆地区。尽管这些骚乱都是政府控制不力的征兆,但它们也必然会被看作是对清帝国通过征服以及汉人移民进行大扩张的一种不可避免的反应。在这张表中只有三次反叛发生在老的移民地区的核心地带,它们都是白莲教千年末世教派的分支。我们在人口密集、城市化程度高的长江三角洲和珠江三角洲地区没有发现大的骚乱,在这些地区农业租佃化的程度很高,有可能会出现传统类型的阶级斗争。

仔细考察 19 世纪初期甚而后期的骚乱和起义类型就发现这样的观点难以自圆其说,这一观点认为导致骚乱的主要原因是政府腐败、人口压力以及地主压迫农民这样的传统因素。而这样的情况不是在边缘区域而是在长江下游、岭南和东南沿海的核心地带最严重。19 世纪 50 和

60 年代规模宏大的太平天国起义先是在广西腹地的客家人中发展,在其
离开岭南伸展到长江中游最后到达长江下游的核心地带之前,吸引的是 *228*
走私者和其他边缘群体。与此类似,其他 19 世纪中叶的反叛都是在大
区边疆地带不稳定的环境中孕育出来的,只是后来进入了人口较多、政
策较好的核心区域。在边疆地区存在着其特有的问题,那里的国家和精
英的力量薄弱,民族和宗教的少数群体势力强大。在整个清代这些问题
一直存在着,而且越来越难以对付。

　　尽管清王朝或许是处于衰落之中,但它仍成功地在 19 世纪镇压了
这些国内的挑战者。为了对付这些边缘地区的问题,在 18 世纪末国家
开始采用依靠地方团练以及安抚乡村的办法,到 19 世纪继续采用这些
办法并加以完善,正是借此清政府才能面对发生在大区边疆地区的挑战
得以幸存下来。

表 4　　　　　大规模的国内起义和反叛(1795—1840)

参加者	年份	地区	C 或 P
白莲教	1796—1803 年	汉江流域山区	P
海盗(蔡牵)	1800—1809 年	东南沿海、岭南	P
八卦教	1813 年	华北	C
岐山伐木工	1813—1815 年	中国西北	P
倮倮部落	1817—1821 年	中国西南	P
回民	1820—1828 年	新疆	P
藏人和蒙古人	1822 年	青海	P
部落民	1822 年	长江上游	P
蓝莲教	1826 年	东南沿海(台湾)	P
黎族部落	1831 年	岭南	P
瑶族部落	1832 年	岭南	P
天地会	1832—1833 年	东南沿海(台湾)	P

参加者	年份	地区	C 或 P
先天教的大道	1835 年	中国西北	C
瑶族部落	1836 年	长江中游	P
傈傈部落	1837 年	长江上游	P

材料来源：根据杨庆坤（C. K. Yang）：《有关 19 世纪中国民众起事的一些初步类型》（Some Preliminary Patterns of Mass Actions in Nineteenth-Century China）文中"附表"修订而成，此文载魏斐德（Frederic Wakeman，Jr.）和卡洛林·格兰特（Carolyn Grant）合编：《晚期中华帝国的冲突与控制》（Conflict and Control in Late Imperial China）（伯克利：加州大学出版社，1975 年），第 209—210 页。

＊C 代表核心，P 代表边缘，这是施坚雅用来表示大区单元中不同部分的术语。

与此相反，在人口密集的核心地区，对政府的挑战不一样，处理的方法也不同。在地区核心地带控制的范围总是很广，负担过重的官员逐渐就很愿意把一些政府的功能委托给地方精英。地方官不再像清初时那样，在处理灌溉、调解纠纷、慈善救济、收税、办学、储粮和团练这些事务上监督当地的家族，而是将主动权和责任交给这些精英。同样重要的是，商人在商业中心发挥了越来越多的公共功能。现有的精英愿意承担这些新任务。这一向私人管理的转变在 18 世纪末就出现了，而在 19 世纪又有了迅速发展的势头。

在地区核心的大城市中，统一的不同等级的市场逐渐伸展到内地，也正是在这里出现了对清朝秩序虽平和但却重要的挑战。一个挑战来自商业精英，他们的财富和权威对非正式的城市治理已很重要，而他们的活动与政府的直接控制也越来越不相干。另一个挑战来自文人，他们受到鼓励去充当各级官员，并去改变新的有钱阶层的市场价值观念，然而却不会允许他们用文学艺术去怀疑正统观念和既有现状。但不管人们是将之解释为是对国家权力的侵犯，还是解释为是其责任感的睿智表现，在地区核心的地方精英越来越多地发挥了政府的职能，直到 20 世纪他们才将这一权力用来反对国家。

清代国家不仅要对付帝国的实际扩展,而且还要对付新出现的异端的离心力。政府和儒家正统观念的力量与其他力量一起对文化的不断整合做出了贡献。

官僚化程度的加深不仅是清代国家也是清代社会的特点,同时也是在帝国内推行规范行为的一种方式。在政府内,规范官员行为法令的数量在1800年前至少增加到五倍,并在清王朝后来的日子里继续激增。在18世纪编典的规章和成例数量巨大,结果成了后面几代人的沉重负担。但法律对行为的规定过于死板时就希望它能随环境而改变,个人的判决很重要,总能确定规定之外例外的情况。清代地方官按法律程序审理的案子要比明代多得多,情况有可能是(从19世纪初案子大量积压的 ²³⁰ 情形来看),百姓想用法庭来解决的纠纷数量超出了官府处理的能力。充当法律顾问的讼棍常被挑出来受到谴责,这证明他们发挥了重要的作用。

在日常生活中签订书面契约已成为通常做法,以此规范协议,减少风险,盖有官印的红契在数量上已被不经官方批准更便宜的白契(但显然有着同样的效力)超过。与此类似,随着建立可靠联系以及在陌生人间处理纠纷的需要增加,中间保人可能变得更为重要。"保"的概念指的是一种契约或是对行为的保证,它是一种普遍的非官方但又是准法律的安排,既形成了个人的也形成了商业的基础。像轮流为首这样官方的组织安排保证了有序分担责任,这样的安排在商界、庙会社区、储金会、灌溉团体和其他临时组织中很常见。在19世纪社会上下非正规的准官僚机制的流行与日益明显的以武力解决纠纷的做法截然不同,但就是到这时认为公正的权威不会屈从特殊利益要求的观念仍没有被人忘掉。

在18世纪还有一个特点是官方和非官方都想将地方的活动加以规范化。在政府之外,官方和非官方编的便览中都详细规定了礼仪的内容,这些礼仪被看作是社会秩序的基础,在便览中还热心地规定了像妇女和秀才这样容易出问题的群体行为举止的标准。有越来越多职业的和非正式的专门人员充当了中间人的角色,他们宣传行为规范让广大民众都知道。无论何时只要有可能就要按照全国规范的方向来修正地方风俗和少数民族的传统。满人的汉化典型地反映了在清朝边疆地区少数民族被迫融入或是自愿同化到主流汉人的生活方式之中的趋势。

这一趋势是以官方的语言和理想进一步鼓励汉文化的传播(已进行了好几个世纪)。清代在大众宗教中神的等级和政府的等级之间的等同更加广泛,并永久地植根于建筑、雕刻、礼仪和象征寓意之中。为了获得神的帮助,一般的信徒会采用许多本是用来对付官员和役吏的实用技能。宗教的价值观被用来表达功过,赏罚是宗教隐喻的中心内容。关注迹近贿赂的礼物和许诺使清代的大众宗教带有世俗的、做交易的特点,后来基督教传教士发现这一特点感到震惊。在救赎与现世的益处不容易区分开来时,如何操纵神就成为主要关心的问题。白莲教传统的虔诚教派可以看作是针对这些发展的一种反应,因而就会有像龚自珍和魏源这样 19 世纪初的学者和官员重新开始关注道德责任的问题。

正如我们在前面提到的,清代社会深受全国城市文化扩展的影响,表现为更带有同质性。我们要详细叙述改进后的实用文学在中国所发挥的重要作用,还要谈到大规模的印刷既用于商业目的,也用于学术目的,印制各种东西,有科举中榜试卷汇编、游览图籍、宗教小册子和经卷、小说、笑话书和年历。这样的著作广为流传,很容易就跨越了大区的界线,这多亏了因市场整合和商业繁荣而使地域间的流动越来越频繁。这对形成并推进一种越来越不受审查的全国文化有其贡献。对这一过程特别有影响的是客居的商人,而在地域间流动的农民、文人和官员也有其影响。

18 世纪城市文化的活力和动力与德川幕府时期的城市文化有许多相似之处。中国的历史学家并不称之为是资产阶级的,因为它缺乏对商人和文人之间相互流动的任何阻碍,还缺乏对财富是地位重要标准的认定;普及的城市表演和小说在娱乐方面肯定不是很高雅。注重有关家庭生活的戏曲、爱情故事、道德剧作以及夸大其生平的描绘历史英雄对普通百姓很合适。大众文化反映了这一社会的错综复杂。它推动了前面提到的那些官方价值观念的传播,但也保存了被官府认为是不道德、不正统要想消除的其他一些观念。更微妙的是,有些小说是写给受过良好教育的读者看的,这些读者的富足依靠的是社会现状,而这些小说以令人信服的现实主义笔触描绘了官场的腐败,造成人们对社会产生强烈的疏离感。政府试图禁止那些最大逆不道的戏剧演出,不让出版"淫秽"小说,查禁邪教活动,但它对文化也不能比对经济控制得更好。必须容忍 _232_ 对现有正统观念的挑战,但也可以使这些挑战不引人注目,尽量减少公开的对抗。

18 世纪知识界对政治的胆怯经常被认为是所说政府和社会衰落的一种表现。但清代鼎盛时对中国文化遗产的巨大贡献是确凿无疑的,并逐渐得到承认。虽然这一时期文化和艺术的蓬勃发展及其创造性或许不能与 17 和 20 世纪的水平相比,但近来的学术研究表明所谓文字狱的压制过于夸大,晚明和清初的考证学术对从史学到乐理现代学术的各个领域都有很大贡献。同样重要的是,正是在这种小学研究的氛围中产生了对经典和政府的新的激进探讨。宋学传统被常州(在江苏)的今文经学派成员加以复兴,在 19 世纪初又被用来推动改革和从事政治活动。在文化方面就像在其他领域一样,18 世纪时出现了发展和多样化的动力,这一动力有着强化清帝国的作用,在削弱它的同时也将其团聚在一起。

鸦片战争

通常的观点认为,鸦片战争是使中国卷入更广阔世界的关键事件,1840 年是中国近代史的开端,但最近马若孟(Ramon Myers)和其他学者的著作对这些观点进行了修正,他们要我们注意 19 世纪 20 和 30 年代世界经济对中国的重要影响。在这几十年中,由于鸦片贸易造成中国白银外流,使得普遍通货紧缩,然后出现萧条,引起了灾难性的后果。

但这一灾难也证明中国要依靠贸易平衡的入超,几乎在两个世纪中不断地在增加进口美洲的白银。像欧洲和印度一样,中国也是西班牙和葡萄牙在中美和南美发现大银矿的得益者。中国的丝绸、瓷器和茶叶在全球寻找永不满足的购买者,而只进口一些奢侈品和印度的棉织品,并发现交易中的大多数商品都不如西班牙银元有价值,西班牙银元很快就成为世界贸易中的主要货币。

在 16 世纪到 1826 年之间有大约九亿块银元流入了中国,至少是清代所用白银数量的一半,银的供应量增加了两倍,直接推动了商品化的过程。从 16 世纪起,中国的经济节奏开始直接受到世界经济的影响,并与世界其他地区的经济相互结合在一起。在 17 世纪中叶以及 19 世纪 20 年代,这种相互依赖的情况对中国不利,但在整整一个半世纪中对外贸易对清朝鼎盛时的繁荣和发展有贡献。因而,清王朝的发展周期与世界历史的潮流难以分割。甚至在最后的帝国时期结束前在清代中国的近代早期就开始了。

借用中国的技术,欧洲人和其他人开始自己生产瓷器、丝绸,种植茶叶,以使贸易平衡对他们有利。在 19 世纪 30 和 40 年代因中国不断增加进口一种新的商品鸦片使得中国以前的贸易盈余突然出现了逆转。许多专家都讲过这样的故事,说东印度公司如何在孟加拉(在 1713 年)控制了鸦片的种植,鼓励栽种罂粟,向中国出口提取的鸦片得利用来购买中国的商品。1800 年查禁鸦片使这一贸易转入地下,尽管在 1809、1812、1828 年官方想要禁止鸦片输入,而在 19 世纪 30 年代后期差不多一直在坚持这一政策,但鸦片贸易仍很兴盛。鸦片在中国的市场不断扩大:输入帝国的平均数量从 1800—1839 年的每年 4 000 箱增加到 1828—1839 年贸易季节 4 万多箱的最高峰。正是鸦片在私人贸易占了主导地位,到 1828 年已占到英国向中国出口量的 55%,这不仅为进口茶叶提供了资金,而且还得到以白银支付的贸易盈余,后者是一个重要的变化。

发展速度减缓、失业、城市骚乱(这又是一些与王朝衰落有关的问题)与 18 世纪任何主流的发展趋势没有直接的关系,而与贸易平衡的这一急剧、灾难性变化的突然影响有关。人们先是主要在商业化最高的中心地区感受到这一震荡。后来的史学著作记述 19 世纪初都会分别谈到这一突然缺乏资金的情形对不同地区的不同影响,还会谈到对城市和农村进出口比价的不同影响。在此我们可以简单地概述一下这一危机的主要特点。

官员们对鸦片大量进口的后果已很清楚。19 世纪初在中国社会各阶层以及大部分地区都有人吸鸦片上瘾,在皇宫中也有人吸鸦片,太监和皇族成员吸食成瘾使皇帝和官员感到震惊。1832 年士兵吸鸦片已被认为是严重的问题,在广东北部镇压苗民起义的战事失败原因就是参战的军队吸鸦片。但清朝官员认为,吸鸦片不仅会对清朝的军事力量造成严重危害,更重要的是会对平民百姓的活力造成严重影响。 ²³⁴

据称官员、商人和百姓中吸食鸦片成风,不仅吸外国的鸦片,后来还吸国内种植的鸦片(价格比较便宜,为较低社会阶层的人消费),使得政府在 19 世纪 30 年代义一次禁种罂粟,但没什么效果,同时还想要切断分发鸦片的复杂的非法贸易网。因为许多群体(供货者、商人和财政支持者)都从中获利,这一有利可图的生意或许只会增加政府中的腐败现象。在清朝后来的阶段和民国时期都继续查禁鸦片(同样也很不成功),而且外来的供货早就被国内产的货物取代。又有什么成功能与清代无法控制鸦片流通的失败足以相比?

皇帝和官员对鸦片问题的看法很清楚,也是一致的。与之不同,在我们转而关注因贸易平衡改变而产生的货币问题时,我们发现对铜钱、西班牙银元和银锭之间关系的性质有些误解,还对严重限制清王朝解决白银外流能力的问题也有误解。

1828 年后,贸易平衡转而对中国不利,白银开始大量外流,数量不断增加。有人估计,在 1827—1849 年间的 20 多年中白银的出口可能占到以前 125 年中流入中国的西班牙银元总量的半数。与货币供应大增的 18 世纪正好形成鲜明对比,这一时期出现了货币供应不足,突然发生通货紧缩。

白银迅速大量出口的影响最明显地反映在铜钱和白银的兑换率上。1835—1850 年期间,在北京附近的地区兑换率从 1 420 枚铜钱换一两白银上升到 2 230 枚铜钱换一两白银;来自南方省份的零散报告也证实了同样的变化。白银外流对国内经济的影响因同时出现的铜钱供应的变化以及私人票据的使用而有所缓解。在 1825 年后的二三十年中,许多省的铸币厂要么关闭,要么大减每年铜钱的生产量,因而在 19 世纪 20 年代后期和 30 年代流通中的白银和铜钱数量减少。伪币数量增加,仍生产的铸币厂造的钱币成色不足,而这有着抵消通货膨胀的功用,在 19 世纪后期有助于维持商品的价格,而用铜钱出售的商品价格比较稳定。

铜钱贬值,私人票据因白银储备问题其稳定性在下降,它们都不能阻止大量白银流出中国的消极影响。华北地区所受的影响不像商品化程度更高的南方那么严重,因白银供应不足以及私人票据缺少白银储备而不稳定,使得南方受到沉重打击。通货紧缩影响粮价急剧下降,实际提高了要用白银缴纳的土地税,造成商业活动萎缩。这种情况一直延续到 19 世纪 40 年代的大多数时间。

道光皇帝的政府意识到了货币的问题、原因以及可能的解决办法了吗? 对官方文件的查阅表明,早在白银外流与鸦片贸易的发展有关联前有人就对白银外流的影响感到震惊,长期以来官方的讨论都不能将银元和银锭不同的买卖与整个白银问题联系起来。总之,在 19 世纪 30 年代初政府的政策是按照错误的想法运作的,提出的解决办法政府无法去做,因为要想停止金属货币的自由流通立即就会对市场活动有负面影响。

直到 1836 年才有了一致的看法,认为白银外流是因购买鸦片造成的,解决白银外流和吸鸦片成瘾的办法是停止鸦片输入。在有了一致看法之后的事是大家都知道的:任命林则徐担任两广总督,起初他成功地迫使西方商人交出了他们的鸦片存货,商人们很气愤,要求赔偿,结果导致鸦片战争,签订了不利的条约,这是许多同类条约中的第一个。

清代对白银外流所进行的讨论表明了货币经济的复杂以及国内和对外贸易之间的紧密联系,还突出体现了对政府行为的制约。混乱和无能的状况反映了这样的现实,18 世纪的发展形成了一个很复杂的体系,除了在最无足轻重的意义上它很少会听从政府的控制。白银问题打击了经济的要害:对社会中每个人都有影响,但它是通过间接的市场机制 *236* 起作用的。政府想要在不造成更严重危机的前提下解决白银外流问题,这表明其所处的两难境地是很现代的,也是人们熟悉的。

然而,尽管败于英国人之手并遇到 19 世纪中叶的大规模叛乱,但清王朝实际并没因 18 世纪后期出现的任何社会问题和政治问题而崩溃。如果忽视中央政府一直所具有的能力而只注意它的失败就是大大地曲解了历史实际;政府重要的改革,比如陶澍对盐业专卖的重新规划,在道光皇帝年间都成功地加以推行。大的举措,比如 1810—1811 年在甘肃赈济灾民和 1813 年镇压八卦教叛乱,两次行动都是总督那彦成监管,尽管政府的财政状况不佳但都能一一加以解决。研究中国近代史的学者注意晚清的改革,他们认为即使到清代存在的最后几十年政府仍能进行重大的改变。如果认为清政府的权力从 1800 年甚至是从 19 世纪的任何时候开始就不可挽回地处于衰落之中真是弄错了时代。

因此,18 世纪的遗产是复杂的。简而言之,在 1800 年前后可能会看到发生了一些变化:政府机构长时期软弱,财力不足,边缘地区逐渐失去控制,在核心区域精英逐渐侵犯到政府的功用范围,因对外贸易而出现的繁荣结束,文人官员号召重新进行政治改革。但这些变化都必须置于众多长时段的世俗发展趋势中来看,本书谈到了这些发展趋势,它们产生于晚明,没有什么大的中断一直延续到晚清。卷入到世界经济之中,这一卷入的过程从未中断但问题也越来越明显,此外我们还看到,大规模的经济商品化以及财政机构的形成使得能够经得起萧条的影响而生存下来;出现了稳步而又集中进行的国内的移民垦殖,将云南、新疆、台湾和满洲以及许多少数民族群体纳入了汉人的世界;各种社会机构增加,规划了发展并保证了某种程度的社会秩序;文人文化转变为有着广泛城市基础的全国文化。当代的中国有许多地方都要归功于其近代早期的历史。

索　引

（条目后的数字系原书页码，检索时请查本书边码）

"海外中国研究丛书"书目

1. 中国的现代化 [美]吉尔伯特·罗兹曼 主编 国家社会科学基金"比较现代化"课题组 译 沈宗美 校

2. 寻求富强:严复与西方 [美]本杰明·史华兹 著 叶凤美 译

3. 中国现代思想中的唯科学主义(1900—1950) [美]郭颖颐 著 雷颐 译

4. 台湾:走向工业化社会 [美]吴元黎 著

5. 中国思想传统的现代诠释 余英时 著

6. 胡适与中国的文艺复兴:中国革命中的自由主义,1917—1937 [美]格里德 著 鲁奇 译

7. 德国思想家论中国 [德]夏瑞春 编 陈爱政 等译

8. 摆脱困境:新儒学与中国政治文化的演进 [美]墨子刻 著 颜世安 高华 黄东兰 译

9. 儒家思想新论:创造性转换的自我 [美]杜维明 著 曹幼华 单丁 译 周文彰 等校

10. 洪业:清朝开国史 [美]魏斐德 著 陈苏镇 薄小莹 包伟民 陈晓燕 牛朴 谭天星 译 阎步克 等校

11. 走向 21 世纪:中国经济的现状、问题和前景 [美]D.H.帕金斯 著 陈志标 编译

12. 中国:传统与变革 [美]费正清 赖肖尔 主编 陈仲丹 潘兴明 庞朝阳 译 吴世民 张子清 洪邮生 校

13. 中华帝国的法律 [美]D.布朗 C.莫里斯 著 朱勇 译 梁治平 校

14. 梁启超与中国思想的过渡(1890—1907) [美]张灏 著 崔志海 葛夫平 译

15. 儒教与道教 [德]马克斯·韦伯 著 洪天富 译

16. 中国政治 [美]詹姆斯·R.汤森 布兰特利·沃马克 著 顾速 董方 译

17. 文化、权力与国家:1900—1942 年的华北农村 [美]杜赞奇 著 王福明 译

18. 义和团运动的起源 [美]周锡瑞 著 张俊义 王栋 译

19. 在传统与现代性之间:王韬与晚清革命 [美]柯文 著 雷颐 罗检秋 译

20. 最后的儒家:梁漱溟与中国现代化的两难 [美]艾恺 著 王宗昱 冀建中 译

21. 蒙元入侵前夜的中国日常生活 [法]谢和耐 著 刘东 译

22. 东亚之锋 [美]小 R.霍夫亨兹 K.E.柯德尔 著 黎鸣 译

23. 中国社会史 [法]谢和耐 著 黄建华 黄迅余 译

24. 从理学到朴学:中华帝国晚期思想与社会变化面面观 [美]艾尔曼 著 赵刚 译

25. 孔子哲学思微 [美]郝大维 安乐哲 著 蒋弋为 李志林 译

26. 北美中国古典文学研究名家十年文选 乐黛云 陈珏 编选

27. 东亚文明:五个阶段的对话 [美]狄百瑞 著 何兆武 何冰 译

28. 五四运动:现代中国的思想革命 [美]周策纵 著 周子平 等译

29. 近代中国与新世界:康有为变法与大同思想研究 [美]萧公权 著 汪荣祖 译

30. 功利主义儒家:陈亮对朱熹的挑战 [美]田浩 著 姜长苏 译

31. 莱布尼兹和儒学 [美]孟德卫 著 张学智 译

32. 佛教征服中国:佛教在中国中古早期的传播与适应 [荷兰]许理和 著 李四龙 裴勇 等译

33. 新政革命与日本:中国,1898—1912 [美]任达 著 李仲贤 译

34. 经学、政治和宗族:中华帝国晚期常州今文学派研究 [美]艾尔曼 著 赵刚 译

35. 中国制度史研究 [美]杨联陞 著 彭刚 程钢 译